日處真我

印度靈性導師
拉瑪那尊者的教誨日誌

Day by Day with Bhagavan

A・達瓦拉吉・穆達利爾 A. Devaraja Mudaliar 著
蔡神鑫 譯

國家圖書館出版品預行編目(CIP)資料

日處真我：印度靈性導師拉瑪那尊者的教誨日誌 /
A. 達瓦拉吉 . 穆達利爾 (A. Devaraja Mudaliar) 著；蔡神鑫譯 .
-- 初版 . -- 臺北市：紅桌文化，左守創作，2019.03
476 面；14.8*21 公分 . -- (真我；7)
譯自：Day by day with Bhagavan
ISBN 978-986-95975-5-5(平裝)
1. 印度教 2. 靈修
274　　108002667

Day by Day with Bhagavan
by A. Devaraja Mudaliar

Chinese Translation by Sheng-hsin Tsai

undertablepress.com
117 Dazhi Street, 5F,
10464 Taipei, Taiwan

真我 7

日處真我

印度靈性導師

拉瑪那尊者的教誨日誌

Day by Day with Bhagavan

作者 A・達瓦拉吉・穆達利爾 A. Devaraja Mudaliar
譯者 蔡神鑫 Sheng-hsin Tsai
美術 Lucy Wright
總編輯 劉粹倫
發行人 劉子超
出版者 紅桌文化／左守創作有限公司
http://undertablepress.com
10464 臺北市中山區大直街 117 號 5 樓
Fax: 02-2532-4986
印刷 約書亞創藝有限公司
經銷商 高寶書版集團
11493 臺北市內湖區洲子街 88 號 3 樓
Tel: 02-2799-2788 Fax: 02-2799-0909
書號 ZE0136
ISBN 978-986-95975-5-5
初版 2019 年 3 月
新台幣 500 元
法律顧問 永衡法律事務所 詹亢戎律師

譯序

蔡神鑫

印度靈性導師拉瑪那尊者（Sri Ramana Maharshi, 1879-1950），公認為二十世紀印度近五百年來最偉大的聖者。[1]十六歲開悟，一生傳奇，居留在南印度聖山阿魯那佳拉（Arunachala），凡五十四年，接引十方信眾，上至政治領袖、城邦大君，下至販夫走卒、窮鄉賤民，無不和易與之，慈祥對話。富貴顯赫的訪客，珠光寶氣而來，在他面前頂禮致敬[2]，而他赤身寒素，空無而萬有，人世間的價值評衡，在此頓時易位；尤其對悲苦小民，他輒投以非凡的靈視，憐憫注目，慰撫有加。他安坐在道場舊廳角落的長椅上，信徒每日前來相與盤桓，或有提問，他隨機應答，直指真我（Self），或讀感人的經籍頌文，他為之哽咽語塞[3]，或信徒言及俗世通靈，他幽淡以道：「是這樣嗎？」[4]或信徒面告他的神恩顯現，他默爾無語。[5]凡坐言起行，潔淨誠篤，光明俊偉，著名的心理學家卡爾·榮格（C. G. Jung）讚他是「真正的印度之子，醇乎其醇。」[6]他的生活居常，平靜之餘，日用之間，處處流露人性光輝，而人性光輝正是神光普照，他被印度人尊稱為「薄伽梵」（Bhagavan），那是對神明的敬謂語，以之而稱呼他，誰曰不宜？

本書作者是拉瑪那極親近的信徒，朝夕廁身在尊者左右，將其所見所聞，詳實載錄成日誌，期間自一九四五年一月至一九四七年一月，乃瞭解拉瑪那其人其事不可多得的第一手資料，彌足珍貴，拉瑪那的全球信徒將本書《日處真我》與另一書《對話真我》（*Talks with Sri Ramana Maharshi*）[7]視為珠聯璧合，可見其重要性，幸讀者明鑒。

目錄

譯序 9
原序 12
第一章 一九四五年 15
第二章 一九四六年 113
第三章 一九四七年 438
附錄一 拉瑪那尊者生平事略 444
附錄二 推薦必讀書目 447
附錄三 延伸閱讀書目 449
譯註 478

原序

在此略述本書的緣起，似無不宜。自一九四二年八月至一九四六年底，約逾四年的時間，我有幸居住在拉瑪那道場，每天親近拉瑪那尊者於其身側，蒙獲莫大無比的裨益。我入住於道場約數個月後，若干訪客建議我，記錄拉瑪那尊者在靈性議題上的答語等談話，但我素來疏懶，並未採行建言。後來，我閱讀《羅摩克里虛那的福音》（*The Gospel of Sri Ramakrishna*）一書後，心想如果拉瑪那尊者也能有一本類似這樣的輯錄性書籍，這是何等欣慕之事。這個念頭，時常存置於胸臆；若干年後，於一九四五年元月一日，有三位友人敦促我要踐履此事，這三位友人是：商卡拉．阿摩爾（Sankara Ammal）的兒子，他是一位律師的助理，在道場裡工作；另一位是來自馬德拉斯（現稱清奈）的商人，名字叫做M．V．P．夏斯特里（M. V. P. Sastri），他小時候住在安得拉邦契托爾（Chittoor）時，我就認識他了。第三位是O．P．羅摩史瓦米．雷迪（O. P. Ramaswami Reddi），他後來擔任馬德拉斯政府的首長。他們都認為，除了我跟尊者有日日共處的便利之外，我也是執筆記錄的不二人選。

新年的第一天，不同身分背景的人士接二連三敦促我做這件事；他們之間並沒有事先商量好，卻不約而同地敦促我，也讓我深深覺得是拉瑪那尊者對我的召喚。於是，就在這個日子，我開始記載道場日誌。我的想法是，為尊者的信徒存錄道場上發生的諸多趣事、要事，主要是拉瑪那尊者對全球各地前來的訪客所參問的答語。因為我也在尊者開示的場合裡，擔任正式的翻譯者。

我當面向拉瑪那尊者報告，我將著手記錄這樣的場合見聞，並祈求他的福佑；而這項工作，也獲得道場管理人的准許。開始記錄的幾天，我將筆錄的內容朗讀給尊者聽，祈請修正筆誤。若我的翻譯，有任何失誤，他總會糾正過來。這樣過了兩三天後，我就不再每天讀出來請尊者即時修正，只有在不確定是否記錄正確時，才會請尊者為我詳加解釋。

道場似乎最近才拿到我部分的紀錄，雖然不完整，但能迅速出版，我深感榮幸。我相信，能夠有這些紀錄，是尊者的旨意；而這些內容現在可以成書，也是尊者的旨意。我企盼並祈請尊者，讓本書不僅引發讀者興趣，也能對讀者有所裨益，並賜福給所有熱切尋道、有信心的讀者。

A．達瓦拉吉．穆達利爾

一九五二年元月一日

第一章 一九四五年

一九四五年三月十六日上午

客問：我應該放棄做生意，鑽研吠檀多[1]的書籍嗎？

尊者：若物有其獨立的存在，亦即物是自外於你而存在，那麼你可以離它而去；然而物並未自外於你，物之所以存在，乃因為你，因為你的念頭而存在。所以你能逃到哪裡呢？至於吠檀多的書籍，你讀多少都可以。這些書只是在告訴你：「要了知你內在的真我。」真我，無法在書本上尋得，你必須為自己找到真我，而真我就在你之中。

晚間

下午另一位訪客，提出幾乎相同的問題。

尊者：你能從這個世界或諸事物中，逃到哪裡去嗎？就如影子，人無法脫離其身影而行。有個可笑的事例：有人要埋藏自己的身影，於是挖了一個很深的洞，看見自己的身影在深淵底部，便填土埋洞。當他埋妥後，發現身影又在地上，既驚訝又失望。就是這樣，諸物及其思維，總是與你形影不離，直到你了悟到真我為止。

一九四五年三月十七日上午

T．P．羅摩強德拉．艾耶先生向尊者詢及《真理詩誦四十則》[2]的頌文。

尊者：頌文述及，在心思的光照下，我們得以看見世界萬物，包括世界上的已知及未知等。首先是白光，稱為真我的光，超越亮光與黑暗，在這種光裡，無物可觀，也無觀者及被觀者；然後是全然的黑暗或無明，這也無物可看。然而真我行其反射的映照之光，亦即潔淨的心思之光，於是世界本來在全光或全暗而無法觀看的情況下，乃有了存在的空間。換言之，世界之存在，是在光的減弱或其反射映照中而得以看見。就是這種光，在頌文中述及之。

一九四五年三月十八日

約在大前天，尊者要大廳裡的某人朗讀《虔誠者傳》一書，以書中詩聖杜勒西．達斯[3]的故事說明一個昔日縱情於感官物欲而生活之人，何以能夠幡然轉向另一個極端高度的宗教人生。

故事中的達斯拋棄老母與愛妻，離家來到瓦拉納西瘋狂尋求哈里[4]。他的妻子及母親前來勸他返家，但他完全不理會，反而問道：「我的哈里也來了嗎？是的，祂快來了。」他只是一心尋求哈里，對其他事物毫無興趣。聽完這段故事後，尊者說：「我在馬杜賴時，跟這種情形有點類似。我去上學，手捧著書本，內心卻極度渴望看見神，期待神在天空中顯現，所以我一直仰望著天空。這樣的人，在學校裡讀書，又如何能有進展呢？」

（這件事顯然發生在尊者離開馬杜賴之前不久，我未曾從尊者這邊或他處而聞悉。當時他在馬杜賴，對神是如此的狂熱，故記錄下來。）

一九四五年三月十九日上午

有位來自信德省（今巴基斯坦）的訪客，很可能是住在海德拉巴的康丹拉爾・A・瑪哈塔尼先生。他問：據說我們所觀的世界及萬物，皆非真實，有如將草繩視為蟒蛇；有另一個說法，觀者與被觀者是同一物。若觀者與被觀者是同一物，則如何能說被觀者是不真實的呢？

尊者：這些說法都在表示，當被觀者分別而獨立於真我之外，被觀者被視為獨立的個體，則是非真實的。其實，被觀者與觀者是無分別的，其所存在，只是一個真我，而不是有一個觀者及另一個被觀者。若將被觀者視為真我，則被觀者是真實的。

客問：據說這個世界是一場夢，但夢境、醒境，二者還是不同的。在夢境中，我看見親朋好友，和他們一起經歷同樣的事情，但我醒來後，問夢境中遇見的親友，他們都對夢中事一無所悉；然而，在醒境時，眾多親友都能證實我的所見所聞。

尊者：你不應該混淆夢、醒兩境，正如你在清醒時，去確認醒境的經驗一樣，你也得在做夢時，跟夢中人確認夢中的經驗，如此一來，你在夢中所見的親友，也會證實你的所見所聞。

重點是，在醒境時，你是否肯定你的夢境經驗為真實？同理，一個悟得真知之人，不會肯定他的醒境經驗為真實。從他的觀點看來，醒境無異是一場夢。

客問：據說，僅有少數上天眷顧的幸運兒能了知真我，這個說法很令人沮喪。

尊者：這意思是，僅憑自己的才智，而無神的恩典協助，無法了悟真我。

我問：尊者也說過，神的恩典不會隨便降臨，而是人在今生或前世之努力而來的。

客問：人的自身努力，已被斷言是徒勞無用的。但還有什麼比自利其身更好的誘因呢？

後來，我問來客：「你說無須努力或努力是徒勞無用的，這句話出自哪裡呢？」

訪客於是出示《我是誰》，書中的一段文句，「當那個至上大力照顧世上的一切，為何我們還要煩惱應如何作為呢？」」我點出，這段文字所述並非反對人的自身努力，而是針對「我是作為者」的感知上而言。當我問尊者，這樣的解說對嗎？尊者首肯之。

下午

尊者說，他曾經做夢自己到伯爾尼，凝視著伯爾尼神（即蘇婆拉曼亞神）[6]。他也夢過訪謁蒂魯千杜爾神廟（神廟主祀蘇婆拉曼亞神），但夢境的細節，他不記得了。

我記得，有人質疑存身在世的解脫者是否仍會做夢？會這樣懷疑很合理，因為我們相信，悟者不像普通人一樣睡覺，所以可能不做夢。我為此而問尊者。

尊者說：「若悟者有其醒境，則自然會有其夢境，這一點都不困難。但悟者的醒境，與常人的醒境不同，故他的夢境，亦與常人的夢境有別；不管在醒境或在夢境，他都不會從真實的境地中跌落，那個真實的境地，稱為第四境。」

一九四五年三月二十四日下午

我閱讀《探究真我》，見文中述及某物以「我—我」在心中輝照或響聲，此為「斯波拉那」（*sphurana*），我始終不解這個字語，便請尊者開示。

尊者說：「意思是輝照或耀明。」我問道：「那不是我們耳聞的一種聲音嗎？」

尊者說：「是的，可以說那是我們感覺或似乎覺察到的一種聲音。」他引述字典上的解釋，說：「這個字語，意指『顫動』、『在意識上浮現』、『在心念上閃過』，因此聲音或亮光都可以隱含在『斯波拉那』這個字語。萬物皆來自光或聲音。」

我問尊者，那個輝照是什麼？那是自我？還是真我？他說既不是那個，也不是另一個，而是介於二者之間，結合我（真我）及「我之思維」（自我）的某物，而那個真我，甚至是沒有這個斯波拉那。

尊者解釋真我只是光而已，以及為何真我是字語又是聲音，還有字語、聲音又是怎麼來的。他說：「人有三身，其中粗質身，由五元素組成；精微身由心思、元氣、靈所組成。伊濕瓦若神[7]也類似有三身，宇宙所顯現的一切是祂的粗質身，光、音是祂的精微身，而真我是祂的靈。」

一九四五年三月二十五日下午

一位名叫克里虛尼爾的僧侶，來自鄰近泰納利的彼得帕拉亞姆，他於二十二日來到道場，在尊者的允許下，朗讀他以泰盧固文譜寫的達努德莎生平詩頌，呈獻給尊者。頌文幽默而感人，譬喻一位聖潔女子獻給尊者，永結連理，而這樣的儀式是獻給神的最佳禮物。他在頌文中先略述供獻讚詞，然後敘及詩頌內容。因此，他在還沒有女兒時，便先選擇了女婿，在獻詞詩頌的結尾，他說：「您已經和解脫合一了，祈請也納娶我這個女兒，好好對待她，教正她的缺失，原諒她的弱點。雖然您已經是我的女婿，我無法要求您來到我的家，因為許多王公貴族來到您這裡，向您訪謁觀視。」又說：「藉由我的毗濕奴女兒與尊者的締結連理，不二一元論與限定不二一元論在此結合。」

二十五日下午，他再度讀詩頌獻詞，並朗誦了他的辭別頌歌，內容翻譯如下：

我們這些人懷抱各種願望，有人實現願望，有人未能實現。在這裡，我的願望全部實現了。願望之一是，譜寫達努德莎的生平詩頌；其次是偕同親友，來到這裡，將我女兒（指詩頌）的手交付給您；三是在上主的婚宴中，由您陪伴而進食，滿足我心；四是，在這裡盤桓數日，我的雙眼飽覽於您的臨在，藉由您的恩典，我極幸運，全數獲享。祈請您讓我離去。喔！一個純潔的生命，在您的名相中，那是什麼魔力孕育在裡面呢？使親眼目睹之人，成為及身入門者。您在這個天空注入了什麼力量，使它能隔絕所有的愁苦？您在這個地方的水域，摻混了什麼藥物，使它能袪除一切的疾患。您在這些場域中，揮灑了什麼迷幻粉，能使前來這裡的人，不願離去呢？只有您知道您的崇偉，不論我們在此停留多久，我們的雙腳都不願移離而去。我又能怎樣呢？祈請讓我們離去。人上之人啊！

一九四五年三月三十一日

前幾天的一個夜晚，晚餐過後，尊者側倚在廳堂東邊的長椅沙發上，面朝南邊，查德威克坐在他背後的地板上。就在尊者倚枕而安坐時，查德威克從背後悄悄地揮著扇子。當尊者轉頭向他看時，查德威克迅即擲下扇子，佯裝不動；當尊者回頭朝向南邊時，查德威克又恢復揮扇，但尊者轉頭看他時，查德威克又不揮扇。尊者正納悶風從哪裡來，查德威克不禁笑彎了腰，尊者也隨之咯咯地笑了。這個笑場顯示，一個信徒如何捉弄一位受尊崇的師父，兩人互開玩笑，像孩童一般。

下午

北方邦的蘇維哈爾的大君蒞訪，告訴尊者，他已臣服於尊者，尊者應授與他真知。尊者引述一九三七年九月分《景象》期刊上一篇南德奧論神之名的重要性。文章指出，唯有全然交出「我」，亦即自我，才能了知神之名的深義。當我步入廳堂時，有人對大君等訪客，用英語講述《八曲身聖者之歌》的故事。故事講完後，尊者說：「至上絕對真知，並非外在之物，遠在某處，而你可前去獲取。你也無法說要歷時多久，才能獲致。它始終跟著你，你就是『那個』了！《八曲身聖者之歌》的故事，旨在教導至上絕對之獲得，端在全然臣服於上師，或者捨棄你的『我』及『我的』等概念。若這些都能全盤交出，則所存留者，其為實相。如此則你不可能再說，未來什麼時候，你能獲致至上絕對；這就像你的一隻腳，用馬鐙踢馬，馬就奔馳而出，而你還在說你的另一隻腳用馬鐙踢馬，需要同樣的時間，馬才能奔馳，這是錯誤的說法。自我全然交出的頃刻之間，真我立即同時朗現輝照。」

尊者在言談中，引述《瓦西斯塔瑜伽經》裡的兩行頌句：

「我」或「自我感」的烏雲，遮蔽了神性意識的月亮，除非移除而去，否則對「我」之感知一無所悉的那個本心之百合花，不能綻放盛開。

尊者又說：「我們必須掃除生命中沉痾的心識印記，只有那些在往昔累世中，業已精修勵行之人，能儘早蕩滌淨盡，而其他諸人，則須多費時日，才能除盡。」對此，我問道：「這些心識印記是逐漸除去的？還是頓時一旦而滅除的？雖然我在這裡，待了一陣子了，但我仍然不感覺到我有任何的改變。」尊者反問：「太陽一升起，黑暗是逐漸退去，還是即刻不見？」

客問：「如何克服情欲？」尊者說：「若情欲是吾外之物，則我們得以武器彈藥而攻克之，但情欲來自吾內，當其萌生時，若能探究其起源，而知曉那不是來自於我們，則我們能克服之。那是世界及諸物在裡面萌發我們的情欲，那麼那個世界及這些諸物，不過是我們的心思所造而已，它們在我們睡覺時，卻都杳然不在。」

尊者說完話後，取杯喝了些水，向隨侍問自己是否已經喝過水了？（尊者約於下午三時三十分回到廳堂。）隨侍回答：「是的，喝過了。」尊者說忘了，所以要確定是否又喝水了。尊者很少表達這樣的身體感知，尊者又不經意地脫口說道，他有時不知道此刻是上午、白天還是晚上，所以必須看時鐘，才能知道何時是白天。有一次，他告訴我說，因為濕疹，他抓搓著皮膚，就像我們在睡覺時，抓癢一樣。有一次，我關切他身體的病痛，他說他感覺那個痛，是模模糊糊的過程，好像在夢裡。尊者在我們當中，過著這樣的生活，這些生活細節透露些端倪：他的行止及感覺似乎跟我們沒有兩樣，但實際上，他活在他自己的境地裡，而我們所經驗的萬事萬物，對他來講，並不存在。

一九四五年六月五日下午

我、H・查圖帕亞耶（以下簡稱查圖）、G・V・蘇巴拉瑪耶，以及T・P・羅摩強德拉・艾耶在廳堂裡，面對尊者而盤坐著。蘇巴拉瑪耶告訴查圖說：「我最近看到你在奧羅賓多道場[8]所作的一些詩頌紙本，上面有奧羅賓多的一些眉批。」因此，查圖向尊者說：「我以前在奧羅賓多道場待了兩年，譜寫了四千首的十四行詩，一首五萬行的詩頌，以及一些詩句。」顯然，他曾待過奧羅賓多道場約莫兩年，這對尊者來說是新消息，但我們早已聞悉。這是查圖第三度參見尊者，他向我們朗讀他早期的兩首詩頌，其中一首是在朋迪切里[9]譜寫的，尊者欣然聆聽。詩頌內容如下：

〈陶製的高腳杯——詩人與高腳杯的對話〉

「喔！無言的高腳杯，從頭頂到腳跟，都是紅的。
你感覺如何呢？
當你被陶工的轉盤旋轉，
尚未將你呈現給這個世界之前。」
我在我泥土身，感覺有明顯的衝擊

裂開而出
來自陶工的手
那個火燒，如此炙熱，
我有無比深重的悲傷，被形塑成我現在的形狀
在命中註定，無可避免的時刻來到之前，
看見我受制在陶工的轉盤上，
我被塑成這個深紅色而沉眠的高腳杯，
我曾感覺到，
一朵小花的芬芳情誼，深埋在我的胸膛，
那個陶工抽取我生命的氣息，
給了我這樣的形狀，那是我的死亡，
我以前無形而自然的狀態是最美好的，
有著小花，閃亮穿過我的胸膛。

〈陶壺〉

在陶工店鋪的外面
我們這些陶壺，耐心站立排列著，
在一個成堆銅器的金黃天空下，
時時刻刻，期待著被販售。
雖然我們無言無語，然而感覺
一陣淒苦，面對著陶工的轉盤
模塑著我們，雖然毫無瑕疵，
塑造成型，這是違反我們生命的本質原則。
陶壺是美麗的，然而，實在說，
在美麗當中，我們都能解脫
潛入泥土，確保逃離出
令人迷惑的模塑之暴虐。
我們這些陶壺，在模塑過程中摔落，

破裂成碎片，在陶工的店鋪裡。
多麼悲慘的事啊！但是陶工
對蒼白而脆弱的泥物，又在意什麼呢？

〈磨利器的鉋磨〉

往昔的日子，我通常是
一名陶工，能感覺到
他的手指在鬆軟的陶土上模塑著
在他的轉盤上，宛然成型；
然而現在，智慧嶄然取勝，
那份驕傲，業已消逝，
我不再是個陶工
而已學會成為是塊泥土。

在另外的日子裡，我通常是
一名詩者，透過筆端
呈現無數的歌譜
贏得眾人的心；
然而現在，嶄新的真知
我尚未擁有太久，
我不再是個詩者
而已學會成為是首歌曲。
我曾是刀劍的時尚追求者，
那些日子，業已過往，
在千百個戰役中
刀光劍影，閃閃焯爍；
然而現在，我滿懷著
上主的寂靜
我不再是個刀劍的鍛造者

而已學會成為是把刀劍。
在過往的歲月裡，我通常
是個做夢者，狂妄恣意於
翡翠及珍珠上的
一切囂張言行；
然而現在，我跪膝在
至上的聖足下
我不再是個做夢者
而已學會成為是在夢中。

後來，我要求查圖在尊者面前，朗讀一段文字，並摹演碼頭工人因工作而爆發怒語。查圖如是而為，大家都見證了這齣生動而完美的朗讀演出。

稍後，查圖問尊者：「您看怎麼樣？尊者，有時我們在您面前，不禁哽咽而淚流。」尊者微笑但無語。

我說：「若能如此熱淚奪眶而出，這是好事。尊者以前住在馬杜賴時，也曾在廟宇的神像前，經常淚流滿面。尊者還沒來到這個道場之前也常不由自主淚光隱隱。這不是由於快樂或痛苦所致，而是純粹出於虔愛敬神之心。

尊者和藹以道：「甚至來到這個道場以後，經常有這種事情。有時耳聞或閱及書中一段感人的文字，也時常會這樣，顯然是有太多情感的眼淚潛伏在我們許多人身上，於是遇到任何時機，或稍有感觸，便奪眶而出，不由自主。」隨後，尊者一如往常，極為生動地敘述他二十二歲時，在維魯巴沙洞屋的一樁事件。當時他獨坐在洞屋旁的一塊石頭上，一位年約八歲或十歲的男孩來到這裡，看到尊者，如此淬勵於苦行，而又顯得光輝燦爛，他的內心深受感動，但憐憫之情，不勝承載，於是不斷地啜泣，其情激切。

尊者說：「誰又能說他為何啜泣呢？又為什麼他一看到我，便熱淚盈眶呢？」尊者以當時的心情，回憶往事，又說那個年約八歲或十歲的男孩，後來又遇見尊者，甚表同情，兩人有如下的對話；當時尊者孑然端坐在鄰近洞屋的石塊上，而男孩前來，在此遇見。

男孩：為何你這樣子獨自一個人在這裡？

尊者：我在家裡有一些問題，所以就這樣子離家來這裡。

男孩：那你的食物呢？

尊者：若有人給我食物，我就吃。

男孩：我有一位很好的老師，我可以帶你去見他。首先，你必須自願為他服勞務，若他應允你的勞務，他會每天給你三塊餅，以後會逐漸增加到六塊餅。

尊者：好的，請便。

毫無疑問，那個男孩對我的悲苦，極度關心，他被深切而誠摯的憐憫之情所激動。

尊者也回憶起一位賤民身分的老婦人。某日中午，尊者在山上走路，下坡經過一片濃密的林木時，一位老婦人前來喊話：「你不要命了！為什麼你不安靜待在一個地方呢？」尊者說：「是的，這是很好的忠告。」尊者也自己打自己的臉頰，好像他沒有能聽從婦人的教誨，而應接受懲罰。尊者又說道，婦人責罵他時，他不瞭解為何自己要受此責備，也不知道他是否冒犯了婦人，因此深感錯愕。

這件事使T．S．拉賈戈伯憶起蘇麗女士在泰盧固文期刊《辯才天女》上的一篇文章。鑒於查圖及我們對這篇文章尚未閱悉，尊者便敘述相關的事件，大家聽得津津有味。

尊者說：「有一天，毛尼照例帶來郵件，我將報紙及期刊放在長椅上，閱讀郵件中的信函。毛尼給了我郵件後，便帶走當期的《辯才天女》，說他看完後會帶回來。稍後，他回來將期刊放在長椅上，離去時，在門口邊，他突然冒出一句：『好一個竊賊，尊者！』我來不及問他為何這樣說時，他便離開了。我納悶自己到底對他做了什麼事讓他這樣說我，使我百思不得其解。後來，我讀了《辯才天女》最後有個句子，說：『喔，好一個竊賊，尊者！』我才恍然大悟，知道那只是個玩笑話。」

一九四五年八月二十三日上午十點

康坦拉爾·馬哈塔尼先生來自巴基斯坦的克拉蚩，已在道場待了約八個月，請求尊者當面直接教導。他表示，所有的書籍皆述及，若無上師給與教導的協助，誰都無法獲致成就，雖然他已閱悉尊者在探究真我的教導，而且也瞭解以「我」之為神的凝止意涵，但是他仍然不明白他個人持行的最佳途徑為何？這不是他首度提此問題，在今年六月及七月間，他曾兩度提問，尊者在當時及現在，皆未回應，這位人士深感沮喪，煩惱他不夠格獲得尊者的回應，或許他有任何冒犯，以致尊者不願回答。

稍後的晚間，尊者談到某相關事件，而引述一則坦米爾的詩頌時，馬哈塔尼先生要查閱這則詩頌的譯文，於八月二十四日向我借閱我的日誌本，在本子的內容，正巧間接回應了他所要的教導。又，在一九四五年八月二十五日下午二時許，他在午睡時，夢見尊者引述一則梵文的偈頌，釋之如云：「探究法門，深入真我，遠比行動或虔愛法門為佳。」他在夢裡，聞之大悅，夢中的另一位信徒，也向尊者詢及相同的問題，馬哈塔尼便向那位信徒訴說那則偈頌，而滿心痛快的笑了。馬哈塔尼在八月二十五日，向尊者報告上面這些事。

一九四五年九月八日上午

來自貝茲華達的舒巴·饒先生問尊者：想像與觀想，二者有何分別？

尊者：一個是自願的，另一個是非自願的，但徹底分析之，觀想雖非即時呈現，一定也有其源頭，那又是在自願的層面。

舒巴·饒：夢境有其源頭嗎？

尊者：是的。

客問：據說，我們醒境的人生，其實也是一場夢，此類似於在沉睡中作夢。但是在做夢時，我們無須刻意費力驅除夢境就會醒來，因為做夢會自然中止，而我們無須費力。若是這樣，我們醒境的人生也是一場夢，為何不能自行中止，也不用費力，就使我們安駐在真知或真實的醒境裡呢？

尊者：你認為你必須費力驅除醒境人生的夢幻，以及費力於獲致真知或真實的醒境，這些都是夢的成分。當你抵達真知，你將知道既無睡境之夢，也無醒境之夢，只有你自己及真實之境。

我追問：這算是什麼回答？為什麼我們不能像在夢境一樣，無須費力，就讓醒境也流往而去，好讓我們安駐在真知裡，一如我們的夢境流逝，而我們自然醒來？

尊者：誰能夠說那個人生夢境是自行流逝的呢？人生夢境的來臨，就一般的認定，是緣於我們往昔的思維或業力，則那個相同的業力，也會決定人生夢境流程的長短以及中止而結束的時間。

我不滿意這個答覆，在進一步與尊者對談後，我覺得人生中的醒境，雖然是場夢，但顯然有別於睡眠中的夢境，亦即在夢境中，我們不覺在做夢，然而在醒境裡，我們由於典籍、上師等現象，而能辯稱、理解那究竟是場夢。正因為這樣，我們就必須竭盡責任，努力修行，俾能醒悟，以臻真知。

尊者：做夢時，我們不會認為那是在夢境，醒來才會知道；只要夢境持續進行，則夢境宛如實境。同理，這個醒境也不會顯得是夢境，直到我們醒悟，獲致真知，才會知道。不過，我還是認為，因為上述的睡眠夢境與醒境是不同的狀態，我們仍須致力於修行。

一九四五年九月十四日

三四天前，退休的地方法官德賽伊先生問尊者有關《拉瑪那之歌》[10]的內文：「如何將生命之氣導入中脈的靈道，一如《拉瑪那之歌》所述及，而使我們成功斬斷無覺性肉體糾纏在覺性真我的結？」尊者說：「得藉由探究『我是誰』而做到。」

「瑜伽行者可能著力於揚升拙火，將之導入中脈，但真知法門的行者，並無此行法，不過在這方面，二者殊途同歸。拙火是阿特曼、真我、至上大力的另一名稱。因為我們認為自己是肉體之身，我們便將其看作在身體之內，實則，是在內又在外，而無異於真我或真我之大力。」

德賽伊：如何鼓動靈力，使拙火躍升到中脈靈道上？

尊者：雖然瑜伽行者為此目標，而有呼吸控制、手印、身印等行法，但悟者的行法，只有探究一途，若採此行法，則心思將融入於真我，而真我之大力，亦即拙火，便會自動躍升而起。

一九四五年九月十五日

一位訪客引述蓋亞曲咒語中的 *dhimahi*，問道：這個字語是何義，我尚無法正確理解？

尊者：字語意謂將「我」(*aham*) 固守在真我上，其字面意思是「我們在冥想」。

客問：我尚無法建立起真我的概念，則我又如何將「我」固守在真我上呢？

尊者：為什麼要對你所不知道的真我，感到困擾呢？設法探究你所知道的「我」，則那個便會萌生，這就夠了。

一九四五年九月十六日下午

客問：對一位初學者而言，在靈修的道路上，應如何著手修行？

尊者：你能提出這樣的問題，此一事實本身，即表示你已知道如何修行了。因為你渴望內心的平靜，亟欲於著手修行，俾確保平靜，如同我的腳有點痛，所以我塗抹藥膏。

客問：為確保內心平靜，應採取什麼行法？

尊者：心想有個目標，以及有個途徑，這樣的概念，並不正確。我們始終是目標在握，而且是平靜的。重要的是，擺脫我們不平靜的想法。

客問：所有的靈修書籍都說，上師的協助是必要的。

尊者：上師的教諭，不出於我現在所言。他不會給你現在你已經擁有的東西——要怎麼給人他已經擁有的東西呢？縱使給他這樣的東西，那個東西也將得而復失。凡所來臨的，必將離去，而始終存有的，必將獨然而在。上師無法給你新的東西，況且那個東西，你已經擁有了。一定要拋棄我們心存尚未了知真我的想法。因為我們已然是真我了。

只是我們未知曉而已。

一位道場居民問及他在冥想時體驗的問題。尊者解釋，真我乃唯一真實，如如其在，其為朗照，萬物乃可見，我們忽視了它，卻專注在物象上。這個廳堂的光，始終輝照著，不管有人或無人在此，正如戲院裡的光，始終映照著，不管有沒有人在演戲。就是這個光，能使我們看見廳堂、人員及其行動，但我們全神觀注在光所映照的物象上，以致沒有注意到那個光。在醒夢兩境中，諸物萌現，在睡境裡，無物可觀，那麼意識或真我之光，始終其在，一如廳堂的燈光，總是輝照著。唯一要務是，要專注在那個（輝照的）觀者，而非被觀者；不是在所觀之物，而是在顯露諸物的那個真我。

一九四五年九月十八日下午

一群孟加拉人來訪，其中一人頃喪愛子，問道：為何這個孩子這麼早夭？這是他的業報，或是我們的業報，應承受這樣的哀痛？

尊者：這個孩子的今世業報，必定在他這一生中運作而流往以去，故可以說是孩子的業報。至於你這方面，你可以敞開心胸，不與之悲痛，保持平靜，不受影響，堅信孩子不是你的，而是神的。神給了孩子，而又帶走了他。

尊者說到這裡，取出一本英文版的《瓦斯西塔瑜伽經》，述及龐雅與帕瓦那的故事。奇妙的是，尊者在翻閱書本時，正巧就翻到他心中想要的那段故事的頁面。尊者要我讀故事的部分內容，述及哥哥龐雅勸勉弟弟帕瓦那，不要為逝亡的雙親而悲傷。故事指出，帕瓦那有無數的前世，在每一世裡都有一些親友關係，現在的他並不會因為前世亡故的親友而難過，同理，他現在也不必難過父親的死亡。

客問：若有一人，年幼而亡，另一人活得長久，那麼二者之間，誰的罪過較大？

尊者：我無法論此。

我便告訴那位訪客，他所提供的資訊本身，不足以判定誰的罪過較大。

客問：活得久，就有較多的機會修行，最後獲致了悟。

尊者：早亡的年幼者，比起今世活得較久的人，可能較早投胎轉世，而在那一世有較佳的機會，從事修行而獲致了悟。

另一客問：說到我們必須棄絕一切的活動，這是意謂我們必須儘可能減少活動嗎？

尊者：捨棄活動，是意謂捨棄對活動的執著或其結果，以及捨棄「我是作為者」的概念。活動降及此身，那個活動將遂行其事而流往，不管你的意願為何，並沒有捨棄那個活動的問題。

一九四五年九月二十七日

史堪德道場整修約歷一週，尊者想要過去看看。午餐之後，未告知別人，僅由隨侍倫加史瓦米陪伴，便緩步行至史堪德道場。當天下午三時三十分，只有少數人知道此事，但在此過後，消息漸傳開，多數信徒便上山赴往史堪德道場，抵達後，看見尊者安坐在道場前面的平台上，俯視著山下的神廟及城鎮，我們看到尊者心情極佳，也知道尊者尚未住在拉瑪那道場之前，他在這裡的生活點滴。尊者似乎有意在此留宿，但信徒聚集在這裡，除非尊者離去，否則他們不願離開。約在下午五時三十分，尊者巡視道場各角落，開始向我們細述他通常睡在哪裡、坐在哪裡、母親坐在哪裡、他們在哪裡炊煮食物、老式的水龍頭在哪裡等等。然後，大夥步行下山，順道去看維魯巴沙洞屋，也敘述當年他在這裡的生活。他在這裡指出，當時在洞屋前的門廊，朝東的牆面上，有個壁龕，現在是一片小窗戶。在壁龕內有象頭神像，曾用兩首詩頌表述之，一首由伊濕瓦若·史瓦米所撰，另一首由尊者譜寫，是在讚頌當時置於壁龕內的象頭神。一些出家人似乎在洞屋裡，住了些時日，也到附近取水給尊者喝，尊者欣然喝下，然後，尊者離開洞屋，回到拉瑪那道場，緩步下山而行。在山腳下，我們跟尊者坐在環繞著菩提樹的一座平臺上，鄰近處有古海·那瑪斯瓦雅洞窟。來自班加羅爾的薩塔科帕·納伊杜攜來一些熱騰騰的米飯及堅果。大夥在此，跟尊者圍坐在一起，享受了這頓野餐。此刻，天色漸暗，大家沿著山路小徑，經由古海．那瑪斯瓦雅洞窟，朝向城鎮，踏上公路，約在晚間八時三十分，返抵拉瑪那道場。

這趟行程，尊者赤腳步行，實在令人讚嘆，尤其是他的左腳大拇趾，在八月二十六日嚴重扭傷或脫臼，步行時勢必仍感痛楚。

尊者甫遷離史堪德道場後，每隔一兩年，他都來這裡兩三次，但其後將近二十二年的時間，他不曾來這裡，直到今天才有到訪的行程。尊者從史堪德道場到拉瑪那道場，一路下山走來，心情極為愉悅。他每走一段路，便停下來，略述往事情景，說有些樹木不見了，或維魯巴沙洞屋的石塊有裂縫，或說賈達史瓦米朝他推滾石塊（尊者可能有此情事，但全都是開玩笑的），或說某個夜晚，暴風雨來襲，有些大塊巖石移位，於是泉水渤然湧出，這對尊者及信徒當時都帶來了生活上的便利。

一九四五年十月六日

有人向尊者說，有兩顆芒果，生長在樹葉的掩護下，沒有被猴子發現，現在長得碩大纍纍，今天我們才看到；其中一顆被猴子拿走了，另一顆還在。這件事，使尊者想起「在樹葉掩護下」的表義，以及《普拉布林伽的遊戲》中的第九頌句，尊者也為我們誦讀一些其他詩頌。

略謂瑪魯拉．商卡拉生活得像個瘋子，他將葉片上的食物吃完後，便將葉片丟棄在一間靈修院前。靈修院的住持及門徒都不知道這個人是誰。但是，當阿拉瑪．普拉布經過時，瑪魯拉便起身，伏拜在他的腳下，而阿拉瑪．普拉布也轉身和他擁抱，因為兩人彼此知道對方的價值所在。唯有悟者能夠認知悟者。人若從事於儀行或瑜伽，則能被人從其行動中而認知，但對悟者而言，我們無法從其外在的行事中認知他。

我注意到這件事，因為許多訪客無法認知尊者的價值，他們向我說：「你們的尊者到底有何本事，讓你們認為他是位偉大的人物或是解脫的靈魂？他的飲食、睡眠，以及一切的行事等，都跟我們沒兩樣。」

一九四五年十月八日

賈娜姬是A．蘇巴拉耶杜先生的女兒，他是當地警局的副督察長。她問尊者：我想持誦神的聖名，但又很想接受高等教育（她現在是大學一年級生），我該怎麼辦？

尊者：二者並不衝突。

賈娜姬：若我一心用在持誦聖名，則我又如何能用心在功課上呢？

尊者沒有回答。我和一旁的佛里曼告訴這位女孩說：「二者可同時為之。」佛里曼又說：

「將心思交給功課，將心靈交給神。」

一九四五年十月九日 下午

K．馬哈塔尼先生延續上述的問題，問道：「我們若要在這個世界上成就任何事業，則我們必須運用心思，全力以赴，否則不能成功，所以要把個人的心思用於奉獻神又兼顧世上的事業，那是不可行的。」

尊者：「若此人固守在真我，其行動將自然遂行，而其成功，不受影響。人不應該有他是作為者的觀念。那些行動，將持續下去，那個力量，不管你稱它是什麼，使這副身體存在，將見證身體的行動，而身體是個工具，藉此萬事如是發生。」

馬哈塔尼先生仍不滿意，尊者指示他，閱讀吉塔出版社的《薄伽梵歌》，其中〈捨棄〉一章述及捨棄的七個階段。尊者說：「讓馬哈塔尼讀這篇文章，看看是否能引起他的興趣。」我承尊者的意願，為大家讀了全篇文章。文中敘述捨棄已臻及第七階段之人，縱使其身軀遭刀劍砍殺，或橫遭苦難，他仍一無覺悉。當我唸出這段文字時，尊者憶起一段詩頌如下：

「他們不畏懼被狡詐的敵人以刀刺胸，用火圍燒，或遭毒蛇咬傷，這些都是福報。」這段文字，載於波南姆巴拉．史瓦米註釋的坦米爾版《薄伽梵歌》六章十七頌中。延續著這個主題，我說道：「書上確實如是記載，但我們卻看到悟者也有感覺痛苦，甚至像羅摩克里虛那天鵝尊者[11]在罹喉癌時，也感覺痛苦不堪，而喊叫：『為何母親要讓我受這種苦？』」

尊者說：「起初會這樣子，這是由於習性使然，但後來痛苦會過去。」

我必須記錄一段與此相關的事。很久以前，尊者一度患病，而我前去關切，尊者欣然之餘，向我解說，他感覺那個病痛，好像在夢中，別無其他。

一九四五年十月十日上午

我偶然讀到一篇吉伯特．亨利．格里奇在一九四五年九月《思維科學評論》期刊第一百十頁及一百十一頁發表的〈致我友人的信函〉，敘述如下：「大家一再說，工作時無法思及神，心思必須用在工作上。」

「朋友，現在我再度告訴你，就算狀況不同，解答其實相同。首先尋求神的國度，若能找到，則萬物各安其位，而心思也會有正確的觀點。神存乎你的內在，也存乎你的外在。你及你個人的渺小世界，都在神裡面。了知這個事實，就是了知你生命中的萬事萬物皆安於其位，井然有序，而神的律則主宰著你整個生命及情境。若能了知我們的生命，確實是活在神裡面，則沒有任何一物能在那個律則之外，甚至我們每天工作時，那個律則也在協助我們思及神，認知到祂的示現，同在於我們的內外左右，也在工作上。這更讓我們看清自己所執行的，就是神的工作。因為我們如此而為，所以我們更能找到更新或更佳的工作方式，而在工作中受到祝福。」

我將這段文字唸給尊者聽，他首肯之餘，要我將這段文字給馬哈塔尼先生看，作為昨天晚上大家討論的論證。

一九四五年十月十一日上午

G．V．蘇巴拉瑪耶先生來到廳堂時，尊者正在閱讀自己在坦米爾文版《達克希那穆提讚頌》上撰述的一篇翻譯成泰盧固文的序言。這是在幾天前，P．C．德賽伊先生帶來一本他以古吉拉特文撰寫的的《達克希那穆提讚頌》，引起尊者的注意。尊者便請我將尊者在《讚頌》書上坦米爾文的序言翻譯成英文，以利德賽伊先生閱讀；然後再請娜葛瑪女士將坦米爾文的序言譯成泰盧固文。尊者在閱悉並說明上述的泰盧固譯文後，告訴蘇巴拉瑪耶，他已向德賽伊先生說明大意，略謂：「達克希那穆提乃是偉大的濕婆，除了靜默之外，無法用言語表述一之實相的真理。那個靜默，除了少數高階的修行者之外，無人能瞭解，別人必須用言語表述。只是，神都無法用言語表述了，人又如何辦得到呢？因此，商羯羅建議，應以讚頌達克希那穆提的方式為之，其義是藉著表面上的物象，而闡述萬物都是至上絕對（梵）。在第一個四句頌中，商羯羅解釋了這個世界的本質，而這個世界阻礙人了知實相，因此若能理解世界的本質，則可排除了知真我的障礙。在下一個頌句中，他說明生命個體的本質，然後闡述二者的關係，教導我們萬物都是至上絕對。我為了解釋商羯羅在《達克希那穆提讚頌》的用意及要旨，乃撰寫了上述的簡要序言。」

一九四五年十月十八日上午

一位來自旁遮普的訪客問：當我冥想時，常有種幸福的感覺，在這種情況下，我是否應該自問，那個在體驗幸福的人是誰嗎？

尊者：若是體驗到真我的真實幸福，亦即心思融入於真我，而蕩然無存，則這種問題，不會萌生。你的提問，正顯示尚未抵達真實的幸福境地。找到那個質疑者及其源頭後，則所有的質疑皆告滅息。若僅是排除質疑，那是沒用的。因為，澄清一項質疑後，另一質疑又會萌生，則質疑終無止盡。然而，藉由找尋質疑萌生的源頭，發現質疑者根本不存在，那麼一切的質疑滅盡。

客問：有時，我聽到內在有某些聲音，這時我該怎麼辦？

尊者：不論有什麼事情呈現，保持探究，深入真我，問：「是誰在聽這些聲音？」直到抵達實相為止。

阿克夏拉吉那撰寫的《拉瑪那：阿魯那吉里的聖者》二版最近出版了，有樣本書陳列各處，我無意間看到其中一段文字，敘述尊者以各種不同的方式賜福門徒，其簡約者，以目觀視之，再者，以意念為之，而更進一步者，則以觸摸行之。以前我閱及坦米爾文版的《解脫之精粹》時，問尊者：「很多書籍述及上師賜福或點化時，上師用手或腳觸摸門徒的頭頂，但尊者怎麼都沒有這樣做呢？」當時尊者告訴我：「確實，書有述及三種點化的方式，亦即以觀視、觸摸、意念為之，其中以意念點化為最佳。」所以，今天我舉上述阿克夏拉吉那書中的文字，問尊者：「作者熟悉尊者，他在書上這樣說，必定有其原因。」尊者說：「我也不知什麼原因。」接著說：「我或許曾經無意間或出於某種原因而觸摸到某人，但這都不是要刻意點化人。」跟這個主題相關者，我曾記述數年前蘇巴拉瑪耶先生（當時他是在場的當事人）的事歷。他來自北印度，是位年邁體弱而堅毅的苦行者，當時他在道場宿留月餘，經常吟誦《薄伽梵歌》。當他要辭別尊者時，尊者觸摸了他。情景如下：

尊者於晨間散步後，返回廳堂，坐在長椅上。當時，尊者的雙腳還踏在地面上，上述的苦行者便伏拜在尊者的雙腳前，他的頭頂差一點就要碰到尊者的腳，他祈請尊者用觸摸的方式來點化他，他又說若尊者不這樣做，他就不起身。尊者聞後，便欣然將一隻手放在這位老人的頭頂上，另一隻手攙扶著他起身。

正當談話進行中，室利尼瓦沙．饒醫生也一邊按摩尊者的雙腿，因為尊者患有風濕。這時，尊者幽默以道：「醫生正以觸摸點化我。」約在十五天前，這位醫生在按摩尊者的腿部時，尊者要他停下來，說道：「你已經做得夠多了，可以退下就坐，現在換我來按摩我自己，這樣我才能得積點功德。怎麼能讓你積所有的功德呢？」語畢，便逕自按摩自己的腿了。（積功德 [punya]，指獲得靈性上的功德，例如弟子服侍師父等。）

一九四五年十月十九日上午

一位來自孟買的律師問：我已閱讀尊者等聖者的書籍，雖然我在心智上能理解，但仍沒有體驗。我採行尊者的教法已有六年，仍不覺得有任何進展。當我冥想時，思緒紛紜四起，像我這樣的人，居住在城市裡，有固定的工作，偶爾前來道場，尊者可否給我改進的建議，讓我在靈修上能更進步？

尊者：你生命的本質始終在那裡，而你的冥想僅是偶爾行之而已。生命的實相，存在於你的真我，此外，你無須知曉。最重要的是你必須屏棄「視非真實為真實」。所有的冥想或持咒之目標，僅此而已，也就是屏棄一切非真我之思維，亦即盡棄雜念，而守在單一思維。

至於修行方面，行法甚多，你可採行探究，自問「我是誰？」若此行法不適合你，你也可觀想「我是至上絕對」，或是其他皆可，你也可行持咒，專注在咒語或聖名上。這些行法的目標，都是在心注一處，集中在單一思維，而屏除雜念。若能如此，則甚至單一的思維，終將消散，而心思滅息於其自身的源頭。

客問：在實際的修行上，我發現自己做不到，除非有尊者加持恩典，否則我做不到。

尊者：上師的恩典，總是在這裡。你想像恩典是遠在天邊的某物，必須降臨在人身。其實，恩典存乎你的內在，在你的心中。（你採行任一種行法時）當你的心思，消退或融入於其源頭，則頃刻之間，這個恩典，便勃發而出，有如泉水，從你的內在，沛然湧現。

另一客問：這個世界的實相為何？

尊者：若你先知曉你自己生命的實相，則你將會知道這個世界的實相。這實在是很奇怪的事，多數人不在意自身的實相為何，卻急於知道世界的實相為何。你應先了知你自己生命的真我，然後再看看這個世界是否是獨立於你之外而存在，以及這個世界是否能來到你面前，向你聲稱它的真實或存在。

客問：對無辜者而言，例如孩童，為何有這麼多的痛苦？這如何解釋呢？這可以用其前世或者其他原因來參照解說嗎？

尊者：關於這個人世，若你能知曉你生命的實相，則這些問題，便不會提起。就你所說的無辜者，其痛苦及受難，這些情事，是在你之外，而獨立存在的嗎？那是你在觀看這些事情，而在問這些事。若你探究「我是誰」，你便能洞曉那個觀者，那麼所有關於被看見的問題，將全然消解。

賽耶德博士：若有人為其靈性的善而禱告，已歷兩年，但無回應，他應如何？

尊者：禱告者未獲應允，可能對他也好。

下午

尊者敘述往事：「我住在古魯墓廟旁的芒果園時，我的叔父納里爾巴．艾耶來找我。從火車站直往芒果園的途中某處，住了一位師父，我的叔父在那裡遇見了那位師父，叔父在焦急之餘(因為我在孩童時，便離家出走，幾乎不知道什麼是靈性的真理)詢問師父，我是否知曉入道的法門為何。那位師父向叔父說，我一無所知，只是閉目坐著，僵硬不動，做些哈達瑜伽而已。叔父本來就認為，若不閱讀吠檀多的經文，則勢必無法知曉靈性的真理，所以他對我的評價很低，又覺得我很可悲。後來，我住在維魯巴沙洞屋時，有位年輕人常來看我，要我解釋經文意旨。有一天，我向他講解經文涵義，那時我經常沉默不語，大家總認為我在內觀寂靜。那一天，我在解釋經文時，叔父突然在現場，我驚訝之餘，不知該繼續解說或保持噤語，但叔父既然看到了，我就不管了，便繼續解說經文，陳述意涵。就這樣，叔父本來以為我對靈性的真理一無所知，現在終於相信我知曉甚多。」

尊者又說：「那位向我叔父說我一無所知的師父，後來也改變了他的觀感。事情是這樣的。有一天，我結束繞行聖山，歸返途中，走進伊桑耶靈修院，發現那位師父就在那裡。他要我解釋《寶鬘辨》一些頌句，我便詳加解說，並引述這本書等書籍的一些頌文。這時，他才對我完全改觀。」

我在這裡，尚可補述尊者曾經告訴我們的往事細節。尊者說，當他的叔父前來芒果園找他時，曾遞交一紙口信的字條，俾獲允會面。這位可憐的男士，當時沒有筆及墨汁，可供書寫，他只好用樹枝當作筆、多刺的梨樹的果實汁液當作墨汁，將口信寫在紙上交出去。

一九四五年十月二十六日上午

尊者告訴我，某日上午，他坐在維魯巴沙洞屋的走廊上，一些字語，不時浮現在他的心頭，他不甚措意。翌日上午，亦復如此，尊者便因此譜寫了《阿魯那佳拉十一頌》的第一則頌文，翌日，字語又浮現，則寫下第二則頌文，日復一日，譜寫頌文，直到某日，完成了最後兩則頌文。就在這一天，尊者完成最後兩則頌文後，便前去環山繞行，這時有位信徒艾耶史瓦米，身上攜帶紙、筆，告訴另一位也要環山繞行的信徒，說：「尊者逐日譜寫詩頌，已有幾日，他今天寫完最後兩則頌文，今天可能會有更多的頌文出來，你最好帶著紙、筆，以便記錄下來。」在繞行聖山的途中，尊者確實也寫了《阿魯那佳拉八頌》中的前六則頌文。信徒耶夏摩似乎先拿到《永結真我的婚姻花環》詩頌而發表，後來才由南羅耶納·雷迪取得出版。其後，南羅耶納·雷迪知道有《（阿魯那佳拉）十一頌》及《（阿魯那佳拉）八頌》[12]，而要求出版，當時尊者為完成《八頌》，便續寫了兩則頌文，於是《十一頌》及《八頌》由南羅耶納·雷迪付梓出版。這就是《十一頌》及《八頌》收輯在《阿魯那佳拉五讚頌》[13]的緣由。

我問尊者，我知道尊者在馬杜賴證悟真知之後，便不再有「我是這副身體」的感知。我也知道當時尊者的身體呈現高溫的徵狀，直到抵達此地的神廟，向天父阿魯那佳拉稟報後，體溫才降了下來。但我不相信這是在《永結真我的婚姻花環》詩頌中所敘述的。我認為，尊者歷經極度的痛苦或身體嚴酷的考驗，這也是多數聖者所經歷的身體與靈性的結被斬斷的過程。我想知道，這件事發生在尊者身上，是在什麼時候？我瞭解這項資訊，無須再贅述，但鑒於尊者生平事蹟的完整，我認為仍有必要加以說明。

尊者保持沉默，笑而不語。稍後，他說《婚姻花環》寫於一九一四年至一九一五年。尊者顯然在告訴我，那個被斬斷的結，發生在此時之前，大約在一八九六年當時。

下午

這些日子，尊者的風濕疼痛加劇，有時雙腿需要塗藥膏，加以按摩。約在十天前，因為傳聞城裡有位師父宣稱能用聖灰治療各種病痛，許多鄉民蜂擁前去訪見。有些鄉民，也來道場看尊者，想要探個究竟。因此，尊者說：「這些人看到我身體罹患的疾病，需要用藥膏塗抹按摩，他們知道我的狀況不佳，便不會再來了，所以，從某方面看，這樣的按摩算是好的。」

一九四五年十月二十九日下午

迪里浦·庫瑪·羅伊是位歌手及作家，從奧羅賓多道場來到這裡參訪，他問尊者：根據《摩訶瑜伽》（尊者信徒所著的書），你說聖者們的言論，並無互相牴觸，但我們看到有的聖者倡導虔愛，有的聖者主張真知等，因此引生我們各種紛爭。

尊者：這些教導，並無互相牴觸，例如奉行虔愛法門的信徒，宣稱虔愛是最佳的修行，他所謂的虔愛之意涵，其實就是奉行真知法門的人所說的真知之意涵；在那個意境上，並無差異，其屬性的論述，或屬性的玄奧之處，亦無二致。這些不同的法門、路徑或修行都朝向相同的目標。其行法或許是冥想、虔愛、真知等，皆曾刻意致力而為，但有朝一日會成為自然而至、無須費力的境地。

一九四五年十月三十日 下午

迪里浦·庫瑪·羅伊在尊者面前，朗讀一篇他自撰的英文詩頌，並詠唱一些讚歌。稍後，他問尊者：大家都說，上師的指導是必要的，這似乎表示尊者曾說上師是不必要的。

尊者：我不曾說過這樣，只是上師是不必要具有人身的形相。首先，人認為自己是卑下的，而另有一個高超、全知全能的神，掌握著他或世界的命運，於是膜拜祂，而行虔愛奉獻，當他的修行，來到某個階段，適於領悟時，那個他所膜拜的神，便以上師的身分，來到他面前，引領著他。那位上師，僅是前來告訴他：「神存在於你的內在裡。深入內在，而了知之。」神、上師、真我，一也。

羅伊：但是，就尊者的事例而言，你自己並沒有上師。

尊者：整個世界，都是我的上師。我說過，上師不必然要具有人身，真我存乎其內，神及上師，皆同然也。

羅伊：我曾就此問題，問過我的上師（亦即奧羅賓多），他說：「一位靈性的巨人，像尊者那樣，就不需要上師。」

尊者：世上萬物，都是我的上師。你不知道達塔垂亞[14]嗎？當國王問他，是哪位上師教導他幸福的秘訣？他答說，地、水、火、動物、人類都是他的上師，並解釋這些事物，有的在教導他如何守住好的，有的在教導他如何避開不好的。

一九四五年十月三十一日上午

切拉．巴塔是蒂魯丘立（尊者出生地）神廟裡的祭師，來道場參訪。尊者指著他，對我說：「我一看到他，便想起我左手指的刀傷，迄今仍留下疤痕。當時我年約八歲，他約三歲。從我們的家這邊算起，他家在第三間。他尚未出生前，我常被他的家人當作他家的寶貝小孩。在一個豐收節的日子，這個孩子跑來我家，一手持著有木柄的刀子，一手拖著一根又長又硬的甘蔗。我急忙要砍甘蔗，給小孩吃，不料砍傷了我大拇指與左食指間的部位。我便低聲吩咐小孩回家，自己去醫院處理我的傷口。就是這個人的兒子，幾天前還在這裡，他名叫卡普拉桑德拉姆，現在在蒂魯丘立的拉瑪那故居[15]，執行普迦祭儀。

下午

加納帕提．夏斯特里[16]攜來一封格蘭特．都夫給他的信函。格蘭特．都夫於數年前，來過道場，是一位極優秀的信徒。在信函中，他說承美國政府准許住在加州，那裡十分舒適。他已年近八十，想好好度過餘生，因此希望能藉著尊者的恩典，搭機前來造訪道場。

尊者要我留意柯隆伯．羅摩強德拉的一篇講稿，是發表於斯里蘭卡可倫坡舉辦的韋維卡南達[17]在美國芝加哥演說五十周年紀念大會，講稿亦刊登在坦米爾年曆第七個月分耶帕西月（陽曆十月中旬至十一月中旬）出刊的《拜見羅摩克里虛那》月刊上。羅摩強德拉在文中說：「韋維卡南達從美國歸返途中，曾說南印度將在世界的靈性復興中，居領導的地位；二十世紀內，在南印度蔚然興起的真我力量，不僅會橫掃全印度，也將席捲整個世界。那股力量，現在藉由南印度的奧羅賓多與拉瑪那尊者啟動，而大放光芒。」

尊者正在閱讀一封由法語譯成英文的信件，是來自捷克斯洛伐克的齊科夫斯基及其家人的來函。信函是這樣寫著：「我們全家都很感激尊者的祝福。我希望在神的旨意下，能前來拜訪尊者；同時，若蒙尊者認可，祈請尊者惠予指引。」尊者對來函者並不熟悉，但說他一定是那些從歐洲來函的人士之一（時值保羅·布倫頓首度致函給尊者）。他們早就知道我了，亦即在布倫頓撰述尊者及教誨之前，他們便已奉行尊者的教導了。尊者認為，致函者一定是讀過他及教誨的人。當時韓福瑞（此人於一九一〇年到一一年間成為尊者的信徒）曾在一些期刊上撰寫有關尊者的文章。

一九四五年十一月二日上午

迪里浦·庫瑪·羅伊朗讀頌揚尊者的自撰詩頌，隨後又吟唱讚歌，然後問尊者：消滅自我的最佳方法為何？

尊者：最佳的方法，應是對你最最便利而又感興趣的。所有的方法都是好的，因為朝向同一目標，那是自我融入於真我。在虔愛行法，叫做臣服。在探究行法，叫做真知，二者皆將自我帶到其萌生的源頭，而融入之。

羅伊：但是，哪一個方法，對我是最好的呢？尊者一定知道。

尊者沒有答覆。（尊者時常這樣，他讓信徒找尋對自己最簡易的修行方法。）

下午

羅伊先生再度吟唱一些讚歌。唱完後，問尊者：音樂也能助人在虔愛上成長，不是這樣嗎？

尊者：是的，是的。

羅伊離去前，又問：是否虔愛法門能循其優勢而持行下去，或者應導向於真知法門？

尊者：是的，是的。虔愛乃真知之母。

一九四五年十一月六日晚間

一位長者及一個年輕人端坐在尊者面前，此時尊者正要外出晚間散步。年輕人上前向尊者說：「這位長者雙目失明。」尊者聞後，點頭示意，一如往常。稍後，尊者起身，告訴我們：「他說他失其雙目，而我失去雙腳。他能前來告訴我，但我又能去向誰訴苦呢？」約在一個月餘前，由於風濕症或缺乏維生素B，尊者雙腳情況惡化，但不論如何嚴重，我們僅能從他口中的「失去雙腳」來瞭解。這不是他第一次這樣說道：「你們都來向我訴苦，但我又要向誰訴苦呢？」這也相當呼應尊者教誨，意即萬事萬物，只有真我獨在，別無他物，而我就是「那個」！

一九四五年十一月八日上午

羅伊先生在十一月二日問尊者，消滅自我的最佳方法為何時，尊者說：「要求心思消滅心思自己，則猶如在使竊賊假扮成警察，他會跟著你假裝要去捉拿竊賊，但終究一無所獲。所以，你必須溯源歸返，觀察心思在何處萌生，然後心思將自行止息。」

對於尊者的回答，來自斯里蘭卡賈夫納城的泰姆比·索雷仍有疑惑，他問，心思返內而尋求其萌生處，不也是在運用心思嗎？於是，我將此質疑面呈尊者。

尊者說：「當然，我們是在運用心思。我們都知道、也同意只有在心思的協助下，那個心思才得以被消滅。不過，這並不是說有個心思在這裡而我要消滅它，而是你尋繹心思的源頭，然後發現心思始終不存在。心思向外馳逐，乃成為思維與物見，心思返內，其本身成為真我，有時這樣的心思稱為『無相無念的心思』或者『純粹的心思』。」

今天，尊者座前朝南的門戶封閉，原處要改建成一扇窗，而北邊牆面的中間窗戶要改建成的出入口，門是從南邊牆面移過來的。往後尊者無須拾級而登，才能進出。

一九四五年十一月十一日上午

瑪哈·維爾·普拉薩德是印度北方邦的首席工程師，在此待留約有二十天，問尊者：《摩訶瑜伽》說，開始冥想時，專注在呼吸，亦即吸氣與呼氣，迨心思獲致相當平靜時，便可深入內心尋找心思的源頭。我很需要這方面踐行的指示。我能遵循這個行法嗎？這是正確的嗎？

尊者：問題是要設法消滅心思。對於無力遵循探究行法的人，得建議採行呼吸控制法，俾以掌控心思。呼吸控制法有兩種，一種是行控制，以調勻呼吸，另一種是僅觀照呼吸。

普拉薩德：行冥想時，我有時能在某個境地上，無思無念，持續約十五分鐘。有人說那個境地，叫做「睡夢瑜伽」，應加以防衛，以抵禦不好的狀態來犯。

尊者：持行者應致力於邁越沉睡的狀態。

（基於某些理由，尊者並未進一步答覆普拉薩德的問題。）

我因此向普拉薩德建議，閱讀《大師餐桌上的遺珠》一書，書中敘及一些特殊的狀態。尊者要我們去拿一本給普拉薩德看。我們遵照尊者的話做了。

晚間

客問：我不知道拙火是什麼？

尊者：拙火是持行瑜伽的人所使用的名稱，存在於持行者的身體內，可稱之為「真我（阿特曼）的力量」；持行探究法門的人，稱拙火為「真知」；奉行虔愛法門的人，則稱之為「虔愛」。瑜伽法門的持行者認為，這股力量沉寂在人體脊椎的底部，亦即海底輪，必須躍起而流經各種脈輪，其頂端處，是為頂輪；在心思裡，則得到解脫。真知法門的行者，認為這股力量匯集在本心。

一九四五年十一月十二日上午

一位來自旁遮普的訪客問：若心思消滅，那個境地是停滯無活動的狀態嗎？

尊者：為何你要煩惱悟者的境地呢？你應瞭解自己目前的境地。

客問：渴望解脫之人自然會想知道他解脫的境地為何，那是他的目標。

尊者沉默半晌，然後說：你也認為心思必須消滅。你何不先消滅心思，然後再看那個境地是停滯無活動或者是了無意念呢？

客問：當「我的感知」不在了，則「我的心念」仍存在嗎？

尊者：那個如如其是者，始終在焉。即使「我的感知」已滅，實相始終存在，你可以說「那個」就是「我的心念」，或簡單說，就是「我在」。那個如如其在者，就是「我在」。

一九四五年十一月十八日

今天上午六時許，隨侍維康達・瓦薩爾按摩尊者的雙腿，半小時後按摩完畢。尊者說：

「我迷迷糊糊感覺，好像有個東西被按摩。」我們可以從這個說法略窺尊者內在的生命，他並未出神或處於三摩地，而是在他平常的狀態。

一九四五年十一月二十日下午

一位來自羅摩克里虛那傳道會的里希克斯南達．史瓦米在此，他似乎是應希達斯瓦倫南達師父的建議，來訪見尊者。尊者談及希達斯瓦倫南達，並出示兩本書籍，一本是他的演講文輯錄，另一本約在三週前收到，雖然這本書於一九四二年，在法國已寄出。

里希克斯南達說，希達斯瓦倫南達學過法語，法語非常流利。他又說，一位斐伽耶南達．史瓦米曾在南非工作，廣受歡迎，雖然當地的基督教團對他有不利的言論，但有兩位富有的女士支援他，要他留在那裡，其中一位女士，是吉瑞莉絲太太（在道場，她以瑪蜜塔為名，收養了一位康納達男孩羅曼，現居班加羅爾，羅摩克里虛那傳道會附近）。

希達斯瓦倫南達有意造訪印度數個月，希望也能參訪拉瑪那道場。這次會談中，話題移到這些師父穿外國的服裝。里希克斯南達告訴尊者，他通常穿著歐洲的服裝，但在演講時，則著赭黃色的長袍、包頭巾，就像在照片上看到韋維卡南達的打扮一樣。

一九四五年十一月二十一日上午

里希克斯南達問尊者悟者的特徵為何。尊者說，這些特徵在諸典籍都有記載，例如《薄伽梵歌》，但我們應銘記在心的是，悟者的境地超越心思，無法藉由心思而描述之，故所有的描述皆有缺失，只有靜默能正確描述悟者的境地或特徵。其實，靜默比語言更具效能，從靜默而有思維，從思維而有自我，從自我而有言語，所以若言語有其效能，則更具效能的，必在其源頭！在此議題的關聯上，尊者敘述一則故事如下：

塔凡拉耶譜寫一篇坦米爾文讚美詩，以頌揚其上師史瓦魯帕南達，乃召集一些博學的學者，聆聽其作品，並品評之。學者起而反對，認為讚美詩是為了要稱頌英雄在戰役中屠殺千隻大象的英勇事蹟，不是要頌揚苦行者。塔凡拉耶說，大家不妨前去上師處，請其仲裁。於是眾人前往上師處，各自安坐後，塔凡拉耶說明來意。上師聞後，不發一語，眾人亦保持沉默，如此鎮日無語，夜以繼日，日復一日，眾人靜坐無語，心思沉寂，一念不起，亦不問為何而來。約三四天後，上師的心思略起，眾人的思維亦動，乃齊聲稱道：「征服千隻大象，較之上師征服我們自我之狂象的力量，實在微不足道。所以，上師值得以讚美詩頌揚之！」

下午

一位從奧羅賓多道場來的女性訪客問尊者：當我行專注時，萌生各種思維，十分困擾，我愈努力專注，愈多思維騰起，我該怎麼辦？

尊者：是的，是會這樣的。內在的所有東西，都要試圖跑出來，每次心思欲外馳時，要設法拉住它，固定在真我上，除此之外，別無他法。

尊者引述《薄伽梵歌》一則頌句，略謂當浮動的心思一再馳逐他物時，應該將心思拉回，固守在真我裡。

希瓦．莫漢．拉爾：當我在尊者面前，行專注時，我很容易將思維固定真我，但在我的住處行專注時，則須費時較久，而又困擾重重，為何會這樣？特別是我深信尊者是無所不在的，又是我的神。

我：一定會是這樣的。雖然我們知道神是遍在一切的，難道我們不知道神顯現在某物某處，更甚於其他地方，如廟宇、神像等嗎？

尊者：可去問穆魯葛納，他人在這裏。他唱過一首歌，是說拉瑪那道場對他而言，不只是一個場所，而是無所不在的。

於是，穆魯葛納朗讀《拉瑪那靈體花環》的一則頌句。大意是說：「(藉著祂的恩典，)因為心思已然鎮定，而無處不平靜，一如平常在拉瑪那道場裡。我在這世上，無論走到何處，縱使生命的靈體，懷著強烈的欲望，但我有如身在拉瑪那道場。」換言之，拉瑪那道場，乃是內心裡的至上絕對，由此而滅盡心思。

尊者：時間與空間，其實並不存在。收音機點出了這項真理，海德拉巴也在我們這裡。那邊的歌唱，我們這裡也同步聽到。那麼，時間與空間又在哪裡呢？

室利尼瓦沙．饒醫生問：無寐之眠是什麼意思？

尊者：那是悟者的境地，在睡覺時，我們的自我沉寂，感知官能，沒有活動力。悟者的自我，已然泯滅，他不再隨感官而起舞，或者說他沒有作為者的概念，所以，他在眠息的狀態中。同時，他並非是睡覺時的沒有意識，而是全然的儆醒於真我，故其狀態是不寐的。這就是無寐之眠、儆醒之眠，或者隨你怎麼稱呼它，乃是真我的第四境，有如銀幕，而三境（醒、夢、睡）過往，銀幕不受影響。

我們不去掌握那個存在的，卻去尋找那個不是的，我們被過去及未來所困擾，卻不瞭解現在的真實。我們不知道開端與結束，但知道中間點，若我們找到這個真實，就能知道開端與結束。

尊者引述《薄伽梵歌》的頌句：「我在萬物的本心裡，也在萬物的開端、中間、結束。又說，真實，唯靜默而已。」並引詩聖塔俞馬那瓦的頌句：「我們觀諸宗教，各自有別，但其間並無矛盾。這些都是你的神明的遊戲，它們皆在靜默中結束，一如萬川匯入大海。」

關於此議題，尊者也說，若人說到心思上有至上絕對的概念，就好像在談及沒入於大海的河流。

晚間

尊者引述《薄伽梵歌》頌句後，里希克斯南達述及《蛙氏奧義書》中的一則頌文，文中有「開端」及「結束」字語。尊者摘出頌文，並加解說。頌文曰：「那個在開端時，為不是的，在結束時，亦非然也，則僅存乎中間者，便不可能為真實。唯真實者，不但存乎中間，也必然存在於開端及結束。」

室利尼瓦沙．饒醫生問：當人向內探究「我是誰」，是什麼意思？

尊者：這是自我，只有自我能行探究。真我無須探究，這個去探究的「我」，也是自我。因此探究能夠終止自我的存在，只剩真我留存。

我問：今天上午，里希克斯南達引述一些經文，似乎在說，心思所至，皆是三摩地，怎麼會這樣呢？我們的心思，隨其喜好而走作，怎麼會是三摩地呢？

尊者：那段經文，是針對悟者而言。無論悟者所為何事，其在三摩地的境地，不會中斷。他們的身體，由於今世業報所致，可能會執行諸多活動，但他們始終在真我中；而我們聯繫著身體，而認同之，便說身體所為，皆是我們所做。《薄伽梵歌》說：「智者洞悉，感知隨著感知外物而走作，但他不繫附於感官的活動。」我毋寧更進一步說，悟者甚至連這個也不考慮，因為他本身就是真我，除卻他自己之外，並無一物可觀。上述《薄伽梵歌》的這段話，只是對修行者而說的，事務降及吾身，無論執行什麼活動，皆不損及我們；凡有所障礙或困縛者，都是我們在想像自己是個執作者，而繫附在這些活動的成果上。」

就此議題，尊者也說：「有人說：『我從馬德拉斯來。』實際上他並沒有來。那是某輛車把他從住家載到火車站，然後火車載他來到蒂魯瓦納瑪萊車站，又有馬車載他來到這裡，但他卻說：『我來這裡。』這就是我們將身體及感知的活動，認同為我們自己。」

尊者也引述《寶鬘辨》文字，大意謂悟者的活動皆屬三摩地，亦即不論他的身體有何舉動，他總是在他真實的境地裡。尊者也提到，拉賈斯瓦拉南達說他一度計畫辦盛大的朝聖之旅，而尊者也被安排在其中。

尊者說：「我並未同意參加，計畫因此取消。我要去哪裡？要看什麼呢？我一無所見，我去什麼地方又有什麼用呢？」這段自白，不經意從尊者的口中溜出來。

今天晚上，尊者也有下述的評論：「悟者視自己為真我，這個真我是銀幕，而我們稱之為『世界』的是影像，形形色色，流往而過。影像活動在銀幕上，他一點不受影響。」

「以肉眼觀看，則你看到世界。以悟眼觀看，則萬物呈現為真我。」

「在黑暗中觀物，則需要眼睛及燈光。若要看光，則只需眼睛即可，但若要看太陽，則無須任何的光，甚至你提燈，則燈的光必為太陽的光掩沒。我們的心思不足以了知那個真我。要看這個世界及外物，則心思及反映的光照，是必要的。但要看那個真我，則只要心思返內即可，無須反映的光照。」

「若我們專注於一思維而入睡，則醒來後，心思仍會存續在那個思維上。若人被施與麻醉劑，要他口數著一、二，而有人順著譬如說六，則他會脫口而說七、八。」

「有些書裡把『自我』比喻為水蛭。因為自我離開一個軀體前，必先抓住另一個軀體。」

一九四五年十一月二十二日上午

尊者解釋典籍述及的至高可能的幸福，那是人類或高於人類的十等級生靈才能獲致的幸福，終結在像梵天那樣的神祇所抵達的，但這些東西有如真我鴻福的洪流之泡沫。

想想看，一個身強體壯的成年男子，精力充沛，擁有無比的財富及權力，兼具聰明才智及所有的其他資源，又娶貌美而忠誠的妻子，他自認為幸福滿載。

在人類之上，每個等級較高的生靈，其幸福的程度百倍於等級其次的生靈；那麼所有的十一個等級生靈之最高幸福，也不過是神性福祉的大海中之泡沫。

在此，尊者述說一則故事：

「有位國王帶領軍隊及隨從，浩浩蕩蕩行經森林。他巧遇一位僅著纏腰布的男子，橫臥在大地上，一隻腳翹在另一隻腳上，縱聲而笑，十分快樂，一副無入而不自得的樣子。國王驚訝於他的快樂狀態，便派人前去察看。國王的人馬前去看這位赤身裸露的修行者時，修行者毫不介意，若無其事。國王聞悉後，十分訝異，認為此人斷非等閒之輩，便親往探視而問道：『師父，您看起來很快樂，請問這般快樂的秘訣何在？您是從哪位上師學來的？』修行者告訴國王：『我有二十四位上師。世間萬物、這副身體、這塊土地、那些鳥兒、一些器物、人，都在教導我。』世上萬物，可歸類為好的及壞的，好的事物教他要去尋找。壞的事物教他要避開。這位修行者，就是達塔垂亞，一位全然棄世的苦行者。」

約在八時許，尊者晨間散步回來，訪客在尊者面前伏身跪拜時，從身上掉落出整袋菸草，而且為數不少，隨侍克里虛那史瓦米看見便拾起來丟棄。這使尊者想起他以前生活中的一個小故事。尊者說：「菸草是一種殺菌劑。我住在維魯巴沙洞屋時，某天我進食，那是冰冷的米飯。當米飯一碰到牙齒，我有一顆牙齒突然疼痛不堪，無法進食，我就不吃了，以為會餓死。瓦蘇德瓦．夏斯特里跟我住在一起，當時他外出。他回來後，我告訴他我牙痛。他說沒有關係，用一點菸草可以殺菌，治療牙痛。那時我們沒有菸草，但有人身上帶有菸草，便給了我一點，要我將菸草塗抹在疼痛的牙齒上，很快就不再疼痛了，我因此得以吃下一餐。後來，我看我的牙齒，起初有個斑點，逐漸形成一個洞，不久有位任職於蒂魯科盧地方法院的人士來訪，知道這件事，便請了一位馬德拉斯的牙醫師來。他待在洞屋三天，收費三百元盧比，並沒有做實質的醫療，僅是清洗牙齒，拔掉一顆及處置另一顆牙的患處。」

「我來到這裡之前，便已知道菸草的效用。當時培里耶爾水壩已構建完成，河水首度流經渠道，水勢洶湧，裡面有許多魚。漁夫利用側邊的渠道，將水流改道，引水進入池塘。他們將菸草的梗莖捆成幾束，丟入水中。這些梗莖是製造雪茄的殘梗。當魚隻流入池塘，由於菸草的毒性所致，魚隻便失去知覺或者死亡，而漂浮在水面上，漁夫就是利用這種方法，大捕魚隻。其後，我讀到塔俞馬那瓦的頌文，也暗指著漁夫這種捕魚的方法。這則頌文，略謂：『我的掙扎，有如魚隻困在水流從大水改道的池塘裡，食肉者在此下毒。我可能瞭解你，隱藏的善意。喔，萬能的神，將謊言藏在我的心中，推動著我，我好像是一個傀儡。』」

稍後，應室利尼瓦沙．饒醫生的請求，尊者解釋塔俞馬那瓦某個頌文語句的結尾，以及另一頌文的最後四節頌句。

上午稍後，應里希克斯南達的請求，尊者回顧他在馬杜賴住家樓上房間，首度體驗真我的情形說道：「我橫臥而四肢伸直，心想著死亡的狀態，知道此身將被帶去焚化，但我仍活著，有某股力量，叫它是真我原力或其他，在我體內萌生，掌握著我；就是這樣，我乃重生，成為一個嶄新的人。此後，我對外物，漠然與之，無所謂喜好或憎惡。」

室利尼瓦沙．饒問尊者，他開始是如何對神懷有虔愛奉獻的？尊者回答：「首先激發我對神的虔愛，是一本《培里耶往世書》[18]的書。那本書是鄰居的，我剛好在家裡看到，便全書閱讀。在上述的體驗之後，我幾乎每天去神廟，祈禱我能成為一個虔愛奉行者，像《培里耶往世書》中的六十三位聖者那樣。

下午

室利尼瓦沙．饒醫生向尊者說：「我曾聽人說，當尊者在史堪德道場時，他看見有條蛇爬過尊者的身上。」

尊者說：「蛇伸舉頸項，直瞪著我們。蛇似乎知道不用害怕。後來，蛇爬過我們的身體而去，我並不怕，也不用對蛇做什麼。」

稍後，尊者說：「雖然我們用存在、意識、幸福來描述那個真實，這是十分正確，但事實上，那是無法描述的，但藉著這個描述，我們得以簡約解為，它不是無存在、它不是無覺性，它是無苦。」

尊者又說：「我們都在存在、意識、幸福的真實裡，但我們想像自己受到困縛，蒙受這些痛苦。」

我問道：「為何我們要這樣的想像呢？為何這些無明會在我們身上呢？」

尊者說：「去探究到底是誰有這樣的無明，那麼你會發現，你未曾無明，你始終在存在、意識、幸福裡。人總在修持各式各樣的苦行，以便成為自己本來的樣子，但他其實正是本來的樣子了。所有的努力，都在去除謬誤的知見，以為人身局限，受世上諸苦所困。」

稍後，尊者說：「真知的星火，輕易能將萬事萬物消滅殆盡，彷若銷毀堆積如山的棉花。世上萬事萬物都築基在脆弱的自我上，在真知的原子彈投射下，潰然崩解。」

「所有談論臣服的人，好像從糖塊做的象頭神身上，捏取片塊，呈現給同一個象頭神，當作供品；你說你將自己的身體、靈魂及一切都奉獻給神，但這些都是你的，所以你可以拿來奉獻嗎？你頂多僅能說：『這一切我誤以為是我的，但今我瞭解，這一切都祢的，我不再視為己有。』就是這個了知，除了神或真我之外，別無一物，而『我』及『我的』並不存在，唯有

『真我』存在，這才是真知。」「所以，虔愛、真知，並無二致。虔愛乃真知之母。」

論及眾多尋道者，各以其不同的方式尋求神。尊者說：「每位尋道者，均得以自己的方式為之，俾建立自己獨有的修持。不宜以激烈的方式，改變他所皈依的法門。上師應陪伴門徒，在其修行的道路上，直到門徒成熟時，才逐漸轉到至高的法門。若開快車，突然剎車或轉向，那乘客可能會有危險。」

談話轉到神的名字，尊者說：「說到所有的咒語，《廣森林奧義書》稱，阿哈姆（*AHAM*，我）乃神之首名。在梵文，第一個字母是「阿」，最末字母是「哈」及「阿哈」。因此，「阿哈姆」涵蓋一切，自始至終。「哎耶姆」（*Ayam*）字義是那個存在，自明自證。哎耶姆、阿特曼、阿哈姆，都是指同一個。《聖經》亦然，「我在」（I AM）乃賦予神的首名。

一九四五年十一月二十四日 上午

尊者談到昔日他能登山到頂峰，不論在任何時刻，都能隨他所願，經由任何山路，或者沒有山路可走，也能登頂。他說這些山路，只有當地除草的人知道。「有些人從馬德拉斯或其他地區來，開始登頂，在史堪德道場附近便迷失了，他們看到我坐在那裡，便問我登頂的路怎麼走。我告訴他們，就在他們的右邊，朝北方前進。其中有人說：『你知道我們是誰嗎？

從哪裡來的嗎？我們從馬德拉斯來的，你的話唬不了我們。山頂就在我們前面正上方，你卻要我們東走西拐。』我通常保持沉默。他們直行而去，但過了不久又折返，發現走錯路了。他們走近我就俯首鞠躬，羞愧而去，避開了我。」

一九四五年十一月二十五日

尊者述說住在史堪德道場時，印度豹時常來找他。他提及兩件事。「其中之一是，那隻豹發出可怕的吼聲，好像要攻擊人的樣子，但豹並沒有傷害我們，只是去追猴子。另一件事是，有隻豹朝道場而來，緩慢行走，威武十足，發低沉吼聲。那隻豹很安靜，沒有要攻擊的意思，好像只是在宣示牠的蒞臨而已，別無他意。那隻豹離我們很近，那時山裡的溪水氾濫，淹及史堪德道場，豹盤桓些許後，緩步離去，又發吼聲，好像在宣告牠要離開。」

早餐後，尊者前去史堪德道場，慣例由一名隨侍陪同。史堪德道場於最近整修完工，屋況良好，從拉瑪那道場到史堪德道場的山路也改善了。為了慶祝修繕完成，尊者得以在他以前的道場待留些時候，而我們也得知尊者十分高興，於是安排了尊者及信徒在那裡待上一整天，傍晚才歸返。大約上午九點半，有兩百人聚集在史堪德道場，而我們一行人在下午返回拉瑪那道場。尊者約在下午四點十五分離開，約五點半回到道場。在史堪德道場時，尊者的心情十分愉悅，天氣略為多雲而有點寒意，常吹起冷風。尊者詳盡述說在史堪德道場及維魯巴沙洞屋時發生的一些插曲、事件。他說，命名為史堪德道場，是因為當初是由一位名叫堪德史瓦米的信徒所規劃及興建的。他奉獻自己，在無人協助下，獨自徒手完成，「在山裡，這真是奇蹟。先前沒有的泉水，而且也無從想像。當我們需要水時，水便渤然湧出，當我們不再需要水時，泉水便消失了。」尊者追述山上溪水淹及史堪德道場的歷史，他又是如何發現水源的，並與當時他的信徒一齊協力引導水流而下。某夜，可怕的狂風挾著暴雨，上午城裡的人從那個距離看來，好像是一條巨大的馬路，在一夕之間築成。似乎就在這時，原本帕塔水池所在之處，完全被泥土、石塊填滿，堆積的高度達十五呎。（一九四五年十二月十二日，我從尊者這邊知悉，有位信徒已修護這個水池的一半或四分之三。）

尊者也詳盡敘述自己在維魯巴沙洞屋及史堪德道場時，與猴子的互動的情景。特別說到猴子「跛小子」（尊者對牠的暱稱）是如何受到尊者的影響。當時尊者住在維魯巴沙洞屋，有隻猴子，被一隻猴王毆得遍體鱗傷，走到洞屋前時，已奄奄一息。尊者看到，深為憐憫，悉心照護牠，終於康復。後來，這隻猴子很黏著尊者，寸步不離。在道場裡，有人每天餵食牠。當有別的猴子前來接近尊者時，這隻「跛小子」不許牠們靠近尊者，並且告訴這些猴子，是猴王使他成為跛腳。不久，所有的猴子前來這裡，對「跛小子」這位昔日的敵人，寄以關懷，並表示友善，因此，一段時日過後，跛小子成為猴王。有一天，尊者與幾位同伴離開道場，前去環山繞行，道場僅留一兩位信徒留守。尊者不在道場時，跛小子等一些猴子來道場，折斷道場裡的樹枝，恣意大肆破壞。尊者奇怪為何會這樣。隔天，猴群又來，跛小子爬到樹上最高處，搖動著樹枝，然後爬下來，這似乎在作猴群中王者優先權的表態。通常尊者拿食物餵跛小子時，牠並不取食，而是讓別人拿食物給牠身旁坐著的其他三隻猴子，然後跛小子才和牠們分食。那三隻猴子，是被罷黜的猴王的后妃，根據猴子的習俗及運作，現在成為跛小子的妃子。後來，尊者才知道，跛小子已經是猴王了，所以前幾天，猴群前來道場，要在尊者面前，向跛小子行猴王加冕禮，但尊者不在場，猴群非常失望而懊惱，於是有折斷樹枝的舉動等。後來，跛小子與三個妃子，生有六隻小猴。尊者每天進食時，都分一點食物給這六隻小猴。跛小子有兩次不當的舉動，傷了尊者的心，以致尊者打牠。每一次，尊者要處罰牠，便不允許牠到尊者面前來，但後來尊者看到牠有悔意，也知道這些舉動往往是猴性使然，於是尊者寬恕了牠。其中之一的場合是，尊者拿起一淺盤的牛乳，要給猴子，但牛乳太燙，尊者便張嘴對著牛乳吹風降溫，猴子以為尊者拿著牛乳放到嘴邊，要自己喝下去。尊者說，在史堪德道場時，有時孔雀和蟒蛇，在他面前一同玩耍，孔雀大展尾翅，蟒蛇直伸傘頸。當天，在眾多的信徒中，擔任主人的是T．K．多萊史瓦米．艾耶以及來自班加羅爾的薩塔卡帕・納杜先生。關於納杜先生，有件事，饒富意味，值得記述如下：

納杜先生認識尊者三十五年，他甫識尊者時，曾訪尊者於維魯巴沙洞屋，但當時尊者不在屋內，納杜先生便找個地方就坐，不久尊者回來，納杜先生發現，他所就坐的地方，正是尊者平常的座位。據說，這件事給納杜先生極大的震撼，雖然他今天已是道場的永久居民，在道場內也擁有自己專屬的房間，但他再也不敢比尊者先到廳堂，在廳堂也較少坐著或者與尊者一同晚餐。甚至在此之前，他通常每年來道場一兩次，現在也不大敢在尊者面前出現。他沒講過當初的事情，這是我從別人那邊耳聞的，因此樂於記載下來。

一九四五年十一月二十七日上午

瑟蘿吉妮・哈斯・辛小姐（哈斯・辛先生的妹妹。哈斯・辛是尼赫魯的妹夫。）在此參訪，有意將尊者的每日生活，拍成影片，在全世界放映。我告訴她，K・K・南比亞先生也有類似的想法。幾個月前，用攝影機拍攝，但因為影片有差錯，或者拍攝者的關係，並沒有拍成。

在用餐時，茵都玫蒂小姐（印度知名企業家安巴拉・薩拉拜的親戚）曾在本月二十四日，偕同母親等人親見奧羅賓多，她問我有什麼書籍記載尊者每天的生活起居，包括輕鬆而有趣的事情或評論。我說並沒有這類的書。她認為應該要有一本這類的書才對，她說道：「我們來此參訪之前，並不知道尊者如此的充滿人性。他的行動，自由自在，言談中有幽默的話語。我們僅知道他靈性的崇偉；是應該有一本書，能夠讓人知道他人性這方面的事，把他當作一個人，使他更接近我們。」

一九四五年十一月二十九日

二十七日夜，我去韋洛爾城。今天上午遇見地方法官洛布先生以及他的夫人。兩人皆問到尊者。洛布先生建議，應該保留一些尊者在道場日常與活動的記錄。

拜別洛布先生後，我拜訪諾曼．斯特寧爵士，他是位顧問，暫住在韋洛爾。我們很自然又談到道場的事。他說他聽聞尊者的教誨是經由靜默的，又說：「我們能瞭解。」

一九四五年十二月一日

昨晚，我回道場。擔任北方邦政府首席工程師的瑪哈．維爾．普拉薩德，於今年十月、十一月在此停留二十天，然後到拉梅斯瓦拉姆等地參訪，現在回到這裡。他引述《摩訶瑜伽》[19]，還是老問題，問尊者：「在心上行探究『我是誰』之前，是否要先行觀察呼吸？」

尊者：這要取決於個人的資質及成熟度；無法專注或掌控其心思，而欲行探究者，則建議他先觀察呼吸，因為這樣的觀察，自然會導至思維止息，而能掌控心思。呼吸與心思，萌生於同一處，控制這個，便能控制那個。事實上，在探究行法上，正確的說法是「我從何處萌生？」而非「我是誰？」我們不只在說「我們不是身體、不是感知」，而加以滅絕，毋寧是在設法找到那個萌生於我們內在的自我之「我」的思維，到底是從哪裡來的。當我們觀察「我」的思維之萌生處，那是雜念的根本，我們就必須也要觀察呼吸的源頭，因為「我」的思維與呼吸，萌生於相同的源頭。

普拉薩德：為了控制呼吸，規律的呼吸控制法，不會比吸氣、屏氣、呼氣、規定在一比四比二的比例行法更好嗎？

尊者：這些比例的呼吸行法，有時不是數算的，而是用咒語來調控，都是有助於控制心思。就是這樣，觀呼吸也是呼吸控制法的另一種行法。屏住呼吸，較為激烈，可能會有傷害，修行者在其持行的階段或步驟上沒有上師指導，則是不適宜的，若僅是觀呼吸，則較容易，也無危險。

一位長者來到道場，名叫史瓦米那特·艾耶，是丁迪古爾的律師。陪伴他來的是個年僅三歲的男孩，名叫「拉瑪那」。這個男孩，耳聞許多拉瑪那尊者的事蹟，但顯然尚未見過尊者，所以他在廳堂便說：「我現在認識拉瑪那了。」這自然引起哄堂大笑，尊者也笑了。這位長者問：人之修持，在抵達自然俱生三摩地之前，是否應先經由無分別三摩地而來？

尊者：若心思尚有疑雲而不穩定時，我們便試圖屏除之，亦即我們尚未圓滿時，而我們警覺致力於心注一處或遠離思維，那就是無分別三摩地。若持續修練後，我們不時在那個境地裡，那就是自然俱生之境。在那境地裡，人總是觀其自身。他把這個世界，當作真我或至上絕對的名相來看。先前一度作為手段者，其本身今日成為目標。不論其修持的行法，是冥想、真知或虔愛等。三摩地乃是我們生命真實境地的另一個名稱。

晚間，廳堂吟唱吠陀經文後，尊者在看書。他對我說，這本書是《瞥見賽巴巴》[20]，由B．V．納雷辛荷．艾耶撰寫，舒羅夫先生帶來給尊者看的。我說：「是的，今天上午，我在舒羅夫先生的家裡看到這本書。我不知道這本書是否有新的內容，是賽巴巴先前的書所沒有的。」尊者唸出書中緒言的文字，是由庫普史瓦米．艾耶法官所撰。賽耶德博士也在廳堂，說他曾讀過這本書，覺得並沒有新的內容。他又說納雷辛荷．艾耶被問到問題時，無法回答賽巴巴是否引導人去了悟真我，但尊者所讀出的書中緒言一段文字，幾乎立刻與賽耶德博士所言相左，那段文字是說，賽巴巴不僅給人在物質上救濟的福利，也促使人朝向了悟真我的終極目標。

一九四五年十二月二日

訪客道爾傑・拉尼，來自維濟亞納格勒姆城，昨晚抵道場，今天上午來到廳堂。當時，室利尼瓦沙・饒醫生正在按摩尊者的腳。尊者對醫生說：「你先就坐，否則大家會問尊者的健康怎麼了？」醫生便停止按摩。尊者不喜歡麻煩別人，不管有任何理由。

下午，我給尊者看一本書，書名是《美妙印度》，書內附有許圖片，尊者閱讀全書，瀏覽圖片，歷時約一小時。

一九四五年十二月四日

上個月中旬，廳堂重新佈置。尊者長椅前，在北邊及西邊方向，放置一座柵欄，全部的書架都移到廳堂東方半邊的位置。移置就緒後，我說這樣擁擠的家具，靠近尊者的長椅，恐會孳生蚊蟲。大家便談到DDT殺蟲劑，那是戰爭期間發明的最有效滅蟲劑。今天上午，舒羅夫先生帶來一些殺蟲劑，噴在廳堂、家具以及尊者的沙發長椅。尊者說殺蟲劑不妨也拿到牛棚去噴，他擔心現在牛隻受到蚊子的叮咬。於是舒羅夫將一些殺蟲劑留在道場，並附帶有使用說明書。我們發現信徒毛尼已經有剪報，上面有使用DDT的所有說明內容。

一九四五年十二月六日下午

G．舒巴．饒先生向尊者說到已故的毛納．史瓦米，他來自庫特拉姆，自一九〇六年便跟尊者在一起，當時大家叫他施瓦雅。

今天尊者回憶，施瓦雅是第一個拿鉢給他的人。當時施瓦雅似乎跟尊者在一起，歷時約一年，然後他去庫特拉姆，約在一九〇九年或一九一〇年時，又回到尊者身邊，這時他帶來一個椰子作的鉢給尊者，這是尊者首次使用鉢。尊者取出一本書《拜見拉瑪那》，書內有圖片，圖像上是尊者坐在石塊上，右手拿著那個鉢，左手置於左臀上。在那張圖像裡，尊者的健康及體力，皆在巔峰狀態。

晚間

我引述一段在尊者著作合輯中《室利阿魯那佳拉的崇偉》[21]裡的第三則頌句，問尊者，文中所述的洞穴，是在神裡面，或是在山裡面？（當然，山也據說是神。）

尊者說：「當然，在文中是指洞穴在山裡面，而洞穴裡，有一切的享樂。」尊者又說：「頌文在說，你相信山裡有個洞穴，呈現輝照，以光而燦爛奪目，在那裡可找到所有的享樂。」

我問尊者：「我曾在某處讀過，這個地方叫做極樂之地，我不知道其涵義為何？」尊者答道：「是的，它是這樣的。但是其涵意為何呢？若認為這個極樂之地，能給人解脫，則此地能任人隨其所欲而享樂，則又不可思議。」室利尼瓦沙・饒醫生問道，探詢「我是誰」之後，是否應保持安靜，或者要接著答「我不是這副身體、感知等」，或者僅是複誦「我是誰」？

尊者說：「為何你要一直複誦著『我是誰』呢？好像那是個咒語。若有思維萌生，就要問：『這些思維，是誰在萌生』、『這個我是從哪裡來的，而在萌生這些思維』這樣的問題，以便去除思維。甚至在持誦咒語時，若一時忘了持誦，亦即別有思維進佔他的心思，他也要提醒自己，『我已遺漏了咒語。』而要恢復持誦。所有的法門，都在去除思維，但只有神或真我的思維例外。」

在此議題上，尊者又說：「聖名即是神。」並引《聖經》的話，「起初有名，名與神在，名即是神。」[22] 史瓦米・倫德斯時常教導持誦聖名的重要，他所持誦的聖名是「頂禮羅摩、讚嘆羅摩、殊勝羅摩」（*Sri Ram Jai Ram Jai Jai Ram*）最近一期的《景象》月刊，史瓦米・倫德斯撰寫有關「彼是汝」的文章，尊者也引述給我聽。

一九四五年十二月七日

一九三七年九月號《景象》期刊，載述一篇文章，是南德奧[23]的〈聖名之哲理〉。尊者屢次引述這篇文章，以示認同。今天，室利尼瓦沙．饒醫生帶來這篇文章，尊者解釋給他聽。尊者論道：「這些聖名都須在南德奧全然了悟之後，才出口誦之。這是毗瑟巴（印度神祇）要南德奧前去訪見聖人維修帕克沙以便開悟，這是南德奧在參拜他之後的事。」接著，尊者敘述一則故事：

毗瑟巴知道南德奧尚未了悟至上真理，想要教導他。當時智納斯瓦與南德奧從朝聖之旅歸返。戈拉．昆巴在自宅舉辦了一場盛宴，許多聖者與會，智納斯瓦與南德奧亦在場。在盛宴中，智納斯瓦先跟戈拉私下談好套招，然後公開對著戈拉說：「你是位陶工，每天製陶，都在檢測哪件陶器燒烤得宜或者不佳。在你面前的這些陶器（指與會的聖者），都是梵天神的陶物，你去檢測這些陶器是否燒烤得宜。」戈拉應答：「好的，師父，我來檢測看看。」於是，拿著一根木條，那是他通常用來檢測陶器聲響的工具。他高舉著木條，走到這些來賓面前，敲打著每個人的頭，一如敲擊他所製作的陶器。當戈拉走到南德奧面前時，南德奧憤憤不平地說道：「你這個陶工，用那根木條來敲打我的頭，到底是什麼意思？」戈拉於是向納智希瓦說：「師父，別的陶器都燒烤得宜，唯獨這件陶器尚未燒烤得宜。」與會的眾多來賓，都哄然大笑。南德奧大感羞愧，便跑去找毗鐸（毗瑟巴的另名）。他跟毗鐸極為親近，常玩在一起，吃在一起，睡在一起。他向毗鐸這位最親密的同伴訴苦。毗鐸（當然已知悉一切）假裝同情他，要他逑說在戈拉的宅邸所發生的事情。聽完始末後，毗鐸說：「為何你不保持安靜，跟別人一樣，接受敲打呢？這就是產生困擾的原因。」南德奧聽了，更加嚎啕大哭，說道：「你也跟他們一起來羞辱我，為什麼我要跟他們一樣呢？我不是你最親近的朋友，像是你的孩子嗎？」毗鐸說：「你尚未知曉真理，若我告訴你，你也不能瞭解。你不妨到如此如此的深山裡，去找一間破廟，那裡住了一位聖者，他會教你，使你開悟。」於是南德奧去到深山裡，找到一位年邁而毫無架子的老人，他睡臥在廟裡的角落，一隻腳放在濕婆林伽的聖石上。南德奧見了這模樣，無法相信這位毗鐸的道侶能給他開悟。但是在這間廟裡，四下無人，南德奧只好走近這位老人，拍拍手叫醒他。老人嚇了一跳，睜開眼睛，看著南德奧，說：「喔！你是南德奧，毗鐸要你來的。」南德奧一聽，驚訝之餘，便自忖著：「此人必定是某號人物。」但他仍覺得人不管如何偉大，都不應該將他的腳放上林伽聖石上，因為那讓人觀感不佳。於是他質問這位老人：「你似乎是位大人物，但你把你的腳擱在林伽上，這是對的嗎？」老人回答：「喔，我的腳擱在林伽上嗎？在哪裡？請把我的腳移置到別的地方。」南德奧於是將老人的腳搬移到別的地方。但是不管腳搬移到什麼地方，濕婆的林伽總是在那裡。最後，他將腳放在自己的腿上，他自己就便成了濕婆的林伽。他終於頓悟了真理，這時老人說：「現在你可以回去了。」

尊者論道：「這裡要知道的是，只有當他自身臣服，觸及到上師，了悟才會到來。最後開悟之後，南德奧回到他的家，好幾天不去神廟找毗鑁，那是他慣常必訪毗鑁的地方，在廟裡待了很久，跟毗鑁在一起。因此，幾天後，毗鑁來到南德奧的家，就像一個不知情的靈魂，向南德奧問為何忘記了他，而沒來看他。南德奧說：『你再也不能唬弄我了，我現在知道了。哪裡還有什麼地方你是不在的！要跟你在一起，我還須要去廟裡嗎？我存在時，有離開過你嗎？』然後，毗鑁說：『所以，你現在知道真理了。這是你必須被送去學習最後一堂課的原因。』」

尊者引述一九四五年十二月號《景象》期刊的文章〈了悟真我的聖者〉，並摘述「存在觀視」的頌句。因此，賽耶德博士問尊者，有關他撰述《真理詩頌四十則》的事。尊者說：「大概是接近一九二八年所寫的，但穆魯葛納記載的日期不同。有一天，穆魯葛納說我以前譜寫的頌文零零散散，不應令其滅失，應該集結起來，添加一些詩頌，使之成為四十則整篇的書冊，這就是本書書名的由來。因此，他蒐集了約莫三十則的詩頌，要我續寫若干，增加總數到四十則。我依其言，便隨著當時不同的場合，懷著當時的心情，譜寫了幾則頌文。當詩頌達到四十則時，穆魯葛納將先前他蒐集的三十則詩頌，刪除了一些，說這些部分與現在的主題不相關或不適宜，而請我譜寫新的頌文來補充刪除的部分。事情進行了一陣子，穆魯葛納所要求的四十則詩頌完成了，而我發現四十則中，只有兩則是舊的，其餘都是新譜寫的。這些詩頌並非根據什麼設定規劃，也不是一氣呵成，或者系統地書寫。我是在不同的場合，譜寫不同的頌文，而穆魯葛納及別人在事後排序頌文，也是根據他們當時的想法，在實相的主題下，彙編起來。（詩頌內含的舊頌文及穆魯葛納刪除的部分，約有二十則。這部分，後來列在四十則的文末，作為補篇，而〈補篇〉的部分也計有四十則頌文。）

尊者又說：「《永結真我的婚姻花環》，部分是在維魯巴沙洞屋裡寫的，部分是在我環山步行時寫的；而《教導精義》則有預先規劃，設定意旨，一口氣直接寫成。那是因為穆魯葛納已設定一百則的頌文，作為整篇詩頌的架構，他又規劃在「教導」的主旨下，頌文限定在三十則，其中他又已寫了三則，剩餘的二十七則，我必須在整個主題下處理。」

下午，尊者向室利尼瓦沙．饒醫生解釋「羅摩」名字的意義。「『羅』代表真我，『摩』代表自我。當人持誦『羅摩』，則『摩』不見了，沒入於『羅』，然後只有『羅』存留。在那個境地，無須刻意著力於冥想，因為冥想是我們生命真實的本質，就在那裡。」

一九四五年十二月八日上午

室利尼瓦沙．饒醫生拿著這本日誌筆記本，朗讀昨天記錄的內容，因此尊者要隨侍克里虛那史瓦米取出本子，上面有穆魯葛納及別人記載一些詩頌譜寫的日期。我們發現《真理詩頌四十則》都是在一九二八年譜寫的。

尊者向我出示坦米爾語的《印度斯坦報》，上面有一篇蒂拉克．夏斯特里撰述的文章，寫尊者在一九四五年十一月二十五日前去史堪德道場的事，文中說明當初的名稱等周遭的事情。

下午

尊者要我去一間教授吠陀典籍的學校，拿一些梵文的書籍。這時在廳堂，有一件事被記錄下來。康汀小姐（現在是馬基佛太太）坐在一位女士旁邊，那位女士突然陷入恍惚失神，並宣稱收到神明那羅衍那（毗濕奴另名）給的糖果，康汀小姐認為這其中沒有詭計，糖果神祕地出現在那位女士的手中，而我也分到幾顆糖果。

這件事，K．A．馬哈塔尼先生記錄如下：

一九四五年十二月八日，下午三點四十五分左右，我看見一位來自古吉拉特的寡婦，年約五十，身旁有兩位女孩，年約八歲及十歲，坐在保留給婦女的廳堂前排。我看到她入定在三摩地中。

幾分鐘後，她以三摩地的姿勢，安靜地倒下，雙腿並無伸直。廳堂裡的人，認為她是在歇斯底里的狀態，但這兩位女孩說，她是在三摩地中，她時常這樣子。然後，兩位女孩以優美的聲調吟唱一首古吉拉特語的讚歌。（歌是這樣唱的"*Haji mare gher thaya lila ler*"）。尊者始終專注著那位女士，並聆賞歌曲的聲調，隨著節奏，用手拍著自己的膝蓋，我從未見過尊者這樣的興致盎然在聆賞歌曲。

幾分鐘過後，那位女士在無人扶持下，自己起身，又以同樣的姿勢坐下，頓入三摩地，開始喃喃口吐某些古吉拉特語。我前去問她，是否看到任何異象，她用印度斯坦語說：「是的。」又說神明那羅衍那帶來訊息給廳堂裡所有的人，「讓他們閉目安靜，心無妄念，我要觀視大家。」

我將她所說的話，翻譯給尊者聽，約過兩三分鐘後，她合掌向尊者俯首鞠躬，然後我們注意到她將手中的一塊糖果拿給坐在她旁邊的兩位女孩其中一位。

在此之前，我們看到她的雙手打開，空無一物。我便問女孩，那個糖果是什麼東西？又是如何進入她的手中。

女孩回答：「這是神明那羅衍那給女士的供品，不管什麼時候，她遁入三摩地，便會在不同的場合得到各種不同的東西（例如水果、花環、硃砂膏、甜點等）。」

稍後，那位女士說，她六歲時就有這樣出神的狀態。那個女孩將一塊糖果，呈給尊者，尊者取食一點，其餘分給廳堂裡的人。

我說，這是很不可思議的。尊者說：「是的。」僅是以手勢表示，但無一言。數分鐘後，她與兩位女孩離開廳堂。她們向尊者鞠躬離去之前，祈求尊者福佑，並請准返回孟買。

我聽說她今天上午來道場，晚間離去。她在道場辦公室登記的名字是R・G・拉瓦爾轉交瑪塔吉・曼尼本・桑瑪蒂華勒，地址是孟買，歌劇院對面，普魯修坦大樓。

一九四五年十二月九日

昨天當尊者引述蒂拉克在《印度斯坦報》的文章時，我說：「我們娜葛瑪也曾用泰盧固文記載尊者在一九四五年十一月二十五日去史堪德道場的一些事情。」娜葛瑪先前已告訴過我這件事。今天上午，她帶來她的文稿，出示給尊者看。尊者略閱後，說：「讓她朗讀，而我們聆聽。」然後，將文稿交還給她。在她要朗讀之前，尊者對我們說了一些別的事。尊者說，有位老信徒堪德史瓦米有意為尊者建造另一間道場，他勘察山裡的多處地點，在林木間，選到一處，就是這個史堪德道場所在地，尊者也表同意。於是，堪德史瓦米改造在山坡上濃密而多刺的梨樹林，他勞力付出的成果，當時在無人協助下，建造成現在我們所看到的道場。尊者又說：「你無法想像，當初這個地方的狀況是什麼樣子。堪德史瓦米用幾乎是超人的力量在工作，憑其雙手而完成，縱使當時有四個人一齊工作，也無法做到。他移除有刺的梨樹，搬走石塊，整為平地，建造園地，成為道場。我們得到四株椰子樹，栽植在這裡。為了栽種妥當，堪德史瓦米挖了個大洞，深達十呎，這可給你一個概念，他徒手付出勞力的程度。他是位非常強壯而善於建築的人。」然後，尊者給我們看在《了悟真我》（英文版的拉瑪那尊者傳記）中的照片，其中一張有堪德史瓦米、帕魯摩史瓦米、巴拉尼史瓦米、西瓦普雷克薩姆·皮萊、南羅耶納·雷迪、伊濕瓦若·史瓦米等人，而尊者坐在上方。這張照片，是在維魯巴沙洞屋後方的石塊上拍攝的。

尊者又說：「在這張照片中，堪德史瓦米看起來瘦弱，那是因為他之前離開我們四個多月，他在山上七泉[24]苦行，刻意減食。在此之前，他孔武有力，體格健壯。他去七泉時，僅帶著些許麵粉及少許的粗糖，在那裡待了一個半月，靠這些稀少的東西。有一天晚上，約在七時，我、帕魯摩史瓦米、納格帕·切提還有其他一兩個人，前去尋找堪德史瓦米，發現他在七泉的岩石洞裡睡覺。帕魯摩史瓦米，拿出堪德史瓦米的海螺，堪德史瓦米與帕魯摩史瓦米很會用海螺吹出又長又久的號聲。帕魯摩史瓦米於是在岩洞外吹起低沉的聲響，堪德史瓦米聞聲醒來，知道這是帕魯摩史瓦米在吹海螺，便走了出來，他一看到我，就伏身致敬。我們整夜都待在那裡。我們把他所剩下的麵粉及粗糖全部吃完，燒掉他所撿拾來的木柴，讓他不能繼續待在那裡，並勸他跟我們一齊走。因為他禁食苦行，你在照片中看他清瘠消瘦。」

尊者繼續述說帕魯摩史瓦米與堪德史瓦米齊吹海螺，合聲共鳴。又，尊者在維魯巴沙洞屋時，帕魯摩史瓦米、堪德史瓦米及巴拉尼史瓦米等一行人，時常到附近的街上乞食，帶回山上給大家分食。在帕魯摩史瓦米尚未加入他們之前，巴拉尼史瓦米、艾耶史瓦米及堪德史瓦米等人，會去某個公益客棧（免費提供旅客休憩、食宿），那裡的主事者會分發食物給大家。後來帕魯摩史瓦米加入他們後，主事者質問為何要額外多一份食物。於是帕魯摩史瓦米主張大家不要再去那裡，受制於主事者了，不如到鎮上去乞食。因此，一支約四人左右的隊伍，便離開洞屋，前去乞食。當他們離開洞屋時，便吹起海螺，嗚聲拉長，這是向鎮裡的人宣告，拉瑪那尊者的隊伍，離開洞屋要前去乞食了。當一行人來到山腳下時，又會嗚起另一個長長的響聲，隊伍進入街道時，又有第三個響聲。這時，鎮上的居民都備妥他們的供品，隊伍便沿著街道行進，一邊不斷吟唱著濕婆的聖名，一邊接受供品。所得的食物，對跟在尊者身邊的人及所有的猴子，卻是充分而足夠的。在乞食隊伍行進間，我們特別譜寫了《永結真我的婚姻花環》讚歌。尊者幽默地說：「《永結真我的婚姻花環》餵飽了我們好多年。」

一九四五年十二月十日

昨天或是前天的上午，秦南史瓦米（尊者的弟弟）跟一些人在道場發現一條蛇，地點在靠近尊者的廳堂。我們聽到狂叫聲：「這是什麼蛇呀？打死牠！打死牠！」然後聽到打蛇的聲音，尊者大喊：「誰在打蛇？」他們顯然沒有聽見尊者的勸止聲，這條蛇就這樣被打死了。尊者說：「假使有人是像這樣被打死，他們就知道這是什麼意思。」

晚間

P．C．德賽伊先生在廳堂朗讀一篇手稿，是M．范卡達拉瑪先生抄寫的《阿魯那佳拉的崇偉》。

一九四五年十二月十一日

約在下午六時三十分，一位來自鄰近海德拉巴的比甘佩特的年輕人羅摩強德拉．雷迪先生。他數個月前來道場，在此待了一兩天，帶來他拍攝尊者的影片、膠捲長約一百呎，請求在尊者面前放映，尊者並無反對，於是他請兩個人在廳堂盡頭的一邊撐起白色銀幕，他將影片放映在銀幕上。在影片中，尊者從廳堂走出來，遇見南羅耶納．艾耶的兒子羅摩那坦抱著小孩，尊者用手杖輕觸著，並跟他寒暄；尊者從牛棚出來，登山而行，然後回到牛棚，行間泰勒亞可汗太太、蘇娜·杜拉吉小姐等跟隨在後，以及一些景象。我們對影片，都很欣賞，但尊者不能看得很清楚，這就透露了他的視力不佳。稍後，為了讓他能看清楚，銀幕放在尊者對面靠近南邊的窗戶旁，但尊者仍然看不清楚。

尊者談到相關的事，他說有一次，格蘭特·都夫先生或是別人寫信給道場，說到他們在好萊塢看到尊者的影片。尊者說：「我們都一無所悉，顯然有人來這裡，當我在山上走路的時候，他們拍照。」

K·K·南比亞先生在六個月前，也來拍攝，約有一百呎長的影片膠捲，但後來似乎沒有拍攝成功。我們的維卡圖（拉瑪那尊者弟弟的兒子）說，幾年前傑迪爾的友人用電影攝影機，拍攝了些影片，但他們聽說一無所獲，看來也是失敗的。

一九四五年十二月十二日上午

約在上午十時，德賽伊先生繼續他的朗讀，當他讀到一段有關一個名叫卡皮亞爾的人，他跛腳，後來在他約四十歲時，可以站起來走路。尊者說，他知道這件事，在卡皮亞爾的腳好了以後，他見過卡皮亞爾。我說，腳的康復似乎是因為尊者有所運作，雖然他不會這樣告訴我們，但這是他默默在運作的方式。我這樣說，是因為尊者的舊時同學倫伽·艾耶還有另一位可以信任的人，都知道此事，而且已經向我確認了。尊者曾告訴他們這件事，他們確信，只有尊者才能運作奇蹟。當我在廳堂面對尊者述說這件事時，在我旁邊的人聽到後，也不否定我的看法。有一次，尊者告訴我一則他住在山上的事：

「某個晚上，一位馬車伕駕駛馬車，載著初來城裡的女士，那個車伕故意駛離正常路線，來到山邊，正要搶劫她的珠寶或輕薄她的時候，有兩個警察出現，嚇走車伕，護送女士到安全的地方。那位女士記住警察的人數，事後問及他們種種，但得到確定的是，當天並沒有警察有這樣的作為。」倫伽·艾耶認為，這件事也是尊者在運作。我的看法也跟他一致。從尊者敘述這件事看來，雖然我是首次從他口中聽到尊者將這件事歸於上主阿魯那佳拉，但我仍表質疑。我們不能指責尊者說謊。他敘述阿魯那佳拉的所為，其實正是他所做的，因為他與阿魯那佳拉，二而一也。

約莫下午二時五十分，我步入廳堂時，尊者正在唸坦米爾文《阿魯那佳拉往世書》的頌文，是說高莉走過幾條阿魯那佳拉姆的街道後，來到喬答摩的道場。當尊者唸到頌文中說高莉來喬答摩的道場，而喬答摩欣喜萬分時，尊者無法繼續唸下去，因為他淚盈雙睫，情緒使他哽咽，無法出聲，於是他把書本擺放一旁，德賽伊接續唸下去。我注意到過去有幾個場合，當尊者看書時，唸到坦米爾文的書，例如《德瓦羅》中虔誠的部分，以及塔俞馬那瓦充滿愛的詩頌等，他都無法繼續再唸下去。下午我從尊者那邊拿來上述那本《阿魯那佳拉往世書》，引述令他感動至深的部分頌文，並且向他說，我看出他試圖隱藏內心的情感，尊者回答說：「我不知道那些說唱故事的說書人，若無情緒崩潰，則如何向聽眾解說這些頌文。我想他們必先使自己心硬如石，然後才能說唱下去。」

德賽伊朗讀頌文的過程中，他讀到這座聖山有八個面貌，我便問道，聖山真的有八個面貌嗎？尊者答說：「《往世書》上說，阿夏．維瑟斯八神向梵天神花言諂媚，喪失祂們的美德，為彌補過失，祂們在阿魯那佳拉附近苦行，祂們曾來見濕婆，濕婆便在這座山上呈現八個面貌來觀視祂們，這維瑟斯八神便在這座山上，形成八個支脈山丘；但要對這八神成為八個山丘而且在這座山上苦行，則很難瞭解。這是否僅意謂著祂們住在這些山丘上苦行，或者祂們本身，就是這些山丘？」又說：「現在我們很難知道，八方位守護神確實駐在的位置是否就是現在所知的八方位守護神的林伽所在之處，或者是大家所安置而奉祀的林伽所在。我們無法知道高莉苦行以及喬答摩道場的確實地點，但可以確定的是，高莉苦行的地區，涵蓋帕瓦拉崑德魯、杜爾伽神廟，及帕加阿曼神廟等地，而喬答摩的道場必定在這裡附近。」

尊者又說，原先矗立在帕瓦拉崑德魯的神廟，後來消失不見，可能是由於帝浦[25]入侵的關係，而現今的神廟是約在五十年前建造的。他曾發現在帕瓦拉崑德魯與大神廟[26]的北邊牆面之間，存留著一尊古老的大砲，這似乎顯示帝浦·蘇坦將大砲安置在帕瓦拉崑德魯附近，用來砲打神廟北邊的牆面，當時那間神廟用來作為碉堡，今天北邊的牆面上，依稀可見砲擊的痕跡。尊者提供的這項資訊，傳達到政府當局後，那尊大砲便被移走，作為歷史遺物保留。

晚間

鑒於十一日放映尊者的影片時，一些人沒有觀賞，於是今天下午六時三十分，在餐廳再度放映。我們步入餐廳前，尊者說尤迦南達和一位叫做修克拉的師父（他是美籍婦女諾伊太太的上師）曾拍攝尊者的影片，影片可能送到好萊塢，所以格蘭特·都夫和別人都看到了，而致函道場。

一九四五年十二月十六日

一九四五年十二月十六日的《星期日時報》有一篇文章，標題是〈在大悟者寧靜的崇敬裡〉，由來自錫蘭的V．F．古納雷那撰述。我在廳堂裡仔細閱讀。尊者說道：「賽耶德博士曾看過這篇，認為內容平庸。」於是我說：「這篇沒什麼好挑剔的，其實很久以前，可能是去年尊者誕辰日時，我就讀過了，當時是來自可倫坡的羅摩強德拉拿給我看的。」這篇文章敘述了尊者的教誨，簡單扼要，但對我們這些相當熟悉尊者教誨的人來說，卻了無新意。

一九四五年十二月十七日上午

一九四五年十二月十六日的《星期日先驅報》有一篇文章，標題是〈改變人類生命的大悟者〉，由賽耶德博士撰寫，在廳堂裡朗讀。賽耶德博士說，他原先的標題不是這樣，那是編輯更改的。尊者也讀了賽耶德博士撰寫的另一篇文章，敘述「穆哈蘭姆月」（伊斯蘭曆第一個月）的意義，刊載於一九四五年十二月十六日的《自由印度報》。

晚間

賽耶德博士說，他原先下的標題是〈拉瑪那尊者冥然無形的運作〉。

一九四五年十二月十九日下午

一些婦女向尊者介紹一位女士，說：「舒普來了！」尊者不知道舒普是誰，有人說明那位女士時，尊者說：「是不是那位舒普古蒂？」並且認出她是蒂魯丘立的切拉．巴塔的妹妹，切拉．巴塔最近曾來訪，切拉．巴塔有位妹妹，尊者小時候曾跟她一起玩。尊者告訴我們：「那位女士有個姨媽，當我還小時，常帶我到她家，很疼我。」我問道：「那位女士現況如何？」尊者又說：「她很久以前就去世了。她的丈夫再娶，有幾個小孩。」

賽耶德博士老了，身體多病痛，使環山繞行變得辛苦。但他知道尊者十分重視信徒環山繞行的活動，他和太太在一個月前，便決定設法參加。他們得到尊者的准許後，便前去繞行後返回，沒有太困難，也無發生意外的事。今天，他們向尊者再請准環山繞行，尊者通常這樣說，若有人環聖山而繞行一兩次後，聖山會吸引他再度繞行。我認為這是真的，現在賽耶德博士的情形就是這樣。

我的兩兒子及其妻兒，約有十餘個親人，今天晚上到道場，我介紹他們給尊者時，尊者和藹問道，我是否已安頓好他們。尊者總是關懷每個到這裡的人，是否安適。這樣的尊者，我們怎能不敬愛他，而跟他在一起呢？

一九四五年十二月二十一日

今天是尊者六十五歲的誕辰節日，信眾從四方八面前來祝賀，人數比往年多。道場依例在各處都有各種裝飾，有音樂、有盛宴及分發食物的貧民。下午，專為尊者譜寫的詠讚及詩頌，誦聲琅然，以賀尊者。來自詩瑞凱詩的史瓦米·希瓦南達的賀文，也宣讀出來。

一九四五年十二月二十三日下午

喬治·勒伯先生是朋迪切里政府的機要秘書，並擔任當地法國政府的內閣首席，來訪尊者。他無法盤腿坐在地面，於是尊者要我們安排他有座位，我們準備一把椅子讓他坐在尊者對面。他帶來一封用法文寫的祈請函，先向尊者問候致意，由跟他同來的譯者，會說坦米爾語，翻譯給尊者聽，然後他出示他寫的法文信函，我們的信徒巴拉羅姆·雷迪設法翻譯給尊者，但由於法文風格近於空洞，他感到困難，因此我們請來奧斯本先生（他及妻子、三個小孩住在這裡，將近五年。他一個月前，剛從泰國回來），他解釋信函的意旨如下：

「我所知淺薄，也很卑微，但我知道我在說什麼，我並不要求什麼言語文學、詮釋或論述，而是尊者靈性感召的有力協助。我修行所至的境地，幾乎滅盡了自我，我希望自我能完全滅盡，而同時我也能在那裡看到自我被消滅，這兩個欲望似乎互相矛盾。我祈請尊者能在這方面運用感召的力量，我深信這能使我邁至修行的最後階段，將自我滅盡。我不要僅是在心思上的論述或詮釋，而是實質的協助。尊者能否惠允我的祈請？」

他也出示一紙所寫的問題：「我有自己的座右銘：『解脫你自己。』這句話說得對嗎？或者尊者對我的座右銘或理念，有何好的建議？」

尊者沉默半晌，大家都盯著這位訪客看。數分鐘後，訪客說：「我感覺現在我還沒到那個境地，能夠確定接收到尊者散發的感召。過些時日，當我的心志高昂時，我會回來，那時我可能會吸收到尊者的感召或靈性的助力。」他又說：「我能否能先跟翻譯者稍談一下再回來呢？」尊者說：「好，你去跟他談談。」他們兩人便離開。道場的管理人招待訪客一些水果及咖啡，訪客離去時表示，希望以後能再來訪。訪客離開廳堂後，尊者說：「他可能已經讀過這些書，也有某些修行，他畢竟不是初學者。」有人建議，可以拿道場圖書館裡尊者教誨的法文書籍給他看。當訪客跟管理人喝咖啡時，他們拿了一些書給他看，他說他全都看過了。

蘇婆曼尼亞·艾耶先生（他是馬德拉斯公共健康局副局長，幾年前曾來拜見尊者）攜來一本相簿，內有四十一張尊者在史堪德道場的照片（一九四五年十一月二十五日，T·N·克里虛那史瓦米博士拍攝）呈送給道場，尊者端詳著照片，只有一兩張照片因略有曝光而不清楚外，其餘的照片都良好。

一九四五年十二月二十四日上午

尊者要T．P．羅摩強德拉．艾耶先生朗讀一封蘇婆曼尼亞．艾耶先生（住在丁迪古爾）寫的信函，蘇婆曼尼亞．艾耶是道場信徒維斯瓦納特．婆羅門佳里的兄長。函中記述本月二十一日，在蒂魯丘立慶祝尊者誕辰的盛大活動。信是蘇婆曼尼亞．艾耶先生寫給S．杜賴史瓦米先生，函中記述喬治．勒伯與尊者的對話。這封信在廳堂裡唸出來，大家都能夠聽得到。我也唸出我的日誌記載的內容，與信函所寫的相同。

一位訪客問：「呼吸控制與冥想，能否二者兼行？」

尊者說：「持行其中一個，是有助於另一個，但是否需要持行呼吸控制，則要看那人的資質是否適合。」

晚間

廳堂裡吟誦吠陀經文之後，奧斯本先生說，喬治．勒伯先生離去前說：「我曾描述我自己有兩次的體驗。第一次是我自己努力而來的，第二次是在一位已逝的法國哲學家靜默的感應下，他抓住我的手腕帶到那個境地，而我沒有著力。兩次的體驗，都是在極接近突破點時，又縮了回來。因為有第二次的經驗，我便相信尊者能夠把我再度帶到那個突破點。」

訪客再度問及呼吸控制行法，尊者說：「其目標是在使心注一處；為此目標，呼吸控制行法乃是一種佐助、一個方法；不只在冥想上，甚至在其他場合，即令是純粹世俗，或物質的目標上，我們也都要專注一心，使呼吸調勻，然後著手工作，這是很好的。心思與呼吸的氣息同在，有其相同的源頭，若控制其中一個，則能同時控制另一個。若無須藉由呼吸行法的佐助，而能直接心注一處，則不用考慮控制呼吸；但如果不能立即掌控心思，則宜行呼吸控制法，俾以導向掌控心思，這好比藉著抓韁繩而拉住馬匹，使之轉向。」

尊者問奧斯本先生，勒伯先生是否提到那位協助他進入體驗的法國哲學家的名字，奧斯本先生無法提供名字，但說那位哲學家去世了，似乎曾受過訓練，探索古希臘哲學。尊者回應道：「那不可能是蓋農[27]，因說哲學家已經去世了。」

尊者又說：「他說他的座右銘是『解脫你自己』，但為何要有座右銘呢？解脫本是我們生命本質之極致。我們就是那個了。我們渴望解脫，這個事實顯示從一切的困縛中解脫而獲自由，乃是我們生命真實的本質。那個自由，並不是新得到的。最重要的，乃是去除我們被困縛的錯誤觀念。若能這樣，就沒有任何渴望或思維。只要你渴望解脫，或許也獲得了解脫，但你仍在困縛中。」尊者又說：「大家總是害怕其自我或心思滅失不見後，可能使人感到虛無空白，而非幸福。然而真實的幸福在於那個思維者、思維之物及思維本身，全然融入於一個源頭，那就是意識與福祉本身，因此那個境地，既不消沉，也非空白。我不明白為何大家害怕那個思維止息、心思泯滅的狀態。我們每天睡覺時都在體驗那個狀態，而睡醒後，常說：『我睡得很好。』睡眠對大家都很重要，無論是王公或乞丐，都不能沒有睡眠。況且，當人很想睡覺的時候，拿這世界上所有的享樂，無論如何高級，都不能阻擋想睡的欲望。姑且說，當國王想睡覺，他最親愛的王后前來打擾，他寧願逕自入睡。這是至上幸福的指標，亦即要在一切思維滅息的境地裡。若人去睡覺，都不感到害怕，則我不知道為何人以修行而滅絕心思，要感到恐懼。」尊者在上面的談話中，也引述坦米爾文的詩頌（本日誌曾引述過），頌文的結尾說，若自我的烏雲，遮蔽真知的月亮，則真我的白合花，無以綻放。

一九四五年十二月二十五日下午

當我步入廳堂，向尊者請求准許我環山繞行時，道場居民N．皮夏羅帝先生正在朗讀他自己用馬拉雅姆文譜寫的詩頌。

秦塔．迪克希杜魯先生用泰盧固文寫的詩頌《牧者拉瑪那》也在廳堂吟誦。廳堂的人，都陶醉其中，尊者聆賞之餘，認為值得唸出來給大家聽，於是有朗讀詩頌之舉。

一九四五年十二月二十六日下午

尊者指著范卡達查蘭先生（他是蘇麗女士的父親。數年前首次訪見尊者，曾撰文以書信體敘述他的體驗，在泰盧固文期刊《辯才天女》上發表）說道：「他今天上午來這裡，我立刻要室利尼瓦沙·饒醫生也來這裡，跟范卡達查蘭先生站在一起，讓大家看，以後不要弄錯了這兩個人，因為他們長得太像了，兩三年前，他們兩人長得更像。」尊者最近收到一本書，裡面有范卡達查蘭先生在某年期間（一九三八年或一九三九年）致函C·迪屈丘勒先生的若干書信。部分有關尊者的信函，范卡達查蘭先生也在廳堂裡朗讀出來。

一九四五年十二月二十七日上午

尊者讀他在一九四五年十一月二十五日前去史堪德道場的記載，那是娜葛瑪寫給她兄長的文章。尊者僅讀出一小部分，而我建議應全部讀出，以便大家都能聽到。於是文章由娜葛瑪朗讀，而范卡達查蘭翻譯，大家都傾聽聆賞。

晚間

有人來向尊者報告，說耶夏摩[28]已病重三天，有兩天不省人事。尊者說：「她有時會這樣，閉著眼睛。」這話聽起來，我想尊者的意思是她會康復的。

一九四五年十二月二十八日上午

約在上午二時三十分，耶夏摩病逝，上午八時，在廳堂向尊者報告此事。大家自然談到耶夏摩，她從一九〇七年起供應餐食給尊者，從不間斷。這使尊者回憶起，當他在大神廟（譯按，指在阿魯那佳拉神廟區內高大塔樓的神廟）裡的印度牛油樹下靜坐時，有三個人前來供給食物。一個是黛西．拉賈姆巴爾，她發誓尊者不吃自己也不吃。她為尊者供餐兩個月，直到尊者移至古魯墓廟。尊者在古魯墓廟時，她也持續送餐一或兩日，但尊者要求她不要再送來。這位女士似乎最近才去世。尊者也談到米娜克希．阿摩，是位來自錫蘭卡馬拉的婦女。尊者說：「她好像是羅剎女，每天上山來煮菜，帶給我吃，一段時間後，她自認為她可掌控一切，包括巴拉尼史瓦米在內。若有人帶食物，她會拿一些給我，但其餘的，她自己拿去。」（尊者在下午時說：「我們的信徒納格帕的母親拉特娜瑪，當時也會送食物來。」）對每天固定的供品，尊者用這個字語，他說：「你不知道經常固定送食物來會引起多大的麻煩，那些送食物來的人想控制你，他們製造了自我感。他們每個人都要你拿些東西。他們說：『我說啊，用手拿點東西啊。』每個人都要你拿一些，食物的量便過度多了。不論誰在何時給你什麼，你都要拿。有時，我們把拿到的東西，如牛乳、食物、麥粥等，摻在一起，成為液體，大口喝下去。作為修行者，實在很困難，你很難體會，我這樣講，是有五十年的經驗。因為有了在古魯墓廟的這些經驗，便不在某處久留，以避免這些麻煩。」

下午

桑塔瑪來向尊者報告，說耶夏摩已平靜離世，大家不知道她斷氣的確定時辰。雖然有兩天，她不省人事，但這兩天中，她曾經一度稍有意識，問道：「食物有送給尊者嗎？」（後來，從娜葛瑪那邊聞悉，這個說法，並不正確。那是有人要測知耶夏摩的神識是否清楚，是否在彌留，於是問她：「今天送食物給尊者了嗎？」耶夏摩一聽，立刻知曉意思。）她的身體，送去火化，於是我問尊者：「據說，像她這樣的人不應火化，土葬較好。」尊者答說：「她說過身體要火化，但骨骸要葬在家鄉。」我又問尊者，尊者昨天晚上說「她有時會這樣，閉著眼睛」是什麼意思？尊者解釋道：「她修練專注在頭部中央，可能在那兩三天中，她完全控制呼吸，處在昏厥般的狀態。我曾告訴她，那只是消融的狀態，不應滿足於此，而應出離而超越之。」

有位喬希先生，是信徒查甘拉爾．友吉介紹的，提出下列問題，尊者答覆之：

問題一：當我思及「我是誰」時，出來的答案說，「我不是這個會死亡的身體，我是意識、阿特曼、至上真我。」這時突然冒出疑問，「為什麼阿特曼會來到幻相？」換言之，「為什麼神要製造這個世界？」

尊者：探究「我是誰」時，其真義是在找出那個自我或「我」之思維的源頭，而不是在想著雜念，例如我不是這副身體等。尋找「我」的源頭，是去除雜念的手段，如你所述，我們不應給這些念頭有活動的機會，而應專注在找出「我」之思維的源頭。每個思維萌生，當問這個思維是誰在萌生，若答案是「我」在萌生，則又進一步問，那個「我」是誰，萌生的來源在哪裡？

問題二：真我是直接感知的主體嗎？

尊者：真我如如其在，直接感知，始終如此。不是有兩個真我，一個去知道，另一個被知道。了知真我就是處在真我，那不是意識到別的東西的狀態，而是意識的本身，如如期在。

問題三：我不瞭解「至上絕對是真實的，世界是不真實的」是什麼意思。這個世界，有其真實的存在嗎？難道悟者不看這個世界嗎？或者他用不同的方式觀看世界？

尊者：讓這個世界自己去煩惱其虛實。先找到你自己生命的真實，然後一切都會迎刃而解。

不用擔心悟者如何觀看這個世界，你了知你自己後就會明白。悟者看這個名相的世界之外，還有真我，那個真我超越一切名相。

問題四：我不知道如何禮拜，祈請惠示禮拜的方式為何。

尊者：有個禮拜者及被禮拜者嗎？找到那個禮拜者，也就是「我」，這是最佳的方式。永遠要追蹤那個觀者。

一九四五年十二月二十九日上午

維斯瓦納特．婆羅門佳里先生帶來C．迪克希杜魯的《牧者拉瑪那》坦米爾語譯文，拉瑪那詳加閱讀。

晚間

P．C．德賽伊先生引介P．C．戴汪吉先生（退休地方法官），甫自喀拉拉邦特里凡得琅歸來，他在那裡主持哲學會議的議程。戴汪吉先生問：達到心注一處最簡易的方法是什麼？

尊者：最佳的方法是去看心思的源頭，去看是否有心思這種東西。只有假設心思是在那裡，才會提出如何使心注一處的問題。當你向內探究，你會發現根本沒有心思這種東西。

然後P·C·德賽伊先生引述尊者在《教導精義》梵文版的頌句：「當你持續探究心思的本質，毫不間斷，則你發現並無心思之為物，這是直捷的法門。」

客問：我們的經文載述：神乃萬物之創造、維持、消滅，祂遍在一切。若是如此，神運作萬事萬物，而我們的作為，都是在祂的法則下而行，已然全在宇宙意識的計畫中，若是這樣，則我們還有個體性的人格或責任嗎？

尊者：當然，是有的。同樣的經文也陳述一些大家應該或不應該行為的規則。若人是毫無責任的，則經文何必要陳述這些規則呢？你說到神的法則，萬物據此而運作，若你問神，為什麼會發生這些事物，祂又會告訴你，這是根據你的業力而來，若你相信神，祂的法則運作一切，而你全然臣服於祂，則對你而言，並無責任可言。若你不這樣，那麼你就要尋找到你生命真實的本質，然後才能獲致自由。

桑德雷沙·艾耶先生帶來兩本《堪達的直接體驗》[29]給尊者，說這是黛西·拉賈姆巴爾的兒子（名叫山姆加·桑德拉姆，是這裡的學校教師）送來的，他出版五百本，免費分發，作為紀念母親的追思。尊者就此說道：「雖然她很年輕，又出生在那個種姓制度下，但她立誓若沒有給我食物，她就不進食。」

一九四五年十二月三十日

《牧者拉瑪那》已譯成坦米爾文，最後樣本今天上午在廳堂裡朗讀。

下午

一位信徒帶來《孟買紀事報》一則剪報，報導今年拉瑪那存在意識幸福僧團為了慶祝尊者誕辰，在孟買的馬唐格舉行的活動，內容又報導來自泰米爾納德邦馬納爾古迪市的斐伽耶拉格瓦．巴格瓦塔及其團隊有精彩的說唱演出，講述尊者的生平及教誨。那則剪報在廳堂裡朗讀給大家聽。據說以哈里卡撒[30]的說唱方式在講尊者，尊者說：「說『哈里卡撒』的說唱不盡正確，『卡拉雪班[31]』的說唱會比較正確。」

蒂拉克．夏斯特里想要從尊者那邊知道有關耶夏摩的事，以便能給出版社一篇耶夏摩的文章。尊者說：「你可以儘量寫，《拜見拉瑪那》等書中有記載一些她的事。」尊者又說：「范卡達克里虛尼亞的母親，好像也跟耶夏摩一樣，在同一天的晚上去世，我是看今天的泰盧固文報紙《傑門．賴特》，才知道的。」

R．納羅耶那．艾耶問尊者，耶夏摩逝世前是否還有意識，雖然有人（包括我自己）告訴尊者，說耶夏摩死前最後兩天已經失去意識，不能分辨身邊的人是誰。尊者說：「是的，她是有意識的，她在三摩地中逝世，甚至可以說，她並不知道她的生命在什麼時刻滅盡。」邁索爾．羅摩強德拉．饒接著說：「她的軀體看起來一點都不像屍體，就像平常看到她的樣子。」

一九四五年十二月三十一日上午

秦塔．迪克希杜魯先生在道場。尊者說：「昨天我談到秦塔．迪克希杜魯，今天他人就到了。」稍後，又有一位先生來到廳堂，他是來自旁遮普邦的穆斯林，天生目盲，學過阿拉伯語、波斯語、烏塔語、英語，熟稔《可蘭經》。他從友人那邊知道尊者。那些友人曾翻譯烏塔語及英語的《我是誰》冊子給他讀，因此他決意要參訪尊者，於是獨自一人從旁遮普前來。道場有人建議他閱讀尊者其他的著述，他說：「不必，讀那本書就夠了。」

第二章 一九四六年

一九四六年一月二日下午

承尊者叫喚，喬希先生遞上一紙提問，尊者答覆之。

問題一：首先，關於悟者的行事，了無心思。

尊者：為何你認為唯有心思，才能使人行事，可能還有別的原因，使人起而行動。例如，看這個時鐘，如是運行，並無心思。又，假設悟者有其心思，但他的心思與常人的心思不同，他像一個聆聽故事的人，心思放在遠方的某物，那個心思，並無習性，因此，他雖有行動，但無行事。反之，若心思充斥著習性，則身體雖無行動，卻行事不已。

問題二：「我是他」（*soham*）與「我是誰」（*koham*），是相同嗎？

尊者：它們都有獨然的「我」（*Aham*），其一是「我是他」，另一是「我是誰」，但二者有別，必須找到那個真實的「我」。探究「我是誰」時，那個我是指自我，設法追蹤它，找到它的源頭，則我們會看到它並非獨立存在，而是融入在真實的「我」裡。

問題三：我認為臣服較容易，我要採取這個行法。

尊者：不論你採取何種行法，你都必須融入那個「一」，當你達到「祢是一切」（Thou are all.）及「祢的旨意成全」（Thy will be done.）的境地時，只有全然臣服而已。這個境地，與真知無異。在「我是他」時，是二元；在臣服時，則非二元。在實相裡，則既不是二元，也不是非二元，而是那個，如如其在。臣服似乎容易些，因為大家認為只要在嘴巴上說「我臣服」，然後將重擔交出給上主，他們便自由了，可以隨心所欲。但事實上，你臣服後，便不能有自己的喜好或不喜好，你個人的意志變成完全不存在，而由上主的旨意取而代之。這是自我的死亡，誠然無異於真知，所以不管你採取什麼行法，你一定是來到真知、那個「一」。

問題四：我如何處理我的情欲，我應該遏制或滿足情欲呢？若我遵行尊者的方法，而探問：「這些情欲是誰的？」情欲似乎並不消滅，而是更壯大。

尊者：這樣正顯示，你並沒有正確採行我的方法。正確的方法是找出所有情欲的根本，其萌發的源頭在何處，然後擺脫它。若去壓抑，只是暫時的，之後又會復起。若去滿足，也只是一時的，之後又會渴求。滿足欲望，藉此想要剷除欲望的根本，則猶如在火上加油。唯一的方法乃是找到欲望的根本，然後剷除之。

客問：我在行探究「我是誰」時，若睡著了，該怎麼辦？

尊者：在你清醒時，堅定持行探究，這就夠了。若你持行探究而睡著了，則那個探究，也會在睡眠中運作，一旦你醒來，則重拾探究。

另一客問：若國家要進步，則種姓階級的差別待遇，是否須要加以革除？

尊者：什麼是須要、什麼是不須要呢？有人來問我對種姓的意見，若我有意見，報紙便立即刊載說，我的意見是這樣這樣、那樣那樣。經文雖有種姓倫理的載述，但也宣示全部生命的「一」之所在，以及無分別心的觀念，有人能教導比全部生命的合一或「一」更高的真理嗎？在未改變自己之前就想改革國家，是不必要的。每個人的首要責任，應是了知自己生命的真實本質。若能做到這樣，而還覺得須要改革國家，當然可以採取改革的行動。拉姆．蒂爾塔的廣告詞：「徵求改革者——但須先改革自己。」世上不會有兩個人，長相一樣，做同樣的事。不論如何努力抹滅彼此的差異，其外在的差異還是存在。稱為「改革者」的改革，想要革除種姓制度的階級或差異，都不會成功，只有製造了新的差異，或在現存的種姓階級之外，增加了新的階級，諸如梵社人士、雅利安社人士[1]。唯一的解決方法，便是每個人都要了知自己生命的真實本質。

另一客問：一般而言，悟者從這個活躍的世界退隱下來，不再從事於俗世的活動。

尊者：悟者可能是這樣，也可能不是這樣。有的悟者，在其了悟之後，從事貿易或商務，或者統治一個王國。有的悟者，退隱山林，隔絕一切活動，除了維生需要之外。所以，我們不能說全部的悟者都退隱下來，沒有活動。

客問：尊者可否以現存的悟者舉個具體的例子，如書上記載的肉販達瑪瓦雅達等，他們每天的例行活動情形？我想知道這些。

尊者沒有答覆。

客問：要了悟真我，棄世是必要的嗎？

尊者：棄世與了悟真我，並無二致，那是同一境界的不同面向。捨棄非真我，即是棄世；固守在真我，即是真知或了悟真我。那是同一個真理的消極面與積極面。虔愛、真知、瑜伽是了悟真我、解脫的不同稱呼，這是我們生命的真實本質。這些一開始都看似手段，但終究都會成為目標。只要我們仍須努力行虔愛、瑜伽、冥想，那麼這些都還只是手段，一旦不再刻意為之，則我們獲致目標，就沒有所謂達到了悟真我，而是真實始終如如其在。但是我們總是只知道那個非真實的，亦即將非真實的認定為真實的。

我們務必屏棄這個認定，那是關鍵。

客問：為什麼會有非真實的？非真實是從真實而來嗎？

尊者：看是否能萌生出來。從另外一個觀點而言，並沒有非真實的這種事。那個真我始終獨在。當你追蹤世界及萬物立足其上的自我時，你會發現自我並不存在；其所造物，也同樣不存在。

一九四六年一月三日下午

我步入廳堂時，聽見尊者已答覆訪客的提問。我蒐集記載如下。客問：演化論對嗎？

尊者：我們的問題是，人都想知道過去、自己的過去、未來會如何。我們對過去、未來一無所悉，我們只知道現在，自己當下是存在的。昨天與明天，都是在今天的立場上說的。昨天的當時，被稱為「今天」，而明天在明天的時候，也被我們叫做「今天」，今天總是現時當下。始終是當下的，乃是純粹的存在，沒有過去與未來。何不努力去找出那個當下而始終臨在的真實本質呢？

另一客問：有人能在別人身上製造一股轉動的力量嗎？上師能像變魔術一樣轉化門徒嗎？

尊者：你對上師的觀念是什麼？你認為他是人身形相，有其高矮、膚色等。一位了悟的門徒告訴他的上師：「我現在證悟到，您以真實駐在我內在最核心的本心裡，也存在我無數生死的世代中。現在您以人身的形相來到我面前，揭除我無明的遮蔽。我如何回報您的大恩大德呢？」上師說：「你不須要做什麼。保持你生命真實的境地就夠了。」這是對上師最正確的瞭解。

喬希先生提出五項問題，尊者答覆如下：

問題一：我應該一直問「我是誰」而不求解答嗎？在行探究時，內心應持什麼心態？那個「我」是什麼？是指真我，還是自我？

尊者：在探究「我是誰」時，那個「我」是指自我。所探究的問題，其實義是這個自我的源頭或萌生處是什麼？你心中不須要有什麼心態，重要的是你要屏棄你是身體的心態，那個身體帶著名字、如何描述等。你對你生命真實的本質不須要有什麼心態。那個本質，如如其在、真實而無心態。

問題二：我無法時常持行這種探究，因為我必須做事，而一做起事來便忘了探究。

尊者：你在做事時不存在嗎？你始終存在，不是嗎？

問題三：若沒有「作為者」的感知，沒有覺得自己在做事，就無法做事。

回答：可以的。做事但了無執著，這樣事情將順遂而行，比你帶著作為者的感知而做事還好。

問題四：我不能知道什麼工作我應做或不應做。

尊者：不要操心。不管你喜歡或不喜歡這份工作，你命中註定你要做的，你就會去做。

問題五：為何我應該要致力於了悟？就像我從夢境中醒來一樣，我要從現境中醒悟。但我在睡眠中的夢境醒來，並沒有任何的企圖或意志。

尊者：在夢中，你對夢境毫無知覺，所以你沒有責任要努力離開夢境。但你在這個人世的生命裡，你有某種直覺，因為睡眠的體驗、或閱讀或聽聞，你得知這個人生如夢，因此，責任便落在你身上，要努力超脫這個夢境。只是如果你自己不想，還有誰能要你了悟那個真我呢？若你喜歡待在夢裡，那就待在那裡吧。

關於問題四，P·C·德賽伊太太引述《薄伽梵歌》，問：若那份工作註定要去做，不管如何不情願或執意拒絕，我們終究要去做，這樣一來，我們到底有沒有自由意志？

尊者：那份工作，若是我們要去做的，則將由我們去做，這是事實。但是，工作結果的快樂或痛苦、喜悅或不悅，我們有選擇的空間，可藉由不認同我們的身體，或不認同工作的執行而來。

若你能了悟你生命的真實本質，而瞭解這並不是你在工作，則不管此身從事於什麼工作，你都不會受到工作後果的影響，而那份工作是緣於命中註定、昔世業力，或者神的安排所致，隨你怎麼說都行。你始終是自由的，那個自由，並無限量。

一九四六年一月四日上午

收到的郵件中有一本小冊子，標題是〈經由全然自身臣服的神恩〉，由D．C．德賽伊先生撰寫。尊者為我們讀出部分摘要，其中引述保羅．布倫頓的話：「我對於我是誰及周遭諸事，十分瞭然，而心極平靜。真我一直在此，但它是閃爍、輝照的真我。有個某物遠優於我這個渺小的人格，躍起而進入意識，變成了我。我乃在耀光的汪洋之中，我安坐在神聖福祉的場域裡。」又說：「神恩乃宇宙自由意志運作的顯化呈現，能以不可知的法則，行其神奇奧秘而改變事件行程；此不可知的法則，遠優於一切自然律，能變更自然律的運作，乃全宇宙中最強大之力。」

「人而自身全然臣服，乃能召引神恩降臨而運作，此因神居於萬物的本心裡，我身臣服之人及祈禱者，其心純淨，則神恩的輕喚，乃能聆悉。」

保羅．布倫頓描述神恩的本質如下：「崇尚理性之人，對此嘲笑；無神論者輕蔑之，但其為如是而存在也；那是神降臨在覺知的靈境，其力之蒞訪，無可期待，不可預知；其聲自宇宙寂靜中發出。……這是宇宙的意志，以自身之法則，運作真實的奇蹟。」

下午

賽耶德博士對著尊者，朗讀一則蘇菲教派的故事，是取自本月的《景象》期刊。故事的寓意是，對師父的指引，必須有內在堅定的信念及不渝的奉行。

當眾人不願服從穆罕默德·加茲尼[2]的命令去毀壞他一件珍貴的寶石時，一位僕人毫不猶豫，立即搗毀寶石，他說道：「對我而言，主人的命令最為珍貴。」我於是聯想到下述羅摩奴闍[3]的一則生平事件，便告訴賽耶德博士等人。

神明蘭加那撒被抬出來，在斯里蘭加姆遶境，羅摩奴闍要他的門徒出來觀看神明巡行。有個門徒正在為羅摩奴闍煮牛乳，不管怎麼叫他，他都不出來，後來他向師父羅摩奴闍解釋，「神明蘭加那撒是你的師父，對你而言，他是重要的，而你本身對我是重要的，我不願離開對你的服侍，亦即煮牛乳，而出去看神明蘭加那撒。」

關於一九四六年一月三日晚間，尊者對德賽伊太太的答覆，我問：是否僅是人生中的大事，諸如主要職業、專長等，是命中註定，或者連生活中的瑣事、行動等，例如拿一杯水、在房間裡從這裡走到那邊，也都是註定的？

尊者：是的，凡事註定。

我問：那麼，人有何責任或自由意志可言？

尊者：人降身在世，所為何來呢？是為履行業已排定的人生諸多事務，在今世的生命中遂行之。整個人生藍圖，已然規劃。所謂「沒有祂的旨意，一粒原子，動彈不得。」正是表述這項真理。你可以說：「沒有祂的旨意，人動彈不得。」或者說：「沒有業力牽引，人動彈不得。」但這對人而言，人總是有其自由，可以選擇不認同這副身體就是他自己，俾避免身體的活動所引發的苦樂加諸其身。

一九四六年一月五日下午

當我走進廳堂時，尊者已在答覆提問。

尊者：夢醒兩境，並無不同，除了夢境較短，醒境較長之外，二者皆是心思所造的結果。因為醒境較長，於是我們認為那是我們生命的真實狀態。但事實上，我們的真實境地是所謂的「圖瑞亞」，或者稱為第四境，如如其在，而對醒、夢、睡三境，一無所知。因為我們稱醒夢睡等為三境，所以稱第四境為圖瑞亞境。但它又不是一個境地，乃是生命真我的真實而自然的原態。若能了悟之，我們就知道它不是第四境，因為第四境的說法，也僅是相對性的，而它是「超越第四境」的。

客問：僧侶們常說各種祭儀及普迦禮拜，人須齋戒、盛供而妥為遵行，否則人將增長其罪等。遵行這些祭儀或禮拜，是必要的嗎？

尊者：是的，所有這些禮拜，也是必要的。可能對你是不必要的，但這並不意謂對別人是不必要而一無好處。對初學者是必要的，不見得對高階者也是必要。但是，高階者在他初學的階段，也要學習運用每個入門的步驟。現在，他已瞭解全盤的運作及每個步驟的意義了。

客問：我遵行唵卡拉（*Omkara*）普迦祭儀，我持誦「唵羅摩」（*Om Ram*），這是好的嗎？

尊者：是的，任何普迦祭儀，都是好的。「唵羅摩」或其他聖名，也都是可以的。重點是要排除所有的思維念頭而只有一個唵或羅摩或神的心念。所有的持誦真言或咒語，都有裨益。舉例言，持誦羅摩咒語的人，羅摩便充滿他。那個禮拜者，禮拜一段時間過後，便成為被禮拜者，這時他會瞭然於持誦唵卡拉的全盤意涵。

我們生命真實的本質，是自由的，但我們總認為自己被困縛，於是用盡各種努力，試圖成為自由。這種情形，只有在我們來到自由境地之後，才能洞徹知曉。我們對生命的自由，已然如是其在，卻仍瘋狂力圖獲致此境，誠然為之錯愕不置。有個事例，足以釋明此義。有一個人，在此廳堂睡覺，做夢往赴世界各地旅行，遊歷於山林田野間，橫渡沙漠與海洋，跨越洲際大陸，經過多年的勞頓之旅，歸返故鄉，回到蒂魯瓦納瑪萊，走進道場，步入廳堂。就在此際，他驀然自夢中醒來，發覺他仍身在廳堂，未曾在睡處離開半步，也未曾跋涉千山萬水，而是始終都在廳堂。就像這個事例，若問：「我們已經是自由的，何以還自認為困縛呢？」則我回答：「為何你身在廳堂，卻自認為環遊世界，行過千山萬水呢？」這些都是心思或虛幻的現象。

另一位據稱從奧羅賓多道場來的訪客問：但是我們可以看到，這個世界有諸多痛苦。有人挨餓，這是物質世界的實際情況，對他來講是非常真實的，難道我們要說那是夢境，對他的遭遇無動於衷嗎？

尊者：從真知或真實世界的角度以觀，你所說的痛苦，誠然是個夢，而夢中痛苦的世界，微不足道。在夢境中，你感到飢餓，也看到別人受飢餓之苦，於是你餵食你自己，出於憐憫，也餵食別人；只要夢境持續進行，這些痛苦，就如同你在這個世界看到的痛苦一樣是真實的。只有在你醒來之後，你才會發現，夢中的痛苦，是不真實的。你可能在飽食之際，酣然而寢，在睡眠的夢境中，你在炙陽下長時間辛勞工作，感到又饑又渴，想要飽食一餐，但醒來後，你卻感覺胃已飽滿，無意起身就食，但這並不是說你在夢中，便能知曉飢餓之苦是不真實的，而你能因應得宜。在夢境裡，飢餓者必須以食物餵食，俾能解決飢餓之苦，故飢餓的夢中人，必須獲得食物的供給。你不可混淆夢與醒兩境。

在你獲致真知或自幻相中醒悟過來之前，你仍須在視見所及的諸多苦難中踐履社會服務，俾以救濟之。只是，當你在行此事時，必須了無「我是作為者」的念頭，僅是懷於「我是神的工具」即可。同理，幫助人時，莫懷「我在幫助比我下等的人，他需要幫助，我在幫助人的位置上，我是上等的，他是下等的」這類想法，而要藉著幫助別人，以之作為敬奉神明的媒介。一切的善行，皆是為了真我，而非為別人。其實你不是在幫助別人，你是在幫助你自己。

T．P．羅摩強德拉．艾耶接著說：有個很貼切的例子，亞伯拉罕．林肯從水溝裡救了一隻豬，搞得自己全身上下、衣服都弄髒了。有人問他為什麼把自己弄成這樣子，他說：「我不是為了要幫這隻豬脫離困境，而是看著這可憐的傢伙在那邊掙扎，不想讓自己心裡難過。」

喬希先生問：我是有家室的人，在我的靈性進展上，有家眷之累等障礙，我應該怎麼做？

尊者：去瞭解這些家眷及障礙，是否是你外在的？或者是否沒有你，他們也存在？

喬希：我是初學者，我如何著手進行？

尊者：現在你在哪裡？目標在哪裡？前往的距離，又是什麼呢？真我並不是在遠方的某處，而要去抵達的。你已經是那個了。你只要屏棄長期以來的習慣，將非真我認同為自己就是了。所有的努力，只有這樣。若心思向外，你會看到世界；若心思返內，你將看到真我。

這段對談結束後，洛可瑪便吟唱一首坦米爾的歌曲。尊者立刻說：「我母親時常唱這首歌，這首歌重複在說跟我們剛才所談到的同樣的事情。」於是，我問尊者：「那首歌的作者是誰？」

尊者說：「阿優黛・阿摩譜寫很多歌曲，在馬杜賴及鄰近地區很受歡迎。有些歌曲曾發表過，但也有一些尚未發表。這些歌曲，以口授代代相傳，大都是婦女間互傳。她們從別人那邊耳聞歌曲，傾心學習，然後跟會唱的人一齊吟唱起來。」

現在我才知道原來尊者的母親不識字，儘管如此，尊者告訴我，她用心學了許多首歌曲。這首歌的涵義，記述如下：

真我怎麼做到，總是
覺知——幸福，
直到現在所為，祂是如何做到的
好像祂已忘記了這個？
奇妙中的奇妙，無法理解

是你莫名的恐懼，
我的歌手，我的珍愛，
你對我的恐懼！
心在學習，知曉又遺忘，
身體出生、成長又死亡，
這些在潔淨中的不潔東西，是從哪裡來的？
大的、小的、階級、地位、觀看及觀者——
為何在幸福的盈盈深海中，有這些幽暗的波浪呢？
無須言語或發誓噤語；
無來無往；無始無終，也無中間。
無光無聲；無質性。
無區隔分別，因此無恐懼。
喔！奇妙中的奇妙，那個東西似乎
在夢裡！
出與入、高與低、一切的十方

消失在廣袤無垠的光裡，
沒有破裂，沒有支撐，圓滿而安詳，
潔淨的覺知，不渝的幸福，
那個一度而遙遠，渴望——一直渴望——的目標
當下這裡，喜悅！喜悅！

一九四六年一月六日上午

拉克希瑪那．薩瑪先生（以筆名「who」為人知曉）來這裡。尊者正在閱讀一本筆記本，是薩瑪先生翻譯梵文《吠檀多精義》的英譯文。我好奇想知道這本《吠檀多精義》的內容，便問薩瑪先生的兒子卡瑪斯瓦倫有關問題，尊者耳聞及之，轉頭向我說，「這本跟《摩訶瑜伽》（譯按：此書作者就是薩瑪）是一樣的。」

談話中，說到薩瑪的生日，尊者說，「他說他經常出生或每天出生。」並提到《真理詩頌四十則》（坦米爾文版書名是*Ulladu Narpadu*，英譯版書名是*Reality in Forty Verses*）的〈補篇〉中第十一則頌文。尊者為了檢視這則詩頌，便從他身邊的旋轉書架上，取出坦米爾文版的《拉

瑪那尊者著作合輯》，他看完書後，將書放回書架之前，發現有蠹蟲，已啃損了書本的封面，尊者便說：「我們還沒有研讀這些書，這些蠹蟲就已經把書消化了。」

下午

薩瑪先生來到廳堂，坐在我的旁邊，今天上午，他幾乎認不出我，而我僅在他旁邊約三呎之遙而已，於是我建議他應接受白內障手術。他說他能夠防止這種症狀的惡化，若將來會這樣，那麼他寧願在他的餘生，半眼失明，也不願冒手術的風險。我告訴他，這要看未來的餘生還有多久以及當時的情況而定。我問他的命盤怎麼說。於是，我們聊到占星術，我問尊者對占星術的看法為何。

尊者說：「占星術沒有不對，當然是這樣，若人接受業力的理論，那麼他勢必要接受占星術及星象命盤的論述。」

尊者說完後，薩瑪、賽耶德博士、G．舒巴．饒以及我，大家談到占星算命，是否能從命盤中看出我們的未來種種。舒巴．饒先生說，占星書載明，根據星象命盤，命中註定的事，可藉由祈福解厄的普迦等祭儀，能有某些程度的改善。舒巴．饒先生又說，像尊者這樣的人，僅僅以其吹灰之力，或一瞥之視，就能燬盡我們的罪，化為烏有。就此，我問道：「我也讀過這方面的文章，頌揚親近聖者的功德。但我想要知道，這些文章記述，僅是在文義上的知解，或者並不是在誇大聖者。」舒巴·饒先生說，文義上是真實正確的，但人應有其信心。我又問道，若是如此，那麼為何撰述親近聖者能獲功德的作者，不加但書說明，而要留給像舒巴·饒這樣的註釋者加以說明呢？我們幾個人，彼此議論不休，尊者在旁，一如往常，仔細聆聽，但保持沉默。我們接著也沉默下來。以前我曾問過尊者，在《真理詩頌四十則·補篇》中有關五則親近聖者的問題，當時尊者僅僅說，「我已經將梵文的這些頌文翻譯出來了。不要問我！」

一九四六年一月七日上午

馬哈塔尼先生問：《不二一元智燈論》說，至上真我的心思認同自己，會顯得有其變異性。心思來自幻相，而幻相起於真我，那麼心思又如何能夠變異那個不變的真我呢？

尊者：在真實中，無變異、無肇造，但對質問「這個肇造是怎麼來的？」這些人就有了上述的解說。

下午

來自班加羅爾的羅摩強德拉．饒先生在尊者面前，朗讀他以康納達語所寫的作品，標題擬為《我所認識的拉瑪那》。他朗讀完後，我問他第一次參訪尊者是何時。他說：「一九一八年。」我又問他，撰述這些見聞經歷，可曾有任何筆記或備忘錄等佐助，他說他是從一九一八年寫起，僅憑自己的記憶。對此，我很驚奇他的記憶力。尊者說：「納耶那（即慕尼）能夠將他在場的所見所聞，給你每一件事情發生的時間及日期。」

晚間

G．L．薩瑪先生擬妥一份《薄伽梵歌精義》的手稿，尊者要巴勒拉姆．雷迪先生朗讀出來。內容略謂：「只有在全然赤忱虔愛的情形下，上主將回應，並全盤主掌那個信徒。」P．班納吉先生（參訪奧羅賓多道場後，最近來這裡。）問尊者：上主顯示恩典，是否需要有先決條件，那就是那個人必須要有全然的虔愛？難道不是上主對其全體子弟，自然地恩典均霑，而不論他們是否虔愛嗎？

尊者：人又怎能不虔愛呢？每個人都珍愛自己，這是體驗。若真我不是他最珍愛的東西，那麼人怎麼會愛它呢？真我或上主，並非存在異地某處，而是在我們每個人的內在裡，而又珍愛其自身。所珍愛者，僅是真我而已。

這位訪客，對提問的答覆，不甚瞭解，我解釋道：「尊者多次告訴我說：『上主總是洋溢著恩典，無時不流露，無人不受其澤被；但只有精進有成而具資質能力之人，能夠接納恩典。虔愛固是先決條件，但不是指上主恩典之澤被，而是指你有能力接納及吸收無時不澤被的恩典。』」

就此議題，賽耶德博士引述《薄伽梵歌》的頌文：上主是一切眾生之友，不分罪人與聖者，但祂特別駐在珍愛上主之人的內心裡，這樣的人是摯愛祂的。

一九四六年一月八日下午

馬哈塔尼先生再度問尊者，有關他在一月七日的提問。

尊者：你引述的頌文說，心思是附加上去的東西，並無真實性，有如草繩以蟒蛇的外觀而呈現。經文又說，至上真我若認同心思，就會呈現變異性，對那個觀者或自我而言，真我似乎是變異性的，然而真我始終一樣，並無變異，而且是不可改變的。真我好像這樣：銀幕在此，銀幕上有位國王，坐在王座上，觀看座前各樣的人物雜耍；同在銀幕上的國王，觀看同在銀幕上的雜耍，而觀者與被觀者都僅是銀幕的投影，此銀幕為真實，承載著投影的圖像。在這個世界亦然，觀者與被觀者組構成心思，而心思被真我承載著，或以真我為基石。

一九四六年一月九日下午

P・班納吉先生問尊者：「此身在世的解脫」與「此身命終的解脫」，有何不同？

尊者：並無不同。若說「悟者有其身，是此身在世的解脫，若離身而逝，則是此身命終的解脫」，這只是旁觀者的說法，但悟者不如是說。悟者的境地，在其身之生時或死後，沒有兩樣。我們總認為，悟者有其人身，或存在於那個人身相裡。然而悟者了知，他是真我，其為真實，既是內在，也是外在，不受任何形相局限。在《薄伽梵往世書》裡有則頌文（尊者引述坦米爾文版的頌文）說，「就像一位酩酊大醉的人，其衣裳是否在他的身上，或者已脫掉滑落，他並無知覺。悟者幾無覺於他的身體，故其身之存歿，對他而言，並無分別。」

P・班納吉先生：信徒與門徒有何不同？這裡的朋友告訴我，說我不宜自稱是尊者的門徒，僅能說我是信徒。

尊者：若崇拜某物或一個人，則我們是信徒。若我們有位上師，則我們是門徒。

我接著說，那位朋友這樣告訴他，是因為尊者並沒有收門徒，亦即沒有對人施與正式的點化，可能這樣而誤導人說，「我是尊者的門徒。」

P．班納吉先生：若我接受他的教誨，而奉行之，則我可自認為是他的門徒嗎？

我說：當然，你可以這樣。就像伊克拉瓦雅以德羅那[4]的形象，而學習箭術。

尊者：就上述的事例言，萬事萬務畢竟來自其內在。首先，人總認為受到困縛，困在生死流轉中，而他虛弱困苦，除非倚靠或獲得全能的神扶助來拯救他，他才能脫困，於是他向伊濕瓦若神，持行虔愛奉獻，當他的虔愛有所進展，極盡赤忱，以致渾然忘其自身，而成為伊濕瓦若的幻身，來到全然的臣服。這時，神以人身形相，化為上師，來到他面前，教導這位信徒說，只有一個真我，而「那個」就在他的內在裡。然後，這位信徒以了悟其內在的真我，而獲致真知，同時他也瞭解到，他所奉持而行虔愛的伊濕瓦若神或上主，以人身形相來到他面前的上師，跟那個真我一樣，是同一個。

對於P．班納吉先生的第一個提問，尊者進一步談到了悟。

尊者：在了悟或解脫上，並無階段，而真知也無等級程度。所以，不可能有存身的真知是一境地，而歿身的真知是另一境地。悟者洞悉，他就是真我，別無其他，既非他的身體、也非某物存在，而唯真我獨在，對這樣的人，其身軀之現存或不在，又有什麼區別呢？

其實，了悟的說法，並不正確。是了悟什麼呢？那個真實的，始終如如其是，又如何去真實它呢？只是這樣而已。我們去真實那個非真實的，亦即將非真實的，視為是真實的。我們務必屏棄這種心態，這就是獲致真知所要做的。我們並非創造新的，或獲致某個我們以前沒有的東西。聖典載述的例子說，我們掘井，挖了個大坑洞，我們並未創造那個坑洞或井的空間，我們只是移除充塞著空間的土壤。那個空間，曾在那裡，現在也在那裡，同理，我們僅是除去我們內在長期的心識印記，真我就會獨在而輝耀。

自由、真知、冥想，是我們生命的真實本質，都是真我的別名。

一九四六年一月十日下午

尊者仔細閱讀范卡特薩．夏斯特里高先生譜寫的坦米爾文詩頌。他和妻子莎拉摩現在待在道場，兩週前他們前去阿迪耶那瑪萊（位於道場近郊），在當地宿留。一月一日時，我跟T．P．羅摩強德拉．艾耶等人環山繞行，在路上遇見夫婦倆，他們帶我們去他家，朗讀這些詩頌給我們聽，因此，我說今天的詩頌，並不是新寫的。夏斯特里亞（即夏斯特里高）就說，詩頌當時只有二十七則，現在是一百零八則。幾天前，維卡特拉瑪．艾耶先生向尊者報告，說夏斯特里亞及妻子，星期二要來道場。因為道場收到有些致函給夏斯特里亞的信件，尊者聽到後，便說：「他們可能星期二要來這裡。他們是要待在這裡，或者又會回去那邊，我就不知道了。」當夏斯特里亞來到廳堂時，我告訴他尊者曾說的話，我又說：「我告訴你這些，實在我並不贊同你搬到那邊去。」尊者說：「他們來這裡，說會去阿迪耶那瑪萊，並且住在那裡。我沒說什麼。我們為何要干預人家呢？他們要自由生活，不要有道場的生活規範或限制。他們不論在哪裡，一定都有平靜的心。」

談到夏斯特里亞先生居住的阿迪耶那瑪萊，尊者說：「那是個好地方，我以前偶爾待在那裡。有一次，我們在環山繞行時，突然下雨，便在那裡的一間廟，待了一整夜，當時我聽到有人在吟唱《讚頌明論》（又譯作《沙摩吠陀》）。」

一九四六年一月十一日下午

一位來自可倫坡的年輕人問：克里希那穆提[5]教導無費力及無選擇的覺知之行法，有別於刻意持行專注。祈請尊者解釋練習冥想，最佳方法為何，以及應該觀想的對象？

尊者：無費力及無選擇的覺知，乃是我們生命的真實本質。若能獲致或處在此境，則一切皆善。但是，人無法不致力於刻意的冥想，便可逕自獲致。長期的習性挾持著心思外馳，轉向外在諸物。就是這樣，對大多數人而言，努力是必要的。當然，每個人、每本書都說：「要平靜或凝止。」但談何容易，這就是為什麼努力是必要的。你可能看到某人抵達寧靜或至上之境，其徵狀是平靜凝止，你要知道那是他已在其前世完成必要的努力了。因此，無費力及無選擇的覺知，只有在刻意的冥想之後，才能獲致。這樣的冥想，得依你最喜歡的形式為之。去找出能助你驅除一切妄念的是什麼，作為你冥想的方法。

在此議題上，尊者引述塔俞馬那瓦的幾則詩頌，大意略謂：「若你靜止，則幸福隨至，但不論你如何告訴你的心思這項真理，心思永不會安靜，那是心思不要安靜，那是心思在告訴心思說，『平靜，你就會獲得幸福。』雖然所有的聖典都已載述，雖然我們每天從大人物口中而耳聞，雖然我們的上師諄諄教誨，但我們都從未安靜，卻馳逐於虛幻的世界及感官的事物。這就是為什麼有意識而刻意的努力或冥想，對於獲致寧靜之境或處在安和境地，至為必要。」

另一位來自可倫坡的訪客問：為何三境的意識，低於第四境的真實層次？這三境與第四境的實質關係為何？

尊者：只有一個境地，即意識或覺知或存在之境，而醒夢睡三境，不可能為真實，它們來來去去。真實的，則如如其在，那個「我」或者存在，在三境中，持續而獨在，乃為真實，而其他三境不真，故不可能說它們有真實的層次。我們僅能粗略地如此表述：存在或意識，乃唯一真實，意識加上清醒，我們稱為醒；意識加上睡眠，我們稱為睡；意識加上做夢，我們稱為夢。

意識是銀幕，所有的圖像在銀幕上來回穿梭。銀幕為真實，圖像僅是其上的投影。因為長期以來，我們認為三境為真實，於是稱覺知或意識之境為第四，其實，並無第四境，只有一個境而已。尊者引述塔俞馬那瓦的詩頌說，所謂第四境，描述為醒之眠或眠於醒，亦即在世界中眠止及在真我中清醒。

O．P．羅摩史瓦米．雷德爾先生是國會領袖，問：但是，為何這三項必須在真實之境或真我的銀幕上，來來去去？

尊者：是誰在提出這個問題？難道真我會說這些境來來去去嗎？那是觀者在說這些境來來去去。那個觀者與被觀者，組構成心思。去看是否有心思這樣的東西，然後，心思沒入於真我，就沒有觀者及被觀者了。所以，針對你提問的真實回答是，「它們來來去去嗎？它們沒有來，也沒有去。」那個真我獨在，始終如是。三境由於沒有探究而存在，若探究之，則三境不存。不論如何詳加解釋，要一直到你了悟真我後，才會對此一事實，清晰明白，這時也會對自己長久以來昧於本身自明而唯一的存在，為之驚訝不已。

另一客問：心思與真我，有何不同？

尊者：並無不同。心思內返，則是真我。心思外馳，成為自我及世界萬物。棉花製成各類不同的衣服，我們命以各種不同的名稱。黃金冶成各類不同的飾物，我們賦與各種不同的名稱。但所有的衣服，都是棉花；所有的飾物，都是黃金。真實的，只有一個，而名稱及形相，卻有許多。

一九四六年一月十八日上午

今天是大寶森節[6]，在這個日子，我不禁問尊者，為什麼要紀念緬懷羅摩林伽·史瓦米？是否他要擺脫他在大寶森身上的道德糾葛？尊者不發一語。我又想瞭解，尊者是否知道羅摩林伽·史瓦米在世逝亡的真實情況，尊者對此，也未措一辭。

下午

我看到《薄伽梵往世書》的英文節譯本上記載，普利圖（毗濕奴化身）令其身體分解成幾個元素，這種說法很像普遍傳說中的羅摩林伽·史瓦米（亦即，他進入房間，將自己鎖在房內，數日後，大家破門而入，發現空無一人。）。我問尊者，是否悟者能使身體消失不見。尊者說：「聖典告訴我們，有些聖者，其身可升至天堂，騎著大象等，是上天特別派來帶他們去。聖典也述及聖者的身體消失不見，呈現光或火焰，或乙太靈氣，及石頭林伽。但我們要知道，這些說法，都僅是旁觀者的看法；實則，悟者並不認為他自己是個身體，他甚至不看自己的身體。他所看的，只有身體上的真我。若沒有了身體，而只有真我，就沒有身體消失不見，而呈現什麼形相的問題提出。」

在此議題上，尊者再度從《薄伽梵往世書》引述一則坦米爾文版的詩頌，此詩頌已記錄在一月九日的日誌裡。這個時候，他要我們從書中摘取梵文版及坦米爾文版的詩頌，我引述這兩版的詩頌《天鵝之歌》（*Hamsa Gita*）二十二節：《薄伽梵往世書》第十一章。譯文為：

這副身體，並無永恆（並不真實）。不論身體是靜止或活動、不論是否由於今世業報的緣故，使身體繫附於他，或脫落下來，了悟真我的仙人無知覺於他的身體，有如醉漢遭人下毒而眼盲，渾然不知其身是否著衣。

尊者又說：「有某個學派的學者，如果去世後遺留身體者，則不稱呼為悟者，我們不可能認為一位悟者會看重身體，而執著之。但有這樣的學派，是通靈學派，在朋迪切里設有協會。」

稍後，一位來自朋迪切里，年約十七歲的男孩，問尊者：「耳聞持誦『唵』的聲音之後，人應如何超越之，以抵達另境？」

尊者說：「是誰聽見『唵』聲？或談到超越之境？去察看，找出來，然後一切瞭然。持誦『唵』到底是什麼？你說的聽見『唵』而超越之境，又是什麼？在哪裡？這些事，我們都不曉得，但是你知道。所以先對你自己，也就是那個觀者探尋，然後一切皆能知曉。」

這位男孩又問：「我想知道解脫的道路是什麼？」

尊者：「好的，解脫是什麼呢？它在哪裡呢？你又在哪裡呢？二者的距離多遠呢？所以你談到解脫的法門。首先，找到自己，到底你在哪裡，然後看看還會不會問這些問題。」

晚間

談話轉到大家所謂回春的祕方。尊者提到以樟腦為主以及千年老楝樹的食材。然後他說：「誰會這麼大費周章照顧這副身體。正如聖典解說，最大的疾患，就是我們擁有這副身體，那是出生之疾患。若人服藥物，以強壯身體、延長生命，則猶如人服藥物，俾使其疾患更為強大而永存。身體是我們的負荷，我們應從另一面來看，感覺好像勞工在肩荷重物，一心盼望抵達目的地，能夠卸下重負。」

一九四六年一月十九日上午

尊者告訴我，有關大寶森節及羅摩林伽・史瓦米的問題。今天出版的《巴拉塔女神》期刊有回答，載述羅摩林伽・史瓦米進入房間，以便逝亡的那一天，正是大寶森節的日子。維斯瓦納特・艾耶先生朗讀一段長文，將羅摩林伽・史瓦米比擬為聖雄甘地，並且引述羅摩林伽・史瓦米許多充滿神性的詩頌。

下午

昨天，我向尊者建議，請他將《薄伽梵往世書》第十一章的梵文詩頌，翻譯成坦米爾文，因為他認為原先的坦米爾文詩頌並未契合梵文的原意。因此，尊者今天在廳堂看見穆魯葛納，便向他談及此事。尊者在沒有紙和筆的情況下，隨口譜出下面這則詩頌。

（譯文見一月十八日下午日誌所載，本書第140頁）

晚間

尊者有意改進坦米爾文的詩頌，使之更接近梵文的原意。他和穆魯葛納討論一些文字的修正後，告訴我說，不要將上述的詩頌，認為是最後的定稿。

一九四六年一月二十日上午

巴拉羅姆·雷迪先生問尊者，有關《真理詩頌四十則·補篇》裡梵文的翻譯，尊者解釋他是在什麼狀況下使用「不存在」，還有慕尼也喜歡用「不存在」這字。尊者進一步告訴我們，這則詩頌是在「這副身體不是我」的主題上，試圖建立兩軌陳述。首先，述及身體是無覺性的，不會感覺我或說出我。其次，述及當我們沒有身體，亦即沒有身體意識時，那個「我」是存在的。

有關這則詩頌的談話，是在下述的場合下開始的：

一位來自摩洛哥的伯納·杜法爾，似乎在八年前來過道場，停留約十五天。他最近寫信給查德威克少校（住在道場迄今已十年），說他在戰爭期間，是個囚犯。他學習梵文，甚至將尊者的《教導精義》譯成英文，後來他遺失所有的文稿，希望道場能寄給他有關尊者全部的梵文作品。因應此項請求，巴拉羅姆找到尊者所有的梵文作品，而尊者也似乎告訴巴拉羅姆，說上述的詩頌，都是他譜寫的。

維斯瓦納特·艾耶的母親前來，向尊者說：「娜葛瑪已撰妥一則坦米爾文的記事，載述在祭拜牛隻的日子，道場牛棚的盛事種種，這是極好的。」尊者說：「是這樣嗎？她的兄長要她寫這裡的事。她在這裡嗎？」於是，我們要娜葛瑪將她的記載朗讀出來，她便朗讀了。尊者問維斯瓦納特·艾耶的母親，是否讀過《牧者拉瑪那》(*Ramna Gopala*，Gopala是指守護牛的神)。她說：「我僅讀過坦米爾文版的，那是我兒子翻譯的，而我希望能聽到泰盧固的原文。」因此，我們要娜葛瑪用泰盧固語唸出來，她照辦了。

一位果古爾·巴艾·D·巴特先生是孟買的公職會計師，譜寫關於尊者的詩頌，在廳堂讀。應我的請求，他將詩頌翻譯出來給大家聽。一位先生，名叫哥明達拉麥耶，是契托爾縣公務警官，獲尊者允許，朗讀聖者安吉拉撒的《古魯帕達卡》，他這樣做，似乎受到蘇婆羅曼尼亞·夏斯特里的鼓勵。蘇婆羅曼尼亞·夏斯特里是位年長的悟道者，八十餘歲，原本是康吉維倫的人，最近在安巴杜爾遇見哥明達拉麥耶。

今天上午十時許，尊者返回廳堂之前，在鄰近牛棚處，對一位羅摩史瓦米·艾晏伽投以觀視。他數年前，似乎在康姆巴科納姆擁有一處拉瑪那道場。他已年邁體衰，多年來，想來看尊者，但困難重重，道場管理人拒絕他來見尊者，因為他被控有諸多不當的行為。這位可憐的老人必須待在牛車上，在牛棚旁邊，而尊者返回廳堂的途中，走近牛車，佇立數分鐘，對他的這位老門徒投以觀視。這位門徒哭泣但無言，尊者則給與他眾所皆知的慈悲諦視。

下午

我很晚才步入廳堂，但尊者在他晚間散步之前，卻很愉悅地問我：「你還沒看到我們譜寫那則詩頌的最後格式嗎？」於是拿給我看。頌文如下：

這副身體，並無永恆（不真實的）。不論身體是靜止或活動、不論是否由於今世業報的緣故，使身體繫附於他，或脫落下來。了悟真我的仙人，無知覺於他的身體，有如醉漢遭人下毒而眼盲，渾然不知其身是否著衣。

晚間

我瞭解詩頌第一行的「活動」，是作躍入天空義，於是問尊者，這個字是否恰當。他解釋說，那僅是意謂「移動」。他又告訴我，「梵文版比較精確，但在《悉多・羅摩・安傑尼亞對話》

（安傑尼亞是印度史詩《羅摩衍那》中的神猴哈努曼，拯救了悉多）書中，賦與極詳細及精微的解說。」尊者這樣的說明，是由於昨天他無法在坦米爾文版的《薄伽梵往世書》裡找到任何字，可以對應於梵文版的詩頌。G．舒巴．饒說，相同的文句，也出現在泰盧固文版的《悉多．羅摩．安傑尼亞對話》書中。今天這本書拿出來，其相關的章句也呈現個尊者看。巴拉羅姆．雷迪告訴我，《悉多．羅摩．安傑尼亞對話》一書之於泰盧固人，正如《解脫之精粹》一書之於坦米爾人。

當康猶史瓦米來到廳堂時，尊者問他，康姆巴科納姆的羅摩史瓦米．艾晏伽是否已離去？他的用意是什麼？康猶史瓦米說，羅摩史瓦米想在帕拉卡圖（道場旁信徒聚居的園地）住一兩個月，直到恢復健康，而其他人在翌日便離去了。

一九四六年一月二十一日

果古爾．巴艾朗讀古吉拉特語的《拉瑪那之歌》第十一章，接著又朗讀古吉拉特語的《教導精義》，P．C．德賽伊問尊者：在第十四則詩頌中，梵文版的頌文第二行，被譯為「若心思持續專注在真我的冥想。」原文並無「持續」、「真我」等字，這樣是對的嗎？

尊者：單一思維（*Eka chintana*），意謂持續思維。若無其他思維萌現，則那個單一思維持續下去。這則詩頌的意涵是這樣的：前面的頌句已述明，為了掌控心思，得以持行呼吸控制法，作為佐助。這則頌句是說，心思既在掌控中，或在融化（*laya*）的境地，則不應僅在融解之境或像沉睡那樣，而更應朝向專注思維或單一思維，不管那個單一思維是真我，或冥想中的神，或持咒中的真言。然而，那個單一思維是什麼，則取決於那個人的資質成熟度。這則頌句僅是在說單一思維。

德賽伊先生想要知道，第十四頌古吉拉特語的下個版本，是否能加以修正，或者現況依然。尊者沒有回答。他在這個議題上，已經言盡了。（我的結論是，在頌句中第二行，用「持續」字語，並無不妥，而「思維」、「真我」等用語，也無所謂對或錯。因為尊者說，在原文中，心思沉入融化時，應該以單一思維掌控之。）

晚間

當尊者仍在運思譜寫坦米爾文的詩頌（指記錄在一月二十日的詩頌）時，巴拉羅姆·雷迪祈請尊者也用泰盧固文撰寫一則。於是，尊者寫了，也跟巴拉羅姆·雷迪討論修正。我再度問尊者，有關坦米爾文詩頌中第一行的涵義。我說：「頌文云：『不論身體待在某處或有所移動，都不是永恆的』這句話，似乎沒有重點。」就此，尊者告訴我，第一行的頌文，不能用整個句子來讀，而是第一個句子要停在頌文第一行的一半。於是在正確瞭解這則詩頌後，我逐字翻譯如下：

這副身體，並無永恆（不真實的）。不論身體是靜止或活動、不論是否由於今世業報的緣故，使身體繫附於他，或脫落下來，了悟真我的仙人無知覺於他的身體，有如醉漢遭人下毒而眼盲，渾然不知其身是否著衣。

（譯按：這則詩頌，已在本書日誌的一月十八日下午、一月二十日下午文中先行披露，以利讀者閱讀。實則，一月十八日下午的詩頌是梵文及坦米爾文並列。一月二十日下午的詩頌是梵文詩頌的四行格式，直到一月二十一日晚間的記載，本書執我穆達利爾才翻譯成英文，成為定稿。尊者的知名信徒穆魯葛納對此詩頌譜寫的前後過程，有詳盡的說明，見其名著*Guru Vachaka Kovai*，在書中第一千一百四十八則頌文的條項下，詳參David Godman, ed., pp.485-486）

一九四六年一月二十二日

上午稍早，吟唱吠陀經文之後，尊者給巴拉羅姆一則泰盧固文的詩頌，並且要他提供建議，俾加以修改。巴拉羅姆說：「我又如何能提供建議呢？」尊者說：「我不知道，但我必須找個像你這樣的人。」於是將詩頌的文稿，放在旋轉的書架上。

一九四六年一月二十三日晚間

室利尼瓦沙．饒醫生問道，關於《真理詩頌四十則．補篇》的第十則頌文，尊者是否並不教我們對「我是祂」的咒語，應持肯定。尊者解說如下：

據說，整部吠檀多經典，得歸納為四組字語：「我是這副身體」（*deham*）、「我不是這副身體」（*naham*）、「我是誰」（*koham*）、「我是祂」（*soham*）。這則詩頌，所言略同。最先的兩行頌文，是在解釋「我是這副身體」、「我不是這副身體」，亦即為何身體不是我。其次的兩行頌文在說，若探究我是誰，亦即探究我來自何處而了知之，則在本心而遍在的阿魯那佳拉神，便以「我」而輝照。他將知道「那個我在」亦即那個就是「我」。

在此議題上，尊者也引述兩則詩頌，一則取自詩聖塔俞馬那瓦的詩頌，另一則取自南阿瓦爾詩聖[7]的詩頌。兩則詩頌的要旨是：「雖然我念及我是一個分離的個體，而語及『我』及『我的』，但當我探究這個『我』時，我發現『祢』獨然存在。」這兩則詩頌的涵義如下：

一、
探尋這個「我」是誰，
不久我發現
你以幸福的天堂，獨然佇立著，
你是唯一，福佑之上主！（塔俞馬那瓦）

二、
不知道我是誰，
我習慣說到「我」及「我的」
但是，我就是祢，而我的，也是祢。
上主乃眾神所崇敬。（南阿瓦爾詩聖）

一九四六年一月二十四日上午

尊者摘取上述的兩則頌句送給我看，並且引述塔俞馬那瓦詩頌中的第七則頌句如下：

雖然我已成為祢，而祢獨然存在
無可摧毀的「我」，持續而在
那個內在的我，了知之
那個我，則轉為被知之，
凡百事物，能知之，而亦不知之。

尊者說，類似的頌句，也可以在阿瓦爾詩聖[8]的讚歌中看到。S．饒醫生從尊者手中，拿到一本書，書名是《聖口的字語》，說道：「我看到這本書也有註釋。這則頌句在說：『我發現我就是祢，而我說「我的」一切，乃是祢。』限定不二一元論的註釋學者說：『我來到如此接近神，以至於將我及我的視為神本身。』」

S．饒醫生說：「了悟真我的悟者們，不可能彼此有歧異，也不可能在各學派的領袖間，有所分別。若他們是真我的證悟者，則不可能對彼此的教誨，互相矛盾，但是他們的追隨者可能誤會或錯誤解讀他們的教義，以至於產生這些流派，以及日後的紛爭。」S．饒醫生又說，他在泰米爾納德邦的塞勒姆時，有位人士時常向他引述南阿瓦爾詩聖的詩頌，而阿瓦爾詩聖對這些詩頌中在蒂魯帕蒂神祇，描述為毗濕奴及濕婆二者。

有郵件寄來，是D．S．夏斯特里先生的妹妹用泰盧固文寫的幾封信函，夏斯特里先生譯成英文，內容關於一九四五年十一月二十五日尊者往赴史堪德道場之行的記事。維斯瓦納特．艾耶在廳堂讀出來。一位吠陀學校的男孩，向尊者呈示一張印刷的圖像，是「四隻兔子組構成一個偉大領袖」的圖。當我步入廳堂，約在十時十五分時，尊者問我，看過那張圖嗎？我說沒有，於是他拿給我看，說道：「你一定要先看到四隻兔子，然後才能看出牠們是怎麼組構成甘地的相貌。」

下午

我走進廳堂時，約在下午三時，尊者已在找尋S．饒醫生提到的那篇詩頌，不一會兒，我們拿到那篇詩頌，據說是佩耶茲瓦在蒂魯帕蒂看到神時所寫的。

晚間

隨侍克里盧那史瓦米向尊者說，他要去馬德拉斯看聖雄甘地，週日返回。尊者說：「去問道場管理人，事後不要說我准許你去。」又說：「若現在就去，回來時管理人可能不會認可。他從馬德拉斯回來，若管理人不讓他回來住，我又能奈何呢？我在這裡，有什麼權威呢？」克里虛那史瓦米不管這些，告訴尊者自己會回來，便離開了。

一九四六年一月二十五日下午

洛可瑪吟唱《蒂魯瓦卡肯》書中的「蒂魯卡茲康拉．帕特甘」（*Tirukkazhukkunra Pathigam*），於是穆魯葛納請詢尊者，有關「羞愧而無羞愧」的意涵。尊者說，可能是這類述語之一，例如說「尋找而無尋求，思想而無思維」，以及「人若無思維，則如何思想呢？」、「一切的說法，但無說法。」等。穆魯葛納又問道，「喔，上主賜與六十個耶克撒精靈八項靈性的成就。」這是暗喻什麼？尊者也不確定，但認為這是《蒂魯維利雅達爾往世書》中的故事之一。我去拿一本《蒂魯瓦卡肯》，書中有蘇婆羅曼尼亞．皮萊的註釋文，但在此並無明確的解說。在書中最後一行，說到這個暗喻是指烏特拉可撒曼加神廟的故事。尊者查閱《蒂魯維利雅達爾往世書》，但找不到這則故事，書中雖有一則故事，也述及六個耶克撒精靈，但不是指這則故事。穆魯葛納的看法是，烏特拉可撒曼加神廟的故事，並無公布出來。若我們能從上述的聖典中獲知，則聖者曼尼卡瓦伽咯的生平，以及他的許多軼聞或詩歌等，都會更加瞭解。

晚間

吟唱吠陀經文之後，尊者問維斯瓦納特·艾耶：「你們去過哪些地方？」維斯瓦納特說：「我們到過古海·那瑪斯瓦雅的洞窟、芒果樹洞、維魯巴沙洞屋及史堪德道場。我們從新鋪設的道路走回來，並不費力，那是個斜坡。」尊者問，他們是否從穆萊帕爾水池那邊走捷徑過來。維斯瓦納特說是的。尊者說：「我現在看這些當年我們住的地方，我很驚訝到處都是岩石、石塊及雜草叢生，不過那個時候，我過得很舒適自在。我們沒有不方便的感覺。當時那裡也沒有燈，我們摸黑，在這些岩石及灌木叢中徒步。那時有人說，我們的腳上，有燈及眼睛。」當我步出廳堂後，蘇娜·杜拉吉小姐（她及其父親常來訪道場，都是尊者誠摯的信徒）告訴我，是她陪同維斯瓦納特走訪上述這些洞窟。

一九四六年一月二十六日上午

尊者提到一本書，關於瑪陀婆[9]學派，S·饒醫生從書架上取出兩本小冊子給我，是一位叫B·N·克里希那穆提·薩瑪寫的，他出身於前阿南馬來大學，標題是《瑪陀婆的神教實體論之若干哲學基礎》。尊者說，那位人士前天來這裡，親自給了這些小冊子，「他來時，操梵語。他是泰米爾納德邦蒂魯瓦伊耶梵語學院的院長，他說每個人必須說梵語，他說他讀了很多書，但尚不能瞭解真理。我們建議他讀我們這裡的書，希望能有所幫助，他就從這裡拿了一些書。」

尊者約略翻閱了這些小冊子，不感興趣，說道：「這些都是寫給學者看的。」S．饒醫生指出某頁提到解脫，載述解脫之後，每個生命個體保留其個體性，那些達到解脫的人，以其生命個體的階層高低，而有幾種等級等。S．饒醫生說：「一旦有了他人，則本人勢必恐懼；一旦有高階層面，則這個人必抱持欲望，期以抵達。所以，這個境地，絕不可能是那個層面；其為無懼無欲，乃能獨自萌生圓滿平靜。」尊者同意這個說法，並引述一段梵文，述及無懼無欲的至上之境。

來自旁遮普邦的眼盲穆斯林（前已述及），今天再度來到廳堂，尊者剛在幾分鐘前閱覽《史維德薩米特蘭報》（坦米爾語報紙），載述內洛爾的一位盲人，四十一歲，曾在馬德拉斯觀視聖雄甘地，他能反覆誦讀整部《薄伽梵歌》，包括商羯羅的註譯文在內。這段新聞的記載，引起我們談論這兩個相似的事例，因為這位穆斯林也能誦讀整本《可蘭經》。尊者也閱覽泰盧固語的報紙《傑門．賴特》，看到泰盧固文的一些詩頌，是內洛爾的卡納卡瑪及拉克西米．巴伊寫的（兩人都是尊者的信徒，常來此參訪），他要巴拉羅姆把這些詩頌剪下來，黏貼在檔案簿裡。「這些詩頌，在去年（尊者）誕辰節慶日譜寫，並且在這裡朗讀出來。」尊者這樣告訴我們，今天，應泰勒亞可汗太太的請求，這些詩頌由娜葛瑪在廳堂朗讀。當午餐的鈴聲響起時，尊者言及那位眼盲的穆斯林，「看他是否要進食午餐，若是的話，懂得印地語的人必須負責照料他，跟他在一起。」我們說，我們會妥善照顧他，尊者聽了很滿意。

下午

應泰勒亞可汗太太之請，娜葛瑪朗讀牛隻祭祀日的記事，而巴拉羅姆譯成英文。娜葛瑪也朗讀九月某日的一則記事，那是班加羅爾的信徒帶來兩隻鴿子，請求尊者飼養在道場；鴿子何其幸運，能得到尊者撫摸，坐在他的大腿上，將近一個小時，安靜不動，好像進入三摩地，又是何其神奇。這些記事，都在娜葛瑪的妙筆下載述，而由巴拉羅姆譯成英文。

我手中有一本瑪陀婆的哲學小冊子，尊者問我：「你讀過了嗎？」我說：「我不感興趣。」當尊者在說，這些文字，僅能引起學者的興趣而已。我發現這位作者也在提出一項我略有同感的質疑：「為何我們要以真實，去拒絕看待一切事物，除非那個真實，總是存在著？」尊者說：「事物若只是過眼雲煙，則如何說是真實的呢？」廳堂裡的某人說：「因為譯成英文，所以這些都難以理解。梵文*satyam*，意指不是真實，而是指總是存在著。」巴拉羅姆也引述《薄伽梵歌》，其文曰：「存在的那個，永不失其存在。（任何時間）永不會存在的那個，沒有存在性。」

稍後，蘇布·拉希米·阿摩（婆羅門身分的寡婦，長期在這裡的廚房作義工）告訴尊者：「我的住處，離姬萊·佩蒂住的洞窟不遠，所以昨天我去那裡看看。」尊者問：「妳所看的，是哪個洞窟？」蘇布說：「那個洞窟，叫阿拉瑪羅蘇·古海，我曾看過。有一天我們從史堪德道場歸返途中，尊者說：『這是姬萊·佩蒂住的地方。』所以，我想就是那個洞窟。」尊者說：「不，她不是住在那個洞窟。她住在古海·那瑪斯瓦雅神廟旁邊的柱廊，我曾住在那個洞窟，現在有時稱為阿拉瑪羅蘇·古海（洞），當時那裡並沒有榕樹，現在的榕樹及所有的樹林，沿著兩側，直到維魯巴沙洞屋，都是堪德史瓦米栽植澆水來的，後來他規劃創建史堪德道場。」

尊者以憶往的心情又說道：「這位姬萊·佩蒂當時住在大廟裡（譯按，指阿魯那佳拉史瓦瑞神廟區），而我剛來這裡，靜坐在那裡的蘇婆拉曼亞神廟。她通常提供食物給廟區裡的一些苦行者。後來，她從一位鐵匠女士那邊轉送食物給我，鐵匠女士以前常給我食物。過了一陣子後，鐵匠女士自己送食物給我，而不經由姬萊·佩蒂。那時的姬萊·佩蒂經常頭髮蓬亂。後來，我搬到維魯巴沙洞屋，她則住在那瑪斯瓦雅神廟，並且剃光了頭髮。她住在那邊的柱廊，經常禮拜那瑪斯瓦雅等神明，將神像刻在柱廊的牆上或柱子上。有些僧侶會來柱廊禮敬神明，她對柱廊內牆上的神像，供奉食物祭拜。她黎明即起，在附近的小山丘散步，朝向現在道場的地方，繞過史堪德道場，然後下山回到她住的地方。當時，她拾取燃料、牛糞等物，綑綁在她背後，在她的周遭環境內，收集各式的樹葉，用來烹煮。她只有一個壺，用來燒開水及浴身。那個壺也用來煮米、作醬，她用取來的樹葉，作些小菜。每次供奉食物給柱廊上的神明，拜完之後，就帶來給我，然後她回去，吃她自己的東西。晚間，她會去鎮上，鎮裡的每一間房屋，她無不知曉，她去那裡要一些東西。來到我這裡，她會說：「一位好心人給了我一把破碎的米，我把它煮成了粥。」

「但是，若有人去她那裡，便會看到她的地方有各式的食物，以及一個壺，裝滿了碎米。她就是這樣的女人，她很喜歡我，我偶爾去她那裡。我有時幫她收集一些綠葉，例如取自辣木。我也會幫她清裡、摘取樹葉，準備烹煮用。偶爾我會待在她那裡，跟她一起吃飯。」我問尊者，她何時去世？尊者說：「我們來這裡之前，她就去世了。她葬在這裡，面對著達克希那穆提神廟，在一棵羅望子樹下。

大約在下午六時十五分，吟唱吠陀經文之後不久，一些猴子（看到尊者旁邊的窗戶關閉，通常牠們在這裡索求水果及核果）走到門口邊，這時有些婦女及小孩也在門口這邊，要從廳堂出去，大家感到害怕。就在這個議題上，維斯瓦納特．艾耶先生用「曼迪」這個字，說是指公猴。我說：「我認為，意思剛好相反。看皮萊．帕魯摩．艾晏伽（頌神的詩頌作者）的頌云：『曼迪要她的配偶，從泥土中取根莖給她。』於是，穆魯葛納說，曼迪通常是指兩種姓別，但是特別指女性。尊者引述聖者帕第那撒爾的話：「我不喜歡小猴子。」尊者說：「很明顯的，是指母猴。」又追憶一首取自〈蒂魯普佳茲〉的歌，以及另一首帕第那撒爾的歌〈烏達克特魯維南姆〉，在歌詞中出現「曼迪」這個字。這兩首歌，立刻找到。第一首是〈巴拉尼維谷普〉，尊者讀出所引述的片段，並向我們解說，它是在歌頌巴拉尼的豐饒。尊者說道：「曼迪坐在檳榔樹上，看到旁邊檀香樹的花朵，以為是蛇的傘狀頭頸，要跳到另一棵樹時，心裡害怕，而且那棵樹的樹枝空疏。於是，先折彎樹枝，然後彈回去，打到旁邊的芭蕉樹，樹上的芭蕉纍纍成串，便掉落到底下的木波羅果實，果實內的蜂蜜流溢而出，形成大量的流液，澆灌了鄰近的黃玉蘭樹。」這些都是尊者的解說。在昔日的場合，我們也聽到尊者用上述這段話，作為例子，說明我們的詩人盛誇國家的豐饒。聖者帕第那撒爾的另幾行歌也找到了，尊者用同樣的語調節奏，一口氣把它唸完。

一九四六年一月二十七日上午

今天上午，信徒克里盧那史瓦米，踐其允諾，歸返道場，尊者剴切垂詢他在馬德拉斯的情形。克里盧那史瓦米說，搭乘火車的旅客眾多，擁擠不堪，他一路站著，直到馬德拉斯。

在馬德拉斯，更是人山人海，有一大堆車子停在一處的角落，若設法經由我們友人任職的官署須付六盧比的票，則能坐在靠進甘地的位置，後來麇集的群眾衝破了大門，甘地僅用印地語發言，不說別的語言。尊者說：「你見過甘地，現在你知道，也享受了從這樣的旅程回來的喜悅。」說著說著，尊者把那張票交還給他，說道：「好好保存，那張票值六盧比。」克里虛那史瓦米也帶來了一些照片，大小不一，由T．N．克里虛那史瓦米博士呈遞給尊者，照片上有克里虛那史瓦米和尊者的合照。關於照片方面，娜葛瑪向尊者說，維斯瓦納特．艾耶的母親想要看最近在史堪德道場所拍的尊者的照片，尊者便叫人取出相本給那位女士看。

克里虛那史瓦米向尊者說：「T．N．克里虛那史瓦米博士說，他會經由我，拿些藥轉交給尊者，但我一直無暇遇見他，拿到那些藥。T．P．羅摩強德拉．艾耶會把藥帶來。」尊者說：「為什麼要拿藥？現在我的身體有問題嗎？我一切無恙，這些都是無謂的困擾。為什麼你要他送藥過來呢？」克里虛那史瓦米說：「我沒有要他送藥來，是他自己說要送過來的，他還說他計畫前來看你。」尊者說：「他可能問你，尊者近況如何，你可能說了某些話，否則他為什麼要送藥過來呢？」克里虛那史瓦米說：「若有人這樣問，對方又怎能不發一語呢？我們必須回話。」克里虛那史瓦米又告訴尊者，說道：「一些我們的友人，希望能建議甘地，請他參訪我們的道場，但我們向O．P．羅摩史瓦米．雷德爾先生商議時，他說我們這裡無人能接近甘地，唯獨拉賈吉有影響力。」於是，尊者說：「他不會被准許來到這樣的地方。」約在一週前，尊者談到甘地一度來到此地，在牛隻交易處附近（離我們的道場，約莫兩百公尺），比預計時間還早就完成了在此地的行程事務，募集資金後，就離開了。克里虛那史瓦米也帶來一則消息，說甘地曾告訴人，他經常想到尊者，對尊者有極高的敬意。尊者說：「是的，是的，可能是這樣。不論何時，若有人告訴人說，他的心不平靜，人便會打發他們來這裡，告訴他們：『去待在拉瑪那道場一段時間。』他們來這裡，是向我們這樣說的。」

稍後，上午十時之後，尊者在閱覽坦米爾語報紙《迪那瑪尼》，看到一篇文章，記載佩魯爾的神廟（鄰近哥印拜陀）。尊者唸出來給我們聽，說道：「這篇文章，對我來講是則新聞。我們在桑德拉穆提[10]的生平中，或在《培里耶往世書》裡，並未看到這個，但可能記載在《地方往世書》裡。」文章的故事是這樣：某年的某個特殊的日子，神與女神被移駕到鄰近的田地上，由信徒代表神與女神進行移植苗木的慶典。這是紀念某日桑德拉穆提·史瓦米進入神廟，看不到神與女神而驚慌，四處尋找，發現祂們在田裡為一位神之子民（*Harijan*，賤民身分）的信徒，操持移植的勞務。

一九四六年一月二十八日上午

P・B・雷先生在這裡待了約一個月。他撰妥孟加拉語的尊者生平，在尊者面前，他譯成英語，朗讀出來作為呈獻。他說，幾年前，他在馬德拉斯，首度從某人那裡耳聞尊者，不久之後，他就開始撰寫這篇生平，費時四年完成。尊者說，很久以前，有些孟加拉人，在孟加拉語的期刊上撰述他的簡短生平，也有幾篇關於他的文章，發表在孟加拉語的報紙及刊物上。雷先生說，尊者說的文章，有兩篇是他寫的。於是，尊者找出其他孟加拉語的文章，拿給雷先生閱讀，文章刊載在一份期刊，叫做《阿姆盧特》，於一九三四年出版。文章的作者是羅摩克里虛那傳道會的傑格迪修南達・史瓦米。雷先生詳閱之後，今天晚上告訴我，文章有述及尊者生平的所有重點，但遺漏敘述尊者突破死亡的觀念而引發了悟真我的經歷，這件事發生在他在馬杜賴的時候，來到這裡之前。

一位果古爾・巴艾先生，最近曾來這裡，致函說他設法請甘地吉（對甘地的敬語）來這裡，但他發現甘地吉斷然指示不宜增添行程，因為已經滿檔。尊者說：「他們無法為這個事騰出時間。」

一九四六年一月二十九日下午

尊者取出新版的《神的遊戲》(泰盧固文版的拉瑪那傳記),約略翻閱,看到自己所寫的一些零星的詩頌(例如,進食時及前後的飲水、追求神通比魔術師還糟糕),驚訝以道:「他(作者)在這個版本,增加了這些我都未曾看過的東西,他是在什麼時候,拿到這些資料,加到這個版本上?」

尊者仍在閱讀這本新版的書時,一位訪客問道:「我來這裡,約有一年,我始終在奉行尊者的教導,但我仍然沒什麼進展。我嘗試看待所有的女人,一如我的母親,但我尚未能做到。」尊者沒有回答,訪客繼續說:「我在家時,情況還好,但外出看到女人,我就無法控制我的心思,便拔腿溜走,我該怎麼辦?」他又接著說:「我要直接感知到真我,我應如何做到?我祈求尊者的福祐。」暫停半晌後,尊者答說:「你說你在家時還好,那就待在家裡,把在家放在心思裡,不要讓它跑出去,要把它轉進來,放在家裡,然後一切將安好,而你也會感知到真我。問題在於我們認為我們是那個心思,去看看到底我們是不是那個心思。」

訪客說:「我是個有家室的人,縱使跟我太太在一起,我仍想要勵行獨身守貞,但我無法做到,我該怎麼辦?」尊者回答:「那是長期習性的緣故,內心意欲如此強烈,是因為其存在如此之長久,但是它們終將會離去。」

一九四六年一月三十日下午

尊者在閱讀一封阿布·夏斯特里先生的信函，他曾參訪一位叫哈里戴爾·馬哈拉吉的人，住在瓦拉納西恆河上的一艘船上。這位師父，以其年齡在兩百歲而聞名。就此話題，尊者說：「當年我在古魯墓廟時，我的指甲，長約一吋，長髮蓬亂，大家都說我年歲很老，雖然外觀是年輕的，我這樣好像生存了好幾個世紀！」

那位訪客（昨天下午最後問話的那位）告訴尊者，「今天晚上，我要回到我的住處，我已經陳述我的困難了。」

尊者：是的，這些都會漸漸離去。

客問：我祈求尊者慈悲的觀視。

尊者沒有回答，但在數分鐘之前，柯隆伯·羅摩強德拉的兩個女兒剛吟唱完最後一首讚歌（她們的父親譜寫，是位虔誠的長期信徒），歌詞內有：住在阿南馬萊之人，當慈悲的上師對他們投以注視，便化解了他們的悲苦，引領他們獲得拯救。

晚間

一位訪客，名叫阿南達·史瓦米，帶來一九四〇年某日的《印度報》，刊載摩里斯·佛里曼（最近十年尊者的信徒）記述兩位婦女，在毫無詐騙懷疑的情況下，祈禱而頓入某種昏厥，很神奇地，不知從哪裡來的糖果及杏仁，出現在她們的手上。這位史瓦米說，他本人也曾見過類似這樣的事例，有人會收到水果等，便問尊者，如何解釋這種事情。尊者回答：「我們聽過很多這種事。有某些教派在運作這類的事，他們可能看到或拿到這樣的東西，但是，看到或拿到東西的人，到底是誰？你必須去看那個。在《培里耶往世書》的書裡，也有類似的記載：

「有個商人，把兩個芒果，交待給他的妻子，說等他回來用餐時會吃。這位商人在外做生意，還沒回來之前，有位苦行者前來他家，說他很餓，妻子出於同情，給他一些米飯，因為家裡並無他物，便也給了他一個芒果，她心想丈夫回來，吃一個芒果就好了。不久，丈夫回來，在用餐時要吃芒果，吃完一個後，要求再吃一個，妻子頓時陷入困境，害怕丈夫發脾氣，於是跑進她原先放置芒果的房間，向神禱告，祈求協助。然後，哎呀你瞧！又有一個芒果擺在她原先放芒果的地方，於是，她把那個芒果，拿給丈夫，丈夫吃了後，感覺比上一個芒果更加甜美，真是令人銷魂，享受未曾有過的平靜。因此他逼問妻子這個芒果的實情，以及她又如何拿到這種東西。丈夫在驚奇而又半信半疑的情況下，要求妻子祈禱，再拿到一個芒果。妻子說，她願意嘗試，希望能蒙神的恩典，再獲賜一個芒果。然後，丈夫恍然大悟，她是位聖者，便跪拜在她面前，心想日後再以妻子的身分對待她，恐褻瀆神聖，便離家遠赴別的村鎮，跟別的村民住在一起。過了些時日後，妻子找尋他，心想丈夫是他的上主，她的本分是跟他在一起，丈夫喜歡什麼，她都應該伴隨左右，於是她前往那個村鎮。丈夫發覺後，就告訴當地的村民，『有位大聖人要來，我們必須以適當的尊敬、禮儀，隆重接待，把轎子抬出來，準備鼓號音樂。』就這樣，他籌組了一個聖大的歡迎會，走向迎接團的前面，首先向他的妻子伏身跪拜。

妻子見狀，不知所措，便捨棄了肉身，留在靈體上，最後帶著她的丈夫，來到天堂。這位女聖人，就是凱萊卡爾．阿瑪耶爾，她的故事，載於《培里耶往世事》書裡。」

我們也憶起一件類似佛里曼與阿南達．史瓦米所敘述的事情，那是幾個月前，發生在尊者的廳堂，曾記載在本書的日誌裡。當時一位古吉拉特的婦女，在禱告後，她的手上有糖果。應巴拉羅姆的請求，本書日誌的原文筆記本，拿給他看，他朗讀上述的事件，包括這位行奇蹟的婦女的名字及地址。羅摩史瓦米．皮萊先生是位道場居民的長者，對類似此事件，評說過度重視它了。他說：「我曾看過更神奇的事。有個人裝進一個箱子，被鋸成粉碎，然後全身完好出來。從這些事蹟中，我學到的是，我們不要相信我們的眼睛，不要因為僅是眼睛看到的，就都是真的。」尊者也說：「我們看過很多這種神奇的事。有位魔術師，綑綁一個女孩，裝進一個麻布袋，放在一個籃子底下，當魔術師喊她的名字，女孩便從別的地方跑出來，這種事就是魔術。」

這時，正是要吟唱坦米爾詩頌的時候。我們從西瓦普雷克薩姆．皮萊的《拉瑪那．迪瓦．瑪萊》第二十九頌唱起，頌句剛好是：「因為虛幻，心智看不到真實。」尊者接著引述西瓦普雷克薩姆．皮萊的話：「一切都是虛幻在運作」，以延續我們的談話。

一九四六年一月三十一日上午

約在上午八時三十分，S．饒醫生剛按摩完尊者的腿之後半小時，尊者說：「看來好像是他在按摩，但是當我在找人時，卻沒有人在。」

約在上午十一時，一位訪客問：今天上午，尊者告訴我，說人除非知道真實，否則他無法得到平靜。那個真實，到底是什麼？

尊者：那個如如其是的，就是真實。它是平靜，平靜是它另外一個名稱。

客問：如何達到？如何得到平靜？

尊者：正如我說過的，那個如如其是的，就是平靜。我們所要做的一切，就是保持安靜。平靜是我們生命的真實本質，但我們糟蹋了它，重要的是，不要再糟蹋它。我們不是要去創造另一個新的平靜。以廳堂的空間為例，我們在這個地方，塞滿了各類物品，若我們要空間，我們要做的，只是移去這些物品，我們就得到空間。同理，若我們在我們的心思上，屏棄所有的垃圾、一切的思維，那個平靜便呈現出來。那個阻礙平靜的東西，必須排除掉。平靜乃是唯一的真實。

下午

尊者閱讀新版的《神的遊戲》，他發現這個版本仍有許多錯誤。當時作者凡卡他．克里虛那亞先生受視力不良所苦，以致校稿時未能好好檢查，但也有些錯誤是因為未能充分查證所致，所以尊者想修改這些內容，例如把尊者生辰的星象資料，從十五年修改為五年；又發現帕普哈拉南迪河的流向及位置不正確。這些錯誤都不合尊者的心意，於是他耐心看完整本書，以便校勘。不過這對他來講很吃力，特別是他的視力不好。

一九四六年二月一日上午

收音機的新聞廣播說，喀拉拉邦柯欣的君王逝世。尊者問：「他離世了嗎？我們聽說他生病了。」我說：「他一定年紀大了。」尊者說：「是的，另一位老人現在可能繼承王位。剛去世的君王，不過幾年前才登上王位。阿潘．賽姆伯蘭（他曾訪尊者，撰述過尊者）現在若還健在的話，他可能是位君王，他們有名單排序很長的眾多王子，等著繼位。」我說：「普遍來說，他們都年老，但很有學問而富有宗教情懷，這些柯欣的君王都是這樣。」尊者說：「是的，他們都精通梵文；甚至特凡科爾城邦對賤民開放神廟，但柯欣城邦並未採行。」巴拉羅姆說：「當我在大學讀書時，柯欣的第四十二順位王子跟我是同學。他們繼承的順位名單很長。」隨侍克里虛那史瓦米問尊者，柯欣是否為領地幅員很大的城邦。我們說，柯欣算是小的城邦，雖然普杜科泰城邦更小。有人接著說，普杜科泰能夠成為城邦，是因為領土的所有人背叛其主人，去協助英國。於是話題轉到烏邁揚，當時英國人視他為可怕的人物，長期以來，英國人抓不到他，但聽說後來在普杜科泰的僭位竊佔者協助下，才被抓到。然後，尊者說：「丁迪古爾有個城堡，前門入口，有人看守。我們這些孩童不能入內。我們通常是到城牆最遠端，攀爬上去，跳進城堡，然後從城堡後面牆壁的洞口鑽出來，聽說烏邁揚是從那個洞口逃離英國人的捕捉。假如現在我們去看那堵城牆，我們實在驚奇當時是怎麼爬上去又跳下來的。」尊者又繼續閱讀《神的遊戲》，發現一些錯誤。

下午

G·舒巴·饒先生讀《神的遊戲》，讀到一位商羯羅師父[11]告訴其門徒，說尊者是神明蘇婆拉曼亞的第三位化身，第一位是庫瑪里拉·巴塔，第二位是智者桑班達，並問尊者，這位商羯羅師父是向誰這樣說的。尊者並不知道，但尊者說，這位商羯羅師父必定是最後化身的其中一位，亦即就目前的化身往後算的第三位化身。尊者也說：「那位商羯羅師父曾來史堪德道場，跟我見面。他一定是屢次複述他所聽聞的。開始這樣說的人，是納耶那（即慕尼），以前沒有人這樣說。」尊者在《神的遊戲》中看到作者凡卡他·克里虛那亞充滿詩意的文句，描述尊者從馬杜賴而來，他的身體在天神的車上，橫越天域靈界。尊者把它唸出來，這使我們想起以前所發生的某些插曲。尊者說：「我們在史堪德道場時，於泰月（坦米爾年曆中第十個月分，期間是一月中旬至二月中旬）裡，約有四十或五十名的成員團體，在某個晚上，去環山繞行。出發前，我們飽食盛餐，有印度炸餅等，又喝了茶，他們額外吃了草藥的東西（內含鴉片成分的阿育吠陀草藥、醬膏）。一路上走著一陣子，我們來到這裡附近，一位喀拉拉邦的婆羅門身分人士，名叫阿曼特南達·史瓦米就說：『我感覺我漂流在乳海[12]之上，有一艘船載著我，順著大海航行。』另外一位則說，他感覺他搭乘飛機，在空中飛翔。像是這樣，凡卡他·克里虛那亞說，他在微渺的空靈中旅行。」這個時候，羅摩那塔·迪克悉多爾（自一九一二年以來，他就跟隨尊者）步入廳堂，尊者看到他，就說：「當時那個場合，他是跟我們在一起的。在另一個場合，當時我們住在維魯巴沙洞屋，大家前去徒步繞山，奇達姆巴拉姆·蘇婆羅曼耶·夏斯特里是團體的領袖。當我們來到這裡的附近某處，他提議每個人在環山繞行時，要以「上師虔愛」為主題，講述一段，時間一小時，羅摩那坦是第一個講述的。他們都服用草藥（即大麻葉）。羅摩那坦開始講述，釋明主題，說到蒂魯瓦納瑪萊與拉瑪那、奇達姆巴拉姆與舞神、身體與真我等，都是指同一個。他又以精敏的辯解，力陳二者皆相同的論述，他的情緒如此高昂，以至於超過了他講述時間的限制。他又被允許繼續講下去，但這一講，過了兩個小時，他又講不停，大家只好要他停下來，好讓別人也能接著講述。這是羅摩那坦奇怪的講述方式，出乎大家的預料。隔天，他譜寫了一首讚歌。

巴拉羅姆先生在《神的遊戲》書中，看到一段文字，述及尊者住在維魯巴沙洞屋時，獨自一人在築起一面矮牆，有訪客來到，問他師父（指尊者）在哪裡？尊者說，史瓦米外出了。於是，巴拉羅姆問尊者：「是這樣嗎？」尊者說：「是的。」巴拉羅姆又繼續閱讀下去，看到書上說，那位訪客，待了一會兒，等不到史瓦米回來。第三天訪客又來，待了一陣子，看到洞屋裡只有尊者一人，沒有別人，於是又回去了。途中遇到耶夏摩，耶夏摩告訴他，那一天及今天先前，在洞屋裡所看到的人，除了尊者之外，沒有別人。後來，耶夏摩問尊者，他這樣誤導人家，是否妥當。尊者答說，難道你要我在脖子上掛著鈴鐺，四處張揚說：「我是師父」，或者在我的額頭上，貼著「我是師父」的標誌嗎？

這又使得尊者談到早期穿纏腰布，僅有一條又小又破的毛巾，四處行走，自然而然地，別人看他，不會認為他是位有修行的師父。他說：「在帕加阿曼神廟時，我那條毛巾，殘破不堪，毛巾的絲線都四處散開出來。有一次，有個牧牛童揶揄這條毛巾，向我說：『有位總督要這條毛巾。』我回嘴說：『告訴他，我不會給他！』在公開的場合，我不會把這條毛巾拿出來，我通常視情況需要，把它搓成球狀，用來擦拭我的身體、雙手及嘴巴。我把毛巾洗滌後，放在兩塊岩石之間晾乾，跟我在一起的人不會來這裡。甚至我的纏腰布的上端破損了，我把它反面折過來，將底端當作上端用。當我在林樹之間，我用有刺的梨樹枝當作針，拿線私下縫補纏腰布，所以沒有人知道我纏腰布殘破不堪的樣子。但是，有一天，跟我在一起的人無意間在我晾乾布巾的地方發現了這件事，他們不禁哭泣了，因為他們認為竟然容許這種事情發生，他們犯下不可饒恕的錯，褻瀆了神明。他們的箱子裡，有一大堆的布及毛巾，可以供我使用，但他們卻不知道我的毛巾及纏腰布是如此的破舊不堪。否則他們會很早就為我換新的了。」尊者又說：「我們的穆魯葛納曾將這件事寫在他的讚歌裡，描述我以因陀羅當作我的毛巾（亦即毛巾上有千隻眼孔或破洞），纏腰布用梨樹針刺縫補。但是，若不能知道這些背景事實，就無法瞭解詩頌的正確意思。」他也告訴我們兩則聖者桑德拉穆提的生平事蹟。

一則是他以攀爬在茄子樹葉上，作為禮拜儀式，而別人卻取來作為烹飪。另一則是，有位名叫蘇梅爾鳩魯的人，藉著這些茄子樹葉，得到聖者的協助，在他的火供祭儀中，確認濕婆的示現。

一九四六年二月二日上午

一位訪客告訴尊者，他致力於宏揚神之子民的工作，在這項運動期間，他及工作夥伴，都曾觀視過聖雄甘地，得到他的祝福。甘地告訴他們，假如他們能撮合種姓賤民的女子跟種姓高階的男子結婚，則這樣的婚姻，將會獲得他的祝福，而訪客也懇請尊者在這個議題上，表示看法。尊者說：「若聖雄甘地這樣說，而我們也都聽到了，則我們還能再多做什麼呢？他是一位卓越的人物，致力於這個領域，我們能做什麼呢？」尊者轉向我們，朝我們又說：「若我開口說話，報紙就會登載，說某人和某人說了什麼和什麼，隔天就有人對此評論一番。我們的本分是保持安靜。若我們捲入這裡面，大家自然會論斷，說：『為何他要干預這些，而不保持安靜呢？』同理，若甘地保持安靜，不理會他的行動，大家又會問道：『為何他要保持安靜，而不從事於這些行動呢？』他必須為其當為，而我們也必須為其當為。」

一位阿南達·史瓦米，來自阿布山鎮，提出一些問題，尊者答覆如下：

問：聖典載述，原人神我（*purusha*）的形狀大小，有如拇指般，這是何義？

答：聖典顯然述及原人神我顯化時的相關附屬之物，聖典的意涵，不可能是遍在一切的原人神我，其形狀大小，有如拇指般。

問：原人神我在內心裡嗎？

答：若你指的是肉體的心，則非也。但聖典所描述的心，是轉化的蓮花，內有穴心，火焰在穴心中，這就是全部了。在如此的靈性之心，原人神我可用駐於其上而述說之，而那個火焰，則可能是形狀大小，有如拇指般。

問：了悟真我是看到那個光嗎？

答：安駐在它那裡，並且存在於它，而不是去看到它，這就是了悟真我。

問：在無分別三摩地裡，呼吸會變成怎麼樣？

答：呼吸運行，而沒入其所來處。

問：我想知道，那個時候，是否還有呼吸的氣息嗎？

答：那時可能不是氣息呼吸的型態，而是某種極精微的情形，他們稱之為「摩訶（大）氣息」（*maha prana*）。

問：自然俱生三摩地是什麼？

答：那是我們生命的自然境地。自然俱生三摩地也意味著屏棄我們錯誤的概念。若我們能棄絕妄念，則我們生命自然而然的狀態，便是三摩地。

問：無夢之睡境的幸福，與第四境的幸福，有何差異？

答：幸福並無二致，幸福只有一個，包括醒境的幸福、眾生從最低動物到最高梵天神的幸福、真我的幸福。在睡境中安享的幸福等，是無知覺的，但在第四境中安享的幸福，是存有意識的，那就是差異。在醒境中所享受的幸福，是屬於關聯的附屬性之幸福。

大半個下午，尊者都在詳閱一本筆記簿，那是維克特撤．夏斯特里從諸多《奧義書》中，蒐集所有「梨布」經文的頌語。

一九四六年二月三日上午

收音機廣播，說有四十至五十萬的人聚集要見聖雄甘地。尊者說：「哪裡有地方能容納這麼多的群眾。可能的話，是通往阿拉格爾神廟的道路上。」這使得尊者回憶起，他以前在馬杜賴的時光，他說：「我有個親戚，叔伯之類的，在那間神廟當住持，我偶爾到廟裡，我們在那裡很受禮遇，他們常做一些很好的豐收節供品的牛奶粥，粥裡有很多奶油。有一次，他們給了我這樣的粥，放在大的銅盤上，此外並無他物，於是我帶著這盤粥，走了兩哩路，到叔父的村子。但是我發現，那裡的人家，一點都不在意這些粥，大部分都分給了他們的傭人。這些粥，在他們看來，稀鬆平常，不感興趣。我常去那間神廟的地方玩，神廟的周遭，環繞著各式各樣的建築，由於疏於維護，目前在毀壞中。那些建築曾經是以前君王的官邸。據說，蒂魯摩・那耶克（王）曾住在那裡。當時，這些君王，都在山丘上建造城堡，住在那裡。舉金吉市為例，有三座山丘上，築有金吉城堡，卻都在毀壞中。在這個區域內的帕代韋陀[13]附近，一度是規模很大的城市。漢姆皮是個大城，並且是當時帝國的首府。據說，這個城市，是以壇城的模型而建造，但在某些地方略有錯誤，以致帝國雖然興盛，但其建物無法持久而毀壞。有個傳聞，說早期漢姆皮帝國統治者吠德亞楞耶曾預言，後來一位商羯羅師父也預言，宣稱若帝國的後代或繼位者在某個靈修的地方，以壇場圖案為模型，建造城市，則帝國將會復興壯大，而那個城市將是帝國的首府。有人認為，現在的商羯羅師父，必定是那個註定要應驗這樣命運的人。我們的納耶那（即慕尼）認為，這個城市自然而然以壇場圖案為模型而建造，這是諸神所造，若我們環山而建屋，這個城市會成為偉大帝國的首府，他經常這樣想而談到『自治』，也常夢想規劃這項工作，又說若能實現在獨立自治，他會著手去做。有人說，在山的南邊某處，於古老時期，是一個城鎮。我們能想像現在這裡的房子，是當時要興建的嗎？」

尊者又說，濕婆派的信徒，把阿拉格爾神廟當作穆魯甘（即上主蘇婆拉曼亞）的神廟，甚至當作蒂魯巴蒂神廟，而這個神廟也是六座穆魯甘神廟[14]之一。

下午

尊者在閱讀蒂魯丘立的《地方往世書》，欲瞭解此書如何撰述聖者桑德拉穆提與神殿的關係。尊者對我們詳加解說，當他讀到書中頌揚聖者時，情緒激動，不禁哽咽，幾乎讀不下去，至少有十二次，他是這樣的哽咽，待他稍加自制後，才能繼續讀下去。

一九四六年二月四日

昨天晚上，尊者閱讀蒂魯丘立的《地方往世書》，載述在蒂魯丘立，神化身為卡萊耶爾，呈現在桑德拉穆提面前，要他前往北方邦的坎那普爾。「卡萊」這個字，可能意指公牛，或者隱喻一個有活力的年輕人。書上說，是神的化身，手中拿著一束花及三叉戟的武器。尊者為了釐清某些疑惑，又說，可能的話，最好能再查閱坎那普爾的《地方往世書》。穆魯葛納說，他已將這本書送給道場的圖書館。於是，很快就拿到這本書，交給尊者看。今天下午，他都在看這本書，但是疑惑始終未解，因為這本書仍然使用相同的字語。尊者向我們唸出一些文字，特別在「桑德拉穆提章節」部分，內載一些不為人知的事件。濕婆化身為「卡萊耶爾」，向聖者桑德拉問道：「為什麼你不吟唱我們呢？我們住在坎那普爾。」聖者因此在蒂魯丘立開始唱頌起來，一路吟唱到坎那普爾，途中他停留在蒂魯普奈瓦薩爾，神與女神化身為老人及老婦，來到他面前，向他乞食，說他們很餓。聖者趕緊炊煮食物，但餐食備妥時，他們卻不見了。桑德拉穆提一路在村鎮裡找他們，也遍尋不著；當他回到住處，發現他所備妥的餐食，竟然也不見了。桑德拉穆提心想，這是上主的遊戲，這時，有個聲音出現，說道：「你在這裡幹什麼，還不來坎那普爾我們這裡？」桑德拉穆提回應說：「我該怎麼做呢？你們前去住在森林裡，而我不知道怎麼去。」那個聲音又說：「我會在我的牛隻上，在你的前面行走，你循著牛的足跡走就是。」於是，桑德拉穆提循足跡而行，但是走了一段路後，足跡卻消失不見了，桑德拉穆提再度禱告，足跡又浮現，聖者又跟著走。走了一段路後，足跡又消失不見。在那裡他看到一些林伽聖石，這全部都是林伽的幻相、耀光的幻相，桑德拉穆提不管這些，向既定的方向，一路前行，然後，一座神廟的高聳圓頂在望。

聖者及其同伴，在神廟外的水池浴身，要進入廟時，唉呀！廟宇消失不見了。桑德拉穆提心想，「是不是我沒有先來這裡，使得上主不喜歡我？」於是又禱告，這時神廟高聳的圓頂，一個接著一個，頂峰疊現，神廟赫然在目。尊者向我們講述這些，然後話題轉到桑德拉穆提的《德凡羅》這本書。看看在這本書內是否可以找到神殿裡最後載述激情虔誠及禱告的事，但也沒找到。不過，尊者仍然讀《德凡羅》幾遍，把自己渾然融入於詩頌的情懷裡，強烈激動，哽咽不住。他有時在情緒激動時，會將書本擱置一旁，但這時他並未如此，而是強力自制，唸完整本《德凡羅》。尊者特別指出，詩句中聖者說的神，對人而言，有如甘露，是其內心冥想的實相，超越一切的情感；他也說到一些聖者稱呼神、我的朋友、上主或師父的詩句。他把書本擺放一邊，稍後，穆魯葛納步入廳堂，尊者說：「現在他來了。」我便向穆魯葛納解釋，為什麼尊者要這麼說。不久，尊者向穆魯葛納講述上面我所記錄的整個故事。

今天下午，泰勒亞可汗太太說：「尊者，我要報告我在蒂魯科盧的經歷。雖然我以前去過蒂魯科盧很多次，但我從未到過尊者走訪的神廟，所以這次我專程去參訪神廟，並由維斯瓦納特陪同引導我去看這些廟。我們先到阿拉耶尼・那魯神廟，時間在一九四六年二月二日上午八時，我們抵達時，看見大門深鎖，我感到徬徨，神廟的內外，都杳無一人，我不知道該怎麼辦，便熱切向尊者禱告，我必須看到尊者走訪的神廟或其他地方。維斯瓦納特告訴我：『我們先在廟的外圍走道上繞行，然後看要怎麼辦。』於是，我跟他一起繞行，而我一心在向尊者禱告，我不應該鎩羽而歸，我一定要實現這次的參訪。當我們在繞行神廟時，我發現神廟的某處，有水及牛奶等流質，從廟裡面滴流下來。我告訴維斯瓦納特，他說可能是聖水等流液滴流下來。當我繞行到廟的第四個角落時，我驚奇發現廟門微開，好像有人在偷偷告訴我們，要悄悄地進來。我們繞完全程後，便進入廟裡。在廟內，我們看到一位年老的僧侶，臉龐可愛，我們待在廟裡時，他對我們不發一語。他為我們在神像前搖燈火、供奉花等，又在我們請求下，點燈照亮所有昏暗的地方，讓我們能參看。當我們步出神廟後，又再次繞行神廟。我們參訪完畢後，廟門又鎖上，那位老人也走了。我感覺那是出於尊者的恩典，使廟門打開，又使我們在那一天能夠觀視神。」尊者問維斯瓦納特：「你曾問過那個老人是誰嗎？」維斯瓦納特答說：「沒有，我沒問。」

一九四六年二月五日

尊者一直在看《卡萊耶爾科爾往世書》，今天的上午及下午，他向我們解說書中幾個不同的章節。他深受書中詩頌讚歌及故事的吸引，便在整個上午，一直向我們解說，直到報紙送來時。隨侍克里虛那史瓦米為此感到很煩，但他不承認他好像老是在聽收音機，他說：「這些故事，尊者一談起來，就沒完沒了。」他責怪我們只是傾聽，就是這樣，才鼓勵了尊者說個沒完。他不能瞭解文字上覽讀的樂趣，就像尊者有此興趣，也願意分享給別人。尊者向我們解說，一首詩頌如何顯見其功力，而一個章節詩句，如何使一個詩人耗費數日的苦思而譜成。

一九四六年二月六日上午

昨天夜晚，稅務行政副局長拉傑拉特那·穆達利爾，在轉往古達羅爾途中，抵達這裡，來向尊者辭行，我請求他交給我一份他保存的詩文，是關於神與女神的詩頌讚歌及對話等，廟裡祭師們於節慶中所使用的。昨天晚上，我給了尊者一份同樣的詩文，以便他能閱讀。當今天上午七時四十五分，我走進廳堂時，尊者在讀這份詩文，也講述給旁人聽。尊者看到我，就說：「你剛到嗎？」他才解說完某節詩文要點後，為了我又從頭開始再讀並解說，直到結尾。我發現拉傑拉特那先生所保存的詩文，並不完整。我承諾去找出其他尚未收集的廟裡祭師所用的詩文。

今天上午十時至十一時之間，在神廟的前面，舉行尊者的新廳奠基儀式，尊者與會。建物承造的建築師（瓦達那塔·史塔帕帝）簡短致詞，說他希望能在一年內竣工，也需要尊者和全體信徒的合作與善心。一些信徒，響應捐款。首先，有位寡婦走過來，向道場管理人捐款，管理人拿著捐款，放在地面的盤子上，說道：「這筆款項，是這位女士所捐，作為她的奉獻。」於是，信徒紛紛解囊捐款。我猜測，當場的捐款總額，不會少於兩千盧比。有位來自蒂魯基盧的廣播電台歌手，唱了幾首歌，頌揚尊者。這場儀式，在我們友好信徒間的會餐中結束。

下午

截至現在，尊者已經閱讀大部分卡萊耶爾科爾神祠的書（指《卡萊耶爾科爾往世書》），他對「卡萊耶爾」的看法是，其字義僅是一位年輕健壯的人，而非指公牛，亦即卡萊耶爾，以年輕人的形相，在蒂魯丘立附近，顯現在聖者桑德拉穆提面前。

晚間

吟唱吠陀經文之後，有個人來向尊者說：「明天上午，我們會去我們的村鎮。」尊者說：「是的。」那人就離去。尊者轉頭向隨侍問道：「東西還沒給他們嗎？」隨侍出去探詢，回報說：「他們還沒拿到，但東西已備妥了。」

我正納悶這到底是怎麼一回事。尊者說：「當我在史堪德道場時，有位叫阿南瑪萊．史瓦米的人，他死於一九二二年的泰月（坦米爾年曆第十個月分，在一月中旬至二月中旬期間），葬在伊桑耶靈修院附近。今天是他師父的週年忌日，他的親戚每年都會來祭拜，他們在那裡分送食物給貧民，也在這裡留下一些米等食物。我們也把我們一些拜神的供品（如炸餅、粥等）給他們。通常在他師父的普迦祭拜日，他們會吟唱那位阿南瑪萊．史瓦米譜寫的讚歌，加上我們坦米爾的吠陀吟誦，但我不知道今天他們會怎麼進行儀式。」我說：「若已成為習俗慣例，則同一天我們也該這麼做，這還有什麼懷疑的呢？」

這時，巴拉羅姆問尊者，那位阿南瑪萊·史瓦米是誰？於是尊者拿出一本卡麥斯出版的尊者生平的書冊，內有一百一十張插圖，向我們指出一張團體照的圖片。阿南瑪萊·史瓦米站在照片裡的最右邊末端。尊者說：「我母親一向很喜歡他，他死於泰月，母親則在瓦卡西月（坦米爾年曆第二個月分，亦即五月中旬至六月中旬期間）逝世。」我們看到照片裡的尊者，十分清瘦，尊者說：「那是因為當時我過著日食一餐的生活，好像是一年之中，我只吃一天的飯。不過照片中我的狀況，不足為道。你們應該看我在古魯墓廟時的照片，那時我更是只有皮包骨，身上一點肉也沒有，所有的骨頭，包括鎖骨、肋骨及臀骨，全部外露，也看不到我的胃部，都附著在背部，退縮到那麼遠，所以我在這張照片裡的狀況，還不算太差。」我們問尊者，這張照片是何時拍攝的。他說大約在一九二一年，在慶祝生日時拍的。話題便從這裡轉到尊者首次在此地拍攝照片的事。於是，他說在一九〇〇或一九〇一年，政府派了一位攝影師來這裡，拍攝了一些人。當時我們這裡並無攝影師。這位攝影師是庫姆巴科納姆嚛語師父的門徒，曾耳聞於我。他給了我一張他的庫姆巴科納姆嚛語師父的照片，也拍了我。第一張團體照是在一九〇六年左右拍的，裡面有六個人，有我、巴拉尼史瓦米、施瓦雅（當時他尚未成為庫特拉姆的嚛語師父）、帕查·皮萊（當時是此地的公共衛生檢查員）、倫格史瓦米·艾晏伽（貝斯特公司的代理人）以及社服員謝夏·艾耶，我們沒有這張照片，艾晏伽的家族可能有一張，但我們這裡找不到。」這時，泰勒亞可汗太太問尊者，「沒有尊者孩童時的照片嗎？」尊者說：「早期像蒂魯丘立的地方，並沒有攝影師，但我在七或八歲時，有位法國攝影師來這裡，他在蒂魯丘立拍攝地方行政副首長等人的團體照，他暫住在醫院的後面，他拍完了副首長等人的團體照後，我的叔父納里爾巴·艾耶也請他拍照，叔父希望我能站在他旁邊，所以把我從學校叫來跟他一起合照。」

「我疾速趕來，用剛理髮後的高額頭頂，一路向前直衝飛奔，幾乎把頭上一小撮散髮藏在頭頂後。我身上穿的長袍，沒有鈕扣，寬鬆垂掛著，毫無準備要去照相。我抵達現場時，叔父坐在醫院院區的一把椅子上，那裡有巴豆樹，可作為好看的背景，而攝影師正忙著調整他的照相機。我被安排站在叔父的左邊，右手放在叔父椅子的左邊手把上，又從醫院借來一本大型的書本，要我挾在左臂的腋下。就這樣挾著，我被拍照了。但壞事來了，就在拍照的當下，有隻蒼蠅停在我的臉上，我舉手要揮走那隻蒼蠅，結果拍出來的照片是，我的右手在空中揮著。這張照片，我們也沒拿到，除此之外，並沒有我孩童或少年時期的照片。」

一九四六年二月十日

約在上午十時三十分，T．K．多萊史瓦米．艾耶先生（退休教授，因為尊者的關係，在道場定居。）呈示一封雷達克里虛南的信函，是回覆T．K．多萊史瓦米．艾耶函請他提供一篇文章，以便登在慶祝尊者抵達蒂魯瓦納瑪萊五十周年的紀念文集裡，他也被函請跟伊文茨先生聯絡，也請其為紀念集，奉獻文章。雷達克里虛南回覆的信函說，他會遵照辦理。尊者拿出《真我了悟》一書，向巴拉羅姆指出書中團體照片裡的這位伊文茨先生，在照片中，格蘭特．都夫坐在尊者左邊，伊文茨坐在右邊。

尊者說，這是雷達克里虛南要格蘭特．都夫來這裡的。格蘭特．都夫在《五讚頌》[15]的導言中已確認上面這項事實，雖然文中未述及雷達克里虛南的名字。

下午

我在閱讀納拉史瓦米．皮萊的《濕婆真知教導》時看到一段文句，質疑《往世書》上說濕婆可以在任何地方，化身出世，成為任何人物。我問尊者，難道濕婆不是在這裡出世為瓦拉拉．馬哈拉吉的兒子嗎？而且理應每年要對瓦拉拉．馬哈拉吉有年度的祭儀活動嗎？尊者解釋，即使根據故事所述，濕婆絕不是從女人的子宮出生的，當瓦拉拉的妻子接近濕婆時，濕婆是老人之身，在瓦拉拉的指令下，她發現老人立即蛻變為男孩，她便叫丈夫過來，兩個人都要去抱男孩，但男孩消失不見了，然後神告訴瓦拉拉，向他保證，說男孩自己會為他辦葬禮，而且每年行祭儀。在此議題上，尊者為我講述在《蒂魯瓦列雅鐸往世書》的另一個故事，說神最先化身為一位老人，然後變成年輕人，最後變成小孩。這個故事可以在《維里達》、《庫瑪拉》、《巴拉．帕達拉姆》等書找上。

一位年長的訪客，是尊者的信徒，帶來一本坦加維魯．那達爾寫的書，書名是《拉瑪那帕克耶南姆》，我從書名猜想是有關尊者的生平與教導的書，但尊者告訴我，這只是有關尊者一些「納迪」占星命盤[16]上的詩句，並附有某位人士的註文，那位人士當時是坦米爾文報紙的編輯。尊者又說，除了這個占星命盤外，有些信徒還追踪他一些不同的星象命盤，送來道場。因此，我論道：「據說這些星象命盤，在各方面，都不正確。」尊者說：「不同的人，在不同的地區，都有不同的納迪占星的解讀，而我們也一無所悉。這位坦加維魯．那達爾，原先是在庫姆巴科納姆。通常在廷迪瓦納姆，有精通星象之士，大家去找他請示，他都會告訴他們說『你們必須在某日某時，去觀視拉瑪那尊者，這件事顯示在納迪星象上』於是，他們來這裡，告訴我這些事。」

「我住在史堪德道場時，賈達史瓦米遇見某些人，據說精通手相，而且能追踪其人的星象命盤。那個人顯然看過賈達史瓦米的星象命盤，賈達史瓦米信之不疑，於是，他帶著一位手相師來看我，說道：『這位是這方面的專家，我們甚至花大筆錢，都不一定能請到他來。他看手相極為精準，剛好他來我們這裡，真是幸運，我就帶他來看你，請你出示你的手掌給他看，他會告訴你未來的一切。』我拒絕了，他設法勸我，但我始終不肯出示我的手掌給他看，我告訴他說：『我們對現在都還不能瞭解，為何要知道未來呢？』」

一九四六年二月十一日上午

我有位老僕人，名叫迪瓦克倫，跟我一起來這裡，尊者似乎不認識他，我便提醒尊者，並且說他現在在柯欣工作，很靠近他出生地的鄉鎮。於是話題談到柯欣城邦，尊者說，瑪達維·阿瑪（P.C.那姆爾博士的妻子）曾寫道，現在城邦的君主，是她妹妹賈娜姬的公公。我接著說，普蕾巴瓦蒂（迪瓦斯城邦的公主，以前在這裡待過，現在嫁給潘達萊博士家族的賽克倫先生）跟特凡科爾城邦有關聯，現在我們這兩個城邦連結在一起。

尊者說：「是的，是的，還沒締結這個婚姻之前，是經由潘達萊太太，現在則經由普蕾巴瓦蒂。」

下午

尊者深入閱讀《卡萊耶爾科爾往世書》，告訴我們說，「神及女神化身為老人及其妻子，顯現在聖者桑德拉面前時，不是在蒂魯普奈瓦薩爾這個地方，我發現是在蒂魯丘立。當神告訴桑德拉，要前往坎那普爾，聖者桑德拉似乎是要去蒂魯普奈瓦薩爾，可能是因為他想要經由那條路，到達坎那普爾。就在那裡，桑德拉遇見神祕消失的老人及其妻子，也聽到神的聲音。尊者也請人從圖書館拿了一本書，書上有全部朝聖處的地圖，尊者看到蒂魯普奈瓦薩爾在坎那普爾的東方，位於海岸邊。

尊者也要維斯瓦納特在他使用坦米爾文撰寫的《蒂魯丘立·泰拉·瑪希瑪》手稿中，於「桑德拉穆提的章節」中，增添資料，因此維斯瓦納特據以增補，撰寫了一份記述，尊者詳閱後，建議幾處修正。

一九四六年二月十二日

約有五十名成員的團體，多數為婦女，穿黃褐色的沙麗，屬於在安得拉邦科肯納達的薩奇德南達道場，跟著他們的上師羅摩·拉西嘛瑪到訪，並且參與上午的吠陀經文吟誦。

下午

娜葛瑪讀她手中泰盧固文版的《卡萊耶爾科爾往世書》裡「桑德拉穆提章節」的故事，尊者傾聽，必要時加以更正。讀完之後，維斯瓦納特走進來，尊者建議上面章節的詩頌部分，應抄錄一冊，保存下來，俾與《蒂魯丘立往世書》互相參照。尊者已經抄錄一些上面的詩頌，維斯瓦納特說，他會完成抄錄。

晚間

來自科肯納達的團體，在廳堂參與吠陀經文吟誦，稍後又唱誦「濕婆讚歌」及梵語的「濕婆·瑪希瑪讚歌」。

一九四六年二月十三日上午

吟唱吠陀經文後，尊者對一位留有鬍子的男子講話，他年過中年，看起來硬朗。我走過去坐在他的旁邊，尊者告訴我：「這位是葛加南，別名是戴瓦拉特，他提問的答案都記載在《拉瑪那之歌》第三章裡。一九一七年在史堪德道場時，他就跟我們在一起。」我隨即說：「我知道，他是在尼泊爾的那個人，有一次，尊者探詢到他之後，他的相片及信函，就飛馳而至。」別人可能不甚知道此事，於是尊者說：「幾年前，慕尼的兒子瑪哈迪凡來這裡，我正詢及這位葛加南，我們十年沒聯絡了，所以我問到他。當我們在談話的時候，有郵件到來，包括一件內有書籍的包裹，我先看信件，包裹擺一邊。當時我們正說這位葛加南，那件包裹就在我的身邊。我跟馬哈迪凡說完話後，拆開包裹，赫然看到裡面有葛加南的信函、照片及書籍等物；他在信函裡寫道，他雖然人在尼泊爾，但始終在我的腳下。這好像是在答覆我向瑪哈迪凡談及葛加南何在的詢問，而葛加南似乎在說：「我在這裡（亦即郵包中照片的我在這裡），我始終在你的腳下。」

那個科肯納達的團體，請求尊者能用他的手，輕觸在他們的頭頂上，或者允許他們跪伏以頭頂接觸尊者的腳。尊者的答覆如常，說道：「用你的心去接觸。」

在早餐進食時，尊者問道，葛加南現在人在哪裡，他打算拿些什麼東西。有人回報說，他去洗澡了。然後，尊者說：「他什麼東西都能吃，假使你給他一些軟嫩的楝樹葉子，以及一小盤牛的尿液，他也可以當早餐吃，他以前像這樣過日子。」

約在上午十時三十分，葛加南在廳堂展示尼泊爾的動物之神帕蘇帕帝神像，並解說其奧秘的意旨。

有一位身穿橘色長袍的師父，名叫賈達加迪斯瓦拉南達，來自中央邦烏賈因於今天上午來到道場，不一會兒後，有人讀他致尊者的信函，說他要來這裡。這個人在信函寄到之前，就在這裡了。

晚間，葛加南向尊者講有關尼泊爾的事。在述及別的諸多事件時，他說道：「在尼泊爾，有三座重要的神廟，全部都很神聖。國王對宗教很虔誠，所以在此有個傳統慣例，就是國王要做什麼事，或者要去哪裡，都要先得到神廟諸神的允許。在這個國度裡，屠殺牛隻，通常要判死亡，現在則是終身放逐。若鞭打牛隻，又有流血，則那個人要處以三個月監禁。國家也有自己的錢幣。」葛加南出示一些錢幣給尊者看。巴拉羅姆說：「他在吟唱讚歌時，心志高昂而極熱誠。我們應該找一天，讓他在這裡吟唱。」葛加南說：「喔，是的，我甚至現在就可以吟唱，不會害怕，也不害羞，你們有鈴鐺的串珠嗎？可套在我的腳踝上，還有什麼伴奏的樂器嗎？」尊者也說：「他一定有一些可發聲的樂器，像口琴之類，也有一些伴奏的樂器，像長筒雙面鼓或小手鼓，以及一些銅鈸等。」然後，話題轉到尊者及這幾天跟同伴的環山繞行。巴拉羅姆問道，葛加南在行走時或休息時，是否也都在吟唱讚歌？尊者答說：「喔，走路時，他也在吟唱，他也會從路的一邊跳到另一邊。他總是活力十足，熱情洋溢。」葛加南說：「那時我很年輕，不過現在我也能這樣。」大家又討論何時何地安排葛加南來吟唱，葛加南認為需要有較大的空間，好讓他來邊唱邊走動，最好是安排在用餐的廳堂。

一九四六年二月十四日

上午收到郵件，有一封信，是用法文寫的，巴拉羅姆先生為尊者譯成英文。這封信是一份期刊叫《靈性》的編輯群寫的，期刊旨在探討戰爭期間德國集中營的事，期刊也出版一本約六百頁的書，書名是《人類的重建》。他們說他們的觀點，與尊者近似。他們認為，人在無自我的境地，非但不會空虛，反而更能看到自己極深邃的深度。他們說他們屬於生主（吠陀梵書的創世神）的吠陀之友，他們希望明年能來印度，參訪蒂魯瓦納瑪萊及朋迪切里。

下午，一位訪客吟誦一些坦米爾語的《德瓦羅》等頌文。晚間，持誦吠陀經文之後，約在六時三十分至七時三十分，尊者的老信徒，葛加南先生在餐廳，為我們表演吟唱讚歌，尊者坐在平常的位置上。這種吟唱的方式，是屬於北印度的風格，而他至少也有五十歲了，竟然能夠又跑又跳，真是令人耳目一新。

一九四六年二月十五日

來自庫姆巴科納姆的羅摩史瓦米．艾晏伽先生，宿留在帕拉卡圖（道場旁信徒聚居的園地），於今天上午二時逝世，康猶史瓦米即時通知尊者。羅摩史瓦米．艾晏伽臨逝時，口中仍唸著尊者的名字。

尊者對柯隆伯．羅摩強德拉的健康，剴切垂詢，因為他深受坐骨神經痛之苦，迄今已有一週，昨天晚間，送去公立醫院就診。今天道場收到的信件，有一封信，來自一位女士，名叫凱米絲瓦拉瑪，函中詢及身體可否永生不朽，請示尊者的意見為何。尊者閱讀信函，略加評論，這又引起訪客的提問。尊者對此議題，覆述其眾所周知的見解，略謂如下：

「正如這位女士所述，有人倡導能使身體不朽，他們以食譜、藥材等物品，希圖使身體完美，對抗死亡。通靈學派（在南印度，眾所周知）信奉這種教旨。范卡史瓦米．饒以此宗旨，在庫姆巴科納姆開辦一所學校，在朋迪切里，亦設有協會組織。也有某些學派，相信藉著神力降臨，可以使人轉化成超人，一如信函上所言。然而，這些人在撰寫身體不滅的長篇論述、服食藥物、奉行瑜伽食譜，以期完善其身，希圖不朽之後，終究一朝而身亡！」

這時，有人提出質疑，問道：「那麼，聖書上所謂的『永生者』是怎麼回事？」尊者答說：「他們是以有形的身體而呈現的嗎？他們僅是呈現在你的冥想中。」話題又移到他們是否有其個體性，尊者說：「一旦你是有個體性的，你就能看到他們的個體，而不是在後來才看到！」

晚間，葛加南（戴瓦拉特）告訴尊者：「當納耶那前去戈卡爾納，他幾乎到過每一戶人家，展現他卓越的學識，但無人理會。現在，他們看到他的一則詩頌，便欣喜若狂，大叫著：『多麼有詩意的天才！』若他們拿到一張他的圖像，便當作神明來膜拜。這個世界似乎一直都是這個樣子。有個關於瑪切德拉·納斯[17]的故事。據說，他曾宣稱：『若有人給我兩張普蘭煎餅[18]，我將傳授真知給他。』但人皆不理會，唯獨葛拉納斯聞訊後心領，便說他將帶煎餅過來。於是他跑到一個大城鎮，爬到一棵高大的樹上，倒掛在樹枝，把頭垂下來，底下燃起一盆小火，叫一位門徒端坐在他的旁邊。全鎮的人見狀，紛來聚集圍觀，驚呼：『這是何等的苦行！有個大師父，來我們這裡了！』眾人對這樣的苦行，都前來提供各種服侍，並呈獻供品。那位門徒向眾人解釋，說師父只接受一種供品，就是最好的普蘭煎餅供養千人。就這樣設計安排，葛拉納斯拿著兩張煎餅，跑去找瑪切德拉，他告訴眾人說：『你供養了千人，我將前往恆河，向恆河獻上煎餅。』葛拉納斯向瑪切德拉說：『師父，我帶來了兩張煎餅，現在請你傳授真知給我。』瑪切德拉拿著煎餅，咬了幾口，其餘的丟給鳥、狗、及丟到河裡，然後瑪切德拉和葛拉納斯兩人，消失不見。瑪切德拉傳授了真知給葛拉納斯。」

「這個世界，似乎都是這個樣子。偉大的人物在世時，很少受到尊重，也罕見世人能評定其真實的價值，甚至商羯羅，終其一生，被當作虛偽的惡魔，而備受攻擊之苦，但是現在，他不僅在這裡，被視為世上最偉大的宗教、哲學思想家，而且享譽全球。」尊者說：「商羯羅與瑪切德拉，有另一個相似處。據說，瑪切德拉喜歡有女人作伴，而常忘記他預定要回家的時間，於是他的門徒葛拉納斯前去唱歌，以提醒他，把他帶回來。類似這樣，據說商羯羅的門徒，吟唱〈上師讚歌〉，把商羯羅帶回家。」葛加南接著講到葛拉納斯，說他在尼泊爾，從國王以下，備受尊崇，而國家錢幣上也鑄印葛拉納斯的名字。葛加南說：「葛拉納斯在世時，國王似乎常拜訪他。當葛拉納斯聽到國王蒞臨時，他僅向國王啐吐口水，國王為了避開唾液落在他的王冠上，便向後退了一步，唾液於是滴落在國王的腳上，據說他向國王說：『你不讓唾液落在你的頭頂上，否則你將成為一位大帝國的領袖，但唾液只落在你的腳上，則你將是一個小王國的師父。』」

話題又轉到幾位聖者行神蹟，葛加南提到一位瓦蘇迪瓦·薩拉史瓦提葛拉納斯，說道：「他行遍印度，尊者認識他，他曾來這裡。他行一些神蹟。一天的上午，他在克里虛那的地方沐浴，中午他在瓦拉納西的恆河浴身，晚上又有第三浴身的地方！」葛加南接著又提到史瑪塔·羅摩達斯[19]和他的奇蹟，故事如下：

「他有位門徒，極尊敬他，常把蒟醬葉和檳榔，放在口中咬碎，然後才供奉給他。羅摩達斯的其他一些門徒認為這樣有辱神聖，前去向羅摩達斯說：『請他帶研磨杵和研缽來，讓他為你每天研磨蒟醬葉。』羅摩達斯於是對這些門徒說：『是的，去向他要求帶研缽來。』因此，他們去向這位門徒說：『師父要我們來向你拿研缽，那是你每天為他研磨蒟醬葉的東西。』那位門徒說：『稍等一下，我現在就拿給你。』說著，他拿了一把劍，砍掉自己的頭，拿給那些門徒！當那些門徒提著頭顱，來見師父，師父說：『你們現在看到了一個虔愛奉獻的人，而遭受你們的誤解和中傷了嗎？去把他的頭，放回到他的脖子上。』那些門徒遵其所言，這個人又恢復了生命。」葛加南繼續說：「這把劍，叫做『巴瓦尼』，羅摩達斯呈獻給希瓦吉[20]，這把劍需要四個人才能操持，但希瓦吉可持握之，現在被英國政府保存。」

一九四六年二月十六日上午

葛加南請求尊者允許，前去探訪史堪德道場。尊者對他說：「可以。」但轉向我們說：「當時他的狀況跟現在，又有什麼不一樣呢？他和我們住在那裡，有六個多月，也可能有一年。他會到鎮上乞食，吃沒有鹽的米飯。」這時，有位信徒說：「那個時候，道場後面岩石旁邊，沒有房間，現在我發現有個房間，把岩石當作西邊的牆壁，通常我們把那裡作為狹窄的通道。」尊者說：「是的，那個房間是新的，我住在那裡的末期，有位蒂魯瓦納瑪萊的佛里達佳拉·古魯卡爾建造那個房間，在那裡安置安比卡女神，用來對神祇行普迦祭儀。他在那裡，是為求得神通，展示一些神蹟，例如得到聖灰、糖果、錢幣等，有時他頓入三摩地，長達四十天，後來他被這些神通，引入歧途。」

約在上午十時，尊者垂詢羅摩史瓦米．艾晏伽的逝亡，以及遺體處理的情形。有人回報說，遺體在這裡火化，骨骸葬在庫姆巴科納姆。尊者說：「好的。這似乎是亡者的心願要辦理的。」又說：「他，艾晏伽，一定是在團體照的相片其中一位（當時他很愉悅地站立著）。」尊者說著，便翻閱一本有一百一十張插圖相片的書，以及《了悟真我》一書，但找不到他想要看的相片，於是他說：「一定是在另外什麼地方，是在早期的版本，或者掛在餐廳牆上的那些相片中。」

晚間

吟唱吠陀經文之後，尊者介紹葛加南給此地的梵語學者拉猶．夏斯特里，說道：「葛加南寫了一本書，書名是《帕蘇帕帝之心》。」這本書出示給夏斯特里看，葛加南從書中唸了一些詩頌。葛加南也告訴我們，在尼泊爾，帕蘇帕帝的神像有五個面貌，其中四個面，朝向四個方向，第五個面，在頭頂上。神像的每個方位，都有雙臂。尊者向夏斯特里說：「在尼泊爾，有個地方，叫烏塔拉．哥卡南姆，那是個很重要的神廟。尼泊爾的君王對葛加南很友善，要他留在那裡，擔任首席祭師或類似的職位。」葛加南說：「是的，君王對我很仁慈，他要我留在那裡，至於做什麼，我就不知道了，他的心裡，自有一些想法。」

一組團體，有四十名女士，由巴拉尼來的丹達帕尼·史瓦米的次子引導，進入廳堂。這個團體的成員有凱西阿瑪及一些信徒。凱西阿瑪是蘇婆羅曼耶·夏斯特里道場的現任住持，道場位於貢土爾區的麥地瓦里帕南姆。她們在尊者面前，詠唱一些讚歌，然後離去。

一九四六年二月十七日上午

P·D·舒羅夫先生，來自德里，於今天上午抵達道場。他向尊者說：「我遠離你時，我感到苦。當我在德里，遠在千里之外，我感受有一股拉力，好像你是位殘酷的愛人，總是把你自己拉到遠處，而我一定要來這裡，不管付出什麼代價，但是當我來到這裡時，你又好像是個普通的人。這是怎麼回事？」尊者說：「事情總是這個樣子。人有分離時，總是想要來。」

下午

客問：造物是如何來的？有人說，是由於業力。另有人說，那是上主的神性遊戲，其真實者為何？

尊者：聖典有各種載述，那麼有所謂造物嗎？只有在造物存在時，我們才會對它是如何來的，加以解釋；除此之外，我們一無所知。但是，我們現在是存在的，乃是千真萬確。為何不去知道這個「我」及這個人，然後再去看是否有造物？

一些年輕人，持有來自馬德拉斯的羅摩克里虛那傳道會的引介，來到道場，問尊者：有何適當的修行法門，我們得以遵行？

尊者：你說到法門，那麼請問，你現在在哪裡呢？你又要去哪裡呢？若你能知道這些，則我們可以談談法門，先要知道你在哪裡，你是什麼。並沒有什麼要去抵達的，你始終是真實地在這裡，但你不瞭解它。就是這樣了。

稍後，有位訪客問：我現在行持咒的法門，這可以的嗎？

尊者：是的，那是很好的，你可以繼續持行。

那位剛才問造物的男士，說道：我從未想到，我多麼幸運能訪見到尊者。整個週遭環境帶領我來到這裡，使我出現在你的面前，而我絲毫不費力，我是這麼的平靜。顯然地，擁有平靜，並非倚仗我們的努力，這似乎只有來自恩典的果報！

尊者沉默。

這時，另一位訪客說：不！我們的努力是必要的，雖然沒有恩典就沒有作為。

過了半晌，尊者說：持咒一段時日後，會引導你來到一個階段，那時你本身將成為你所持誦的咒語聖名。首先，你以口持誦，後來，你在心上持誦。剛開始時，你行這種冥想，會有中斷，後來就不會有中斷，到了那個階段，你瞭解到你冥想時，你無須費力，而那個冥想，就是你生命真實的本質，在此之前，努力是必要的。

晚間，凱西阿瑪的團體再次來見尊者，在吟唱吠陀經文之後，她們唱頌一些讚歌。在離去之前，凱西阿瑪向尊者佇立著約數分鐘，這時尊者注視著她，但又好像沒有在看她（我的意思是，尊者投以深邃凝眸的眼光，那是他不尋常的眼神。）然後這位女士問道：「尊者能否親口惠示了悟真我的個人體驗？」尊者無語，數分鐘後，凱西阿瑪一行人辭行。凱西阿瑪離去後，尊者說道：「她自己以個人的體驗而如此吟唱，並非她不知道個人的體驗，而是她要從我這邊聽到我的個人體驗。」

一九四六年二月十八日上午

尊者閱讀泰盧固文的《蒂魯丘立地方往世書》，是娜葛瑪編撰，取自維斯瓦納特所寫的坦米爾故事。

下午

T．S．拉賈戈柏是道場以前的老隨侍及圖書館員，前來參訪。尊者告訴我：「他在他的訪查行程中（最近他成為《馬德拉斯郵報》的調查員，總部在特里奇。他現在正在訪查我們。現在我們每天收到一份郵報。郵報的本地分處告訴我們，在訪查員的指示下，每天送一份郵報給我們。

一九四六年二月二十四日上午

約在上午十時三十分，泰勒亞可汗太太，前來走近尊者，站在他的座前，問道：「尊者，我能說一些話嗎？」接著繼續說：「我有一位摯友W太太，她是美國洛杉磯一位知名官員的妻子。一九四二年時，我在這裡，當我坐在這個廳堂時，我接到她寄來的一封信，信中她傾心細述她的丈夫如何愛上別的女人，丈夫一拿到離婚判決書，便跟別的女人結婚。她是位相當美麗的女人，尊者，他們有一個很可愛的女兒，年約十七歲。她是上流社交圈的名媛，若社交圈沒有了她，那麼所有重要的社交活動就進行不下去，所以她極度悲傷而寫了這封信。我深受感傷，無比同情，便向尊者禱告，為她祈求解脫。我回信給她，附上一張尊者的小相片，告訴她說：『不要沮喪，妳的丈夫會回到妳身邊的，我現在跟某位偉大的人物在一起，我送一張他的相片給妳，妳可以放上桌上，我每天會為妳向他禱告，妳也要向他禱告，妳將會看到妳的解脫。』但是這位摯友極為哀傷，她又如何知道尊者及有關這方面的事呢？她覆函給我，說：『妳所說的，是不可能的，他不會回來的。』我再去函，說：『我們的尊者，沒有不可能的事，所以照我的建議，妳持續做下去。』現在，尊者，今天我收到她的航空信函，說她的丈夫已回到她身邊，而她將再度建立一個新的家庭了。她寫道：『不可能的事發生了，妳的這位『先生』(指尊者)，真的運作了奇蹟。現在，我和我的丈夫一定要來看他。我們要搭飛機過來，參訪妳的師父，雖然航程所費不貲。請告訴我，妳那裡可有旅館，以便我們能前來留宿。』我已經為這位朋友，向尊者禱告，我很高興尊者為她有所施為。現在閱讀這封信，我不勝感激之情，潸然淚下。」

我接著說：「尊者還有什麼不可能的事呢？」並且告訴尊者：「就在昨天晚上，舒羅夫抱怨他必須返回德里，他說：『這件事實在無望，令我十分痛苦，我似乎沒有機會能再來這裡。假使我能六個月來一次，或一年來一次，我不至於有這麼分離的感覺，但這件事完全是不可能，真令我不堪煩惱。』」我把泰勒亞可汗太太對她朋友所講的話，如實告訴舒羅夫。她說：「有了尊者的關切，則沒有不可能的事。你可以在馬德拉斯轉機，你也可能迅速致富，而能擁有一架自己的小型飛機。藉著祂的恩典，有什麼事不能發生呢？」

奧斯本太太向尊者說：「凱蒂來函，函中表達對尊者的敬愛。」尊者朝向我，說道：「她現在變得害羞，她離開這裡後，她要她的父親前來這裡，並轉告她的口信說：『我希望尊者不要忘記我。』而我告訴她說：『你不會忘記尊者，尊者也不會忘記妳。』」

一九四六年二月二十五日下午

泰勒亞可汗太太引介一組團體，是沈小姐以及泰勒亞可汗妹妹麗達的一些朋友（其中有一位饒上校，將與沈小姐結婚，以及來自印多爾的一位女士）。我向尊者說，這位麗達女士，在她的生命中，曾經歷奇蹟，可請泰勒亞可汗太太談談她。於是，泰勒亞可汗太太向尊者敘述如下：

「尊者，麗達就讀醫學院，並在倫敦的醫院受訓成為一名護士，在當時此地的總督夫人，亦即威林登夫人的一些設備完美的醫療院所工作，但是那裡的護理長，一開始就不喜歡我的妹妹，只因為她的膚色，就待她如糞土。我的妹妹全都忍了下來，並且經常向她篤信的聖德蕾莎禱告。她的困擾，來到頂點。事情是這樣的：大約在她要參加考試的前一個月左右，當她在實驗室，打開一瓶裝有酸質的東西，她的眼睛突然被酸物噴灑到而受傷，眼睛必須包紮等天，在考試日逼近之前，尚未能痊癒。就在考試日的前一天晚上，她上床就寢，發生了神奇的事情。她聽到有輕微的腳步聲，有人打開房門，悄悄地走進她，那個人在走動中，衣服發出沙沙聲，依稀可聞，那個人來到床邊，拿開我妹妹眼睛上的繃帶，我妹妹睜開雙眼，看到她最敬愛的聖德蕾莎，就站立在她的旁邊，手中拿著一束卷軸，聖德蕾莎打開卷軸，我妹妹看見上面寫著所有的問題，那是明天考試要考的題目。我妹妹有充分的時間，逐一讀取題目而牢牢記住之後，那個異象就消失，而我妹妹也起床了，趕緊叫醒隔壁的室友，要她從書本中找出全部的答案，唸給我妹妹聽。翌日，我妹妹參加考試，發現考卷上的題目，跟她前晚看到的完全一樣，她順利解答，不僅通過考試，出乎護理長的預料，而且還獲得當年度成績優異的金牌獎。」

泰勒亞可汗太太講完上面的奇蹟後，我說：「奇蹟不會停止。甚至現在，對誠心禱告而且有信心的人，是會有奇蹟的。」

一九四六年二月二十六日上午

客問：在做夢時，我有時可以感覺到我在做夢，亦即我知覺到那是個夢，譬如說我在夢中跌落下來，我不會受傷。這是怎麼回事？

尊者：怎麼會那樣呢？在夢中有人跌落，就一定會有人受傷。在另一方面說，若你能知覺到夢，那麼你不會再做夢了，頂多你是在從夢境中醒來的轉換過程。

另一位訪客告訴尊者，說他的夢中經驗，仍牢牢記在心裡，但別人早就忘光了。尊者說：「凡所見者，皆屬夢幻，不論所見者，是在夢境，或在醒境。基於經驗時程的判準，我們稱此一經驗為夢的經驗，另一經驗為醒的經驗。若衡之實相，那麼皆非真實。某人可能在夢中蒙獲恩典，醒後影響他至深，其後終身謹守不渝，就不能說此事為不真實。有人在其醒時的生活中，對意外的芝麻小事，轉眼即逝，心中不留片刻，便已忘懷，但他卻說，此事為真實。」

「某次，我有一經驗，或為異象，或是做夢，你怎麼說都好。我跟查德威克等一行人，行走於山路，返途中，我們經過兩側高樓林立的大街，我手指著高樓與大街，問查德威克及同行人，『誰能告訴我，我們現在所看見的，只是個夢而已。』大家都說：『哪個傻瓜會這樣說呢？』然後，我們一行人，步入道場廳堂，而異象或者夢境，同時告滅，或者我從夢中醒來。對這種事，我們又怎麼說呢？」

下一個話題移到自身顯明的真我，尊者講到讚歌〈真我之知〉是如何譜寫的。他說：「知識的目的在使人知曉某事物。若是其本身是自顯自明的，就像有名的傳統例子，說在手掌上出示一顆醋栗果那樣的清楚明顯，一目瞭然。但穆魯葛納說這是錯誤的類比，否則我們還需要什麼阿特曼（真我）的知識呢？不管那個知識，你說它是容易與否。穆魯葛納的意思是在說：『就傳統的例子上言，一隻手是需要的，那隻手能感覺到有顆果實在上面。一顆果實，一隻能觀物的眼睛，以及一個已知曉果實為何物的人等，都是需要的，但是對真我的了知來說，除了真我之外，並無一物是需要的。』

譬如說，在睡覺時，除了自己之外，並無一物存在，而我們承認在睡覺時，我們是存在的。醒來時，我們說『我』剛睡著了，並且沒有人會相信有兩個『我』：一個是睡著的，另一個是現在醒來的。在傳統的例子，這些都必須存在，然後才能使果實本身赫然在目，實則這些都依附在真我，或者源自於真我，才能使果實自身顯明，然而真我本身，又需要如何的更加自顯自明呢？總之，就是這樣。

穆魯葛納曾譜寫讚歌主題的重複疊句及副重複疊句，而要能有歌詞的主體，他說他無法完成主歌，想不出更多的歌詞，所以請我能完成譜寫，於是我就寫了這首讚歌。首先我只寫了一節，但穆魯葛納說，至少要有四節，我就加上三節，最後我想起來，我在歌詞中，並沒提到安那瑪萊，於是我增加了第五節，述及安那瑪萊，這正如在南達那爾故事的讚歌中，述及波那姆巴拉姆一樣，而我們的讚歌，於是譜寫成形。」

一隻松鼠，跑到尊者面前，尊者照例拿著腰果餵食，尊者向我說：「舒羅夫昨天送來一些腰果，說道：『這些是要給我的啞吧朋友們。』」我說：「尊者可能不會同意他說這些松鼠是啞吧。」尊者說：「牠們能跟我溝通，有時我在打盹，牠們跑來輕咬我的手指頭，向我示意牠們在這裡。另外，牠們有許多自己的語言。這些松鼠有件了不起的事可談一下，你在牠們面前不管放多少食物，牠們僅食用其所需要的，其餘的留下來，不像老鼠，帶走一切，藏在洞裡。」

我說道：「或許可以這樣說，松鼠比起老鼠，是較不聰明的動物，因為松鼠不會計畫未來，不會未雨綢繆，只依現況而活著。」尊者說：「是的，是的。我們總是認為能夠計畫，但像這般的愁苦生活，就是聰明，看看這個世界，有多少的飛禽走獸，沒有計畫，也不知儲存，但牠們都因此而死亡了嗎？」

然後，尊者講到猴子，說：「牠們也不築巢或儲存東西。牠們覓食，夜幕低垂時，就棲息在樹上，牠們十分快活。我知道牠們的組織體系、牠們的王、法則、規約，每件事都如此美好，而整個組織完善，這背後有太多的智慧。我甚至知道，猴子對苦行並非不知曉。有隻猴子，我們常叫牠『摩泰派揚』，被猴群打壓虐待，牠跑到森林裡苦行幾天，獲得力量，然後回來。牠坐樹幹上，搖動著樹枝，昔日虐待牠而令牠怕得要死的猴群，現在在牠面前，嚇得發抖。是的，我十分清楚，猴子是很瞭解苦行的。」

一九四六年二月二十七日上午

送來的郵件信函中，有一篇文章，出自秦塔．迪克希杜魯的文筆，用泰盧固文寫的，標題是《首先，你是誰，拉瑪那？》尊者看完信件後，要巴拉羅姆在廳堂朗讀出來。文章的要旨是：「你問每個在質詢『你是誰在提出這個問題？』的人，那麼你到底是誰呢？這就有充分的正當性，足以令人把你視為是克里虛那，或者是斯堪達神，或者是融入於阿魯那佳拉，成為阿德娜里絲瓦若女神，或者又成為達克希那穆提。其實，我們還可以想像更多的神。又，當你坐著時，將你的手掌轉向你身邊的火，這看起來好像你在施與無懼。現在，你只是對廳堂裡的人，施與無懼，還是對全世界的人呢？這必定是後者，因為你來到這個世界，是要對全體施與無懼。」

一九四六年三月一日上午

奧斯本先生說：「尊者，昨天晚上，露娜（他四歲的女兒）向我們說：『賽耶德博士是在這個世界上，我最好的朋友。』我們問她：『那麼尊者呢？』她答說：『尊者不在這個世界上。』」

尊者很驚訝小孩子的這個說法，不自覺地舉起他的手指，放在鼻子上，說道：「這是何等的一個小孩對一位聖者的評論！甚至大人都不能知解這個評論的涵義。他們應該去問她：『若不在這個世界上，那麼尊者在哪裡呢？』」於是，奧斯本先生說：「我們也問過了她，她說：『尊者在這個世界之外。』」

賽耶德博士問尊者：完全或徹底的交出自己，不留存任何欲望，甚至包括對解脫或者對神的欲望。

尊者：完全臣服的要點，是你了無自己的欲望，而神之所欲，即是你之所欲，你再也沒有自己的欲望了。

賽耶德博士：現在，我同意這個論點，但我想知道有什麼步驟可以做到臣服。

尊者：有兩個方式。一個是深入去看「我」的源頭，而融入於那個源頭。另一個是去感覺「我是無助的，只有神是全能的，除非把我完全交給神，否則沒有別的辦法可以使我安然無恙。」並且因此逐漸發展信念，就是只有神獨在，而自我全都不算數。這兩個方式，都朝向同一個目標。完全臣服，乃是真知或解脫的另一個名稱。

一九四六年三月三日上午

一位訪客引述《薄伽梵歌》第三章第三十三則頌句，問尊者：難道我們要毫無作為，而僅是讓我們的感官自行其事嗎？

尊者：這只是意謂，行動是根據每個人之屬性或本質而遂行之，它們是無法防止的。那麼這就是為什麼我們要獲得真知，而成為不受行動結果所影響之重大原因。那則頌句說：

「獲得真知，而無執著於行動及結果。」

講完後，尊者這樣說：「我們再細看這則頌句的相關問題是什麼。」於是，在質疑中查閱頌句，這時我回想起有一次，我也向尊者問了同一頌句，尊者指示我看下一則頌句，句中指引我們不要屈服於感官，於是我把這件事轉述給這位訪客聽。當時，尊者告訴我，若將兩則頌句並置，還是無法斷定《薄伽梵歌》是在教導「不要壓抑或試圖壓抑感官，因為壓抑又有何用呢？」

晚間

客問：我們做夢時，從夢中醒來，無須費力。若我們這一生是大家所說的如夢一場，那麼為何我們要努力，而且還要訴諸努力來終止這個夢，而醒入真知？

尊者：我們對睡與夢，並不知曉，但我們知道目前狀態，亦即醒境。讓我們設法理解這個，然後一切將會明朗。到底是誰在經歷睡、夢、醒境呢？你說我們必須從無明中出來，而醒入真知，到底那個無明的人是誰？是在無明什麼？當你探究而深入「我」的源頭，那麼一切疑惑，將會止息。

一九四六年三月五日上午

尊者昨天似乎說過，若有人知曉露娜的意涵，或者感受到她所說的話，「尊者不在這個世界上，而是在這個世界之外」，那就很好。因此，今天奧斯本太太帶來一張字紙如下，呈交給尊者。

「我問露娜，她說的『尊者不在這個世界上』，究是何義，起初她害羞不說。我說：『你認為賽耶德博士在這個世界上，是嗎？』露娜說：『是的。』我問道：『若尊者不在這個世界上，那麼祂在哪裡呢？』露娜答說：『在道場及天堂裡。』停了一會兒，又說：『我們無法看到神，祂是遍在一切的。若我們極為良善，就可看到祂。每個人都是神，但不像尊者（神）那樣良善。』這是何等純潔的直覺、何等深切的瞭解，或者只是從偶然的對話中憶想而來，這實在很難說。有時可以確知的是，只是直覺而已。例如有一次，在科代卡納爾，向她道晚安時，問她是否已禱告了，她說：『現在要睡覺，而睡眠即是禱告。』」

看完上面的敘述後，尊者與巴拉羅姆異口同聲說：「睡眠即是禱告，這是非常明智的說法。」我無法知解其義，便向尊者請教。尊者解釋說，大家以睡眠或止息心思即是真實的禱告而理解之。「睡眠」應被加以理解，他告訴我，我們常耳聞坦米爾文的聖書述及「無寐之眠」，像這樣子，那麼我何時才能獲致眠息的幸福，但不是在睡覺。

晚間

當我步入廳堂時，尊者正談到拉克希米，她是維卡圖（尊者弟弟的兒子）的小孩，深得我疼愛。我向尊者說：「先前有人提議，拉克希米應該離開這裡去跟她母親的妹妹住在伊魯古爾。她們似乎認為女孩在那裡的居住環境較好，她們十分重視女孩的撫育，不像我們這裡，女孩僅是幾名孩童其中的一個而已。但我一點也不喜歡這種觀念。當有小孩在波蘭或其他國家出生後來到這裡，在我們的道場環境中長大，那麼我對我們的拉克希米在這裡出生，卻要到別的地方撫育長大的觀念，我就無法釋懷。」

尊者說：「她的祖父（即皮休．艾耶）前往伊魯古爾，你認為她看了她的祖父後，就會留在那裡嗎？假使祖父在那裡，那麼只有她會留在那裡。」在這話題上，巴拉羅姆從《莎肯塔拉》[21]引述一段文句：莎肯塔拉在隱居處拾取葉子，而肯瓦．馬哈希向花朵說：「她在拿她的食物之前，通常先向妳澆水。不論她多麼愛花，又喜歡佩戴著花，她都不會摘拔妳。現在她要離開妳，前往她丈夫的家，祝福她吧。」

巴拉羅姆也從別的書，引述一段文句，說道：「我們，這個世界的人必須努力將心思從感知事物或從這個世界中，拔越而出，固守在本心的神裡。但是妳牧羊女內心已全然是神在掌握，妳要奮力離開神。」

尊者對此論道：「那就是悟者的階段，他無法逃避或離開真我。當他所知的一切，全是真我，那也是他自己，又能去哪裡呢？」

德賽伊先生問尊者：「為何有些聖者，他也必須了悟真我，卻說融入於真我，並非可欲，應存留著些許的個體性，俾能享受真我的幸福，就像是蒼蠅享受蜂蜜，不應掉進蜂蜜，使自己失落在那裡，而必須停住在邊緣，啜吮著蜂蜜。」於是我對德賽伊先生說：「這個類比是錯誤又誤導。蜂蜜是無覺性之物，而一個有覺性的存在，是得以品嘗而享受的。在另一方面說，真我是覺性意識，其本身就是幸福，若說成為真我，你便無法享受幸福，故必須保有其個體以分離之，這樣才能享受，這種辯解，是荒謬的。」德賽伊先生問道：「為什麼有些聖者這樣說呢？這就是我們困惑的地方。」我回答說：「那你就要問那些聖者了。尊者已經給了我們他的看法，十分明確，那就是無須保有分離的個體，以享受全然的幸福；在另一方面說，未能全然融入於真我，那麼幸福無法圓滿。」

一九四六年三月六日下午

當我進入廳堂，尊者正在向巴拉羅姆說：「不同的書籍及不同的學派，對拙火在身體上脈輪的的位置，所述互異。通常有關聯的脈輪，是海底輪，有的書說它位於心臟，有的則說在心思。」於是，我問尊者：「你說不同的人或不同的學派，對此所言互異。昨天，正如德賽伊先生向尊者所提問，而我們感到困惑難解的，就是這裡。若大家僅是持其書本上或理論上的知識，而持說矛盾，我們不加理會即可，但是，若持說所論，是來自我們公認的諸聖，他們已了悟真我，亦即他們對真我已有直接的真知，那麼我們的困惑，愈益難解：『為何諸聖間，所見互異？』昨天，我設法安撫德賽伊，故僅說道：『若有人持說，與尊者有別，那麼你應該向他問，為何有此說法，而不是向尊者質問，尊者已經向我們說明了正確的見解。』但是，現在我想知道，為何不同的聖者，對此有不同的見解。」在此，尊者悅然答說：「他們可能是了悟真我的諸聖，他們可能知曉真理。他們對請詢者，必須因材施教，根據個人資質的合適性，給與不同的詮釋，故諸聖陳述教導，所言有別。」

巴拉羅姆常閱及一本《奧義書》合輯的書，看到「自然俱生三摩地」與「自然俱生境地」，向我問道：「你不是向我說過，K．S．羅摩史瓦米．夏斯特里先生曾向你說，他不相信自然俱生境地，又說早期的書，並無記載自然境地，那是後來的書才有的嗎？但是我看到這句話記載在《野豬奧義書》中。」我說：「是的，他認為是這樣，曾跟我論說，『人又如何能同時在兩個境地裡？他若非是看到那個絕對而空無，便是看到這個世界，而看不到那個絕對。』他又說，早期的書，並無記載自然俱生境地，是後來的著作才有的。」巴拉羅姆說：「難道悟者有兩個境地嗎？他，僅在一個境地裡。夏斯特里先生所辯稱的人不能同時在兩個境地，根本毫無意義。」我說：「我們又怎能說，悟者不在兩個境地呢？他在這個世界上，跟我們在一起而行動，就像我們一樣，看見諸物，一如我們所觀，而不是好像他看不到諸物。舉例子說，他在走路，他看見他步行的道路，假設在道路上橫擺著一把椅子或桌子，他看到了，便避開它，繞道過去。所以，難道我們不承認他當然能觀其真我時，也能看見世界及諸物嗎？」尊者因此說道：「你說悟者看到道路，行走其上，繞過障礙，避開它們等，這些都是在誰的眼視所觀？是在悟者的？還是在你的？」又說：「他的觀視，只有真我，而一切都在真我裡。」

於是，我問尊者：「我們的聖典，對自然俱生境地，沒有提供例證，加以解說嗎？」

尊者：怎麼沒有？是有的。例如，你在鏡子裡看見反映物，以及那個鏡子。你知道那個鏡子是真實的，而圖像僅是反映物。當你看鏡子時，你不看鏡子裡的反映物，這有必要嗎？或者，舉銀幕為例，有個銀幕在此，首先有個人物出現，然後在銀幕上的這個人物面前，有一些圖像在同一銀幕上出現，而那個首先的人物在觀看那些圖像，若你是銀幕，也認識你自己是銀幕，而你不看那位首先的人物及其後的圖像，這有必要嗎？當你不知道那個銀幕，你會認為人物及圖像都是真實的，但當你知曉那個銀幕，而瞭解那是真實，作為基底，被人物及圖像的光影所投射映照。你知道這些都僅是光影而已，你可以觀看光影，知道它是如此這般，也可以認識你自己是銀幕，為一切光影的基礎。

一九四六年三月九日上午

瑪沙拉瓦拉醫生，從中央邦博帕爾的醫療首長職務退休，來到道場，迄今已逾月餘，現在暫代希瓦·饒醫生出缺，掌理道場的醫療事務。他提出下列問題，尊者答覆如下：

問：尊者說過：「悟者的影響力，無聲無息地竊取了信徒的心。」又說：「接觸偉大人物、高貴的靈魂，是我們了悟其真實存在之有效方法。」

尊者：是的，這有何牴觸？悟者、偉大人物、高貴的靈魂等，難道他（醫生）在區分這些嗎？

於是，我說：不是的。

尊者：接觸他們，是很好的。他們藉著無聲無息的靜默在運作。若藉由言語，那麼力量會減弱。靜默乃強而有力。言語的力量，總是微弱於靜默，所以心心相印最佳。

問：那麼，縱使悟者的肉身已逝，接觸仍然是好的嗎？或者只有在他是肉身時，才是真實的？

尊者：悟者並非身軀形相，故上師的身軀形相雖然已滅，接觸依然留存。

問：類此問題。信徒與上師的接觸，在上師逝後，是仍持續著，還是停止了？對一個成熟的靈魂而言，上師逝後，他的真我可當作他的上師來行動，但對未成熟的靈魂，又是如何呢？尊者曾說過，一個外在的上師也是需要的，他將信徒的心思推向真我，他能接觸另一個靈性的高手嗎？這樣的接觸，必須是身體的，還是心靈的接觸也能做到，何者為佳？

尊者：正如已經解說的。上師不是身軀形相，他的形相滅後，其接觸依然持續。一位悟者，其身在世時，他的影響力能感召世上所有的人，而裨益之，並非僅僅及於他的直接信徒。這個世界的所有人，區分為他的信徒、虔誠奉獻者、不知曉他的平庸者、甚至他的敵對者等，在下述的頌文中，據說這些類別的人，都將因悟者的在世而受惠。摘自《吠檀多寶鬘》，頌文要旨是：「有四類的人，受惠於存身在世的悟者：對悟者有信念而解脫的門徒、禮拜上師而有功德的虔愛奉獻者、已經看到存身悟者的神聖生命而渴望正直的凡庸之人，以及甚至僅憑觀視聖者，即能除罪的有罪之人（亦即頌句中的敵對者）。」

神、上師及真我一也。你對神的虔愛奉獻，使你成熟之後，神以上師的形相前來，從外在將你的心思推向內在，同時內在的真我，把你引入其內。這樣的上師，雖然不是為了少數高階的靈魂眾生，但也是普遍需要的。上師逝後，可以另尋上師，但所有的上師，也都只是一個，皆非屬形相。心靈接觸，乃是最佳。

問：我的修練，是在吸氣時，不斷持誦神的名字，在呼氣時，持誦巴巴的名字（例如烏帕撒尼巴巴或賽巴巴）在持誦的同時，我時常看到巴巴的形相；甚至在尊者身上，我也看到巴巴，在外觀的呈現上，也極相似。尊者是瘦的，巴巴有點胖。但我的內在有某物，在說我若緊釘在名相上，那麼我將無法超越名相。現在我應該繼續這種修練，或改採別的行法？但我若放棄名相，我又不知道該如何進一步修練下去。祈請尊者可否在這方面點亮我？

尊者：你可繼續你目前的行法。當持咒成為持續性，雜念就會止息，其人便在生命的真實本質裡，這個本質，便是持咒或冥想。我們將心思轉向外在，放在世界的事物上，因此不覺察到我們生命的真實本質總是在持咒。當我們藉由有意識的努力，或我們通稱的持咒、冥想，我們制止了我們的心思想到別的事物上，這樣我們所安駐者，便是我們生命的真實本質，這就是持咒。

只要你認為你是名相，你就無法脫離持咒裡的名相。當你瞭解到你不是名相，那麼名相將自行脫落，而無須費力，持咒或冥想將會自然水到渠成。現在被視為是方法手段的持咒，到時將會被看到是個目標。聖名與神，並無不同。參看南德奧在神的聖名之意義的教導，摘自《景象》期刊，一九三七年九月號。（內容曾在廳堂朗讀。）

尊者也引述《聖經》：「起初有名，名與神同在，名即是神。」[22]

問：解脫是在身滅之前獲致，或者可在身亡之後？《薄伽梵歌》第二章第七十二則或第八章第六則頌文的涵義為何？

尊者：對你來講，有死亡嗎？死亡是對誰而言呢？身體死了，而你覺知它嗎？在睡覺時，你有身體嗎？當你睡覺時，身體不存在，但「你」那時是存在的。當你醒來後，你擁有了身體，而在那個醒境「你」存在。你在睡醒兩境都存在，但身體不在睡境存在，僅存在於醒境。那個不存在的，總是存在於此一時段，而不在另一時段，那就不可能是真實的。你始終存在，而獨然如是，因此是真實的。

解脫是你生命的另一個名稱。它始終在這裡，現在就在你左右。它不是在此後或某處而你去贏得或抵達的。基督曾說：「神的王國，就在你的內在裡。」當下這裡，而你並無死亡。塔俞馬那瓦吟唱：「雖然身在世上，安止於冥想中之人，心中沒有死亡這件事。」

《薄伽梵歌》的頌句，在整個經文（例如第二章）的內容，是意謂你必須在有生之年，獲致解脫。若你在世時，無法辦到，你至少要在臨逝時，思念及神，因為人在死亡之際，其心中所思念者，會成為他自己。不過，除非你的一生，都在思念神，並且熟稔於冥想神，否則在逝亡之時，你不可能會想到神。

一九四六年三月十四日

從本月十一日下午至十三日晚間，我不在道場，人在韋洛爾。我不在道場期間，有一位來自馬哈拉施特拉邦德利爾的商卡拉·德奧先生來過道場又離去。他曾用馬哈地語撰述史瑪塔·羅摩達斯的生平，部分內容，業已出版。有一位羅摩達斯的信徒，名叫阿南塔·毛尼，他認為他本來就屬於這裡的人，曾經跟羅摩達斯一起有南印度之旅，所以傳記的作者想在這裡蒐集有關阿南塔·毛尼的資料。尊者無法提供資料給他，便建議訪客在道場人員的指引下，前往城內，訪蒐資料。

今天上午，曼尼克肯先生，他是西瓦普雷克薩姆·皮萊的門徒，來到道場，攜來皮萊的兩冊筆記本，內有坦米爾文的《真理詩頌四十則》的全部註釋（不包括〈補篇〉部分）以及尊者的《向女神啟示超越之真知》、《了悟真我》等通篇解義。

一九四六年三月十五日

有位來自馬哈拉施特拉邦普那的訪客，已待在道場兩三天。他提出幾個問題，尊者告訴他說：「自由是我們生命的本質，自由是我們的另一個名字，而我們卻要求自由，這實在是可笑的事，就好像一個人在樹蔭下，卻自願離開樹蔭，跑到太陽下，不堪炎熱之苦，又費盡心力，回到樹蔭，然後大喜，叫道：『樹蔭好舒服！我終於來到樹蔭了！』我們的作為，就跟這個一樣。我們的生命與真實並無分別。我們想像我們是有分別的，亦即我們製造分別的隔離感，然後歷經極度的修行，俾擺脫分別的隔離感，去了悟那個『一』。為何我們要想像或製造那個分離感，然後又要消滅它呢？」

下午

瑪沙拉瓦拉醫生收到一封友人V．K．阿傑安可的信函，他把這封信上呈給尊者。阿傑安可是位年約三十五歲的男士（他是智納斯瓦．馬哈拉吉的追隨者），據說他在二十八歲時，便已獲致真知。這封信上說：「你說我是『整體的』，在這個世上，誰不是整體的呢？」尊者同意此說，今天上午，他持此態度，論道：「我們先限定自己，然後尋求成為我們本來的無限。一切的努力，都僅在屏棄我們是限定的概念。」信上又說：「《伊莎奧義書》的首頁頌句說，世界是整體的，而不言其他，因為世界的絕對存在，乃是建立在整體之上。」尊者也同意此說，說道：「舉這封打字的信紙為例。若只有看到世界，而不及於整體或真我，那麼就好像在說，『我看到字母，但沒看到紙張』一樣，然而因為紙張的存在，字母才存在！」瑪沙拉瓦拉醫生說：「就這封信來說，我們看到紙張，但是我們所能看見的，僅是這個世界，但我們看不見神？」尊者答說：「睡覺時又是怎麼回事呢？那時世界去哪裡了？但你獨在，或真我獨存。」

那封信也說：「智納斯瓦·馬哈拉吉說，神不會棄絕對祂敬愛不貳的虔誠奉獻者。」尊者說：「每位聖者、每本書，都這樣說，我曾讀過羅摩達斯的文章，他的許多頌文都這樣結束收尾：『羅摩強德拉永不棄絕他的虔誠奉獻者。』」說著說著，尊者朗讀一些這樣的頌文。

那封信又說：「拉瑪那尊者是吠檀多不二一元論的無生論之倡導者。當然，這是有點難度。」對此，尊者論說：「有人曾向我這樣說過。我不只教無生論，我同意所有的學派。同一真理，必須以不同的方式表述，俾適合聽聞者的能力。無生論說：『除了一之真實存在外，無物存在。無生無死，無往無回，無修行者，無渴望解脫者，無解脫者，無困縛，無解脫，統合之一，獨然永在。』難以理解或掌握這項真理的人，便問道：『這個具象世界，我們眼觀所及，環於身邊，又怎能漠視呢？』這時，夢中體驗之說，提出論述：『凡你所觀，取決於觀者，離卻觀者，則無被觀者。』此一說法，稱為感知—造物論，或申論說道：人先從心思上造物，然後觀其心思所造者為何。若對此說仍無法理解，那麼此人可能進而抗辯說：『夢境為時短暫，而世界總是存在的，何況夢境僅限於我個人，但世界不只被我，也被許多人所感所見，我們不能說這樣的世界是不存在的。』這種辯說，稱為造物—感知論，其陳述是，『神以某某元素，先創造某某物，然後及於其他，繁衍下去。』這種說法使這類人士滿意，而別的說詞，無法使他們的心智滿意，他們可能自問：『所有的山河地貌、一切的學問、穹蒼星辰、銀河行星、主宰的律則或相關者，及一切的知識，怎能說全部都是不真實的呢？』面對這類質疑，允宜如此回應：『是的，神創造一切，而為你所見。』」瑪沙拉瓦拉醫生說：「這些都僅是在因應學習者的資質能力，那個絕對，只能是一而已。」

那封信更進一步說：「唯一必要的，乃是一心不貳的虔愛。」因為瑪沙拉瓦拉醫生不知其義，尊者解釋道，那僅是意謂對神的虔愛，而心中不存有別的思維。尊者說：「這個字語，與全心祈求的虔愛、心注一處的虔愛，意思都相同。」信上又說：「心思上不能同時有兩物存在。不是神，就是塵世，塵世已經在這裡，必須逐漸退縮，神才能代其位。」尊者對此論道：

「神已然在此，而不是塵世。你看不見，是因為你的心思充斥著塵世的垃圾。掃除垃圾，你將看見神。若房間塞滿了物品，房內的空間並沒有消失。要擁有空間，不在於去創造空間，只要屏棄儲存在房間的物品即可。就是這樣，神就在那裡。若你將心思返內，而不外馳於事物，你將看到心思融入於那個統合的一，獨然而在。」

尊者也同意信函的作者，而說看到神，上師的恩典是必要的；而神的福佑，必也回應於冥想神或聖名之人。

信函表達作者對尊者頂禮致敬，尊者因此說：「心思融入於其源頭，那個統合之一，乃是唯一真正的頂禮致敬。」

一九四六年三月十六日

來自錫蘭的羅摩強德拉（柯隆伯．羅摩強德拉）送來五首讚歌給我，是他最近用坦米爾文譜寫有關尊者，以及對他的恩典，使他在重病期間，及時獲救，並傳話要我在尊者面前朗讀。於是約在上午十時三十分，我代表羅摩強德拉，誦讀這五首讚歌，希望以全幅感情表達這些讚歌。前一天，這些讚歌的其中兩首已撰妥，由羅摩強德拉太太呈獻給尊者，而維斯瓦納特先生已抄寫在《讚歌》的本子上。尊者略加修正，並適當分開韻腳，用連接詞適當連結，而不是羅摩強德拉將語句分開。晚間，維斯瓦納特先生也把其餘的三首讚歌詩頌填寫在《讚歌》本，存留在廳堂。

一九四六年三月十七日下午

尊者檢閱郵寄的信件，說道：「艾克那斯的母親去世了，你知道嗎？」R．納羅耶那先生答說：「知道，我在《郵報》看到一則這件事的告示。」然後尊者說道：「她和她的丈夫，即已故的南姜達．饒醫生曾來拜訪我，當時我住在維魯巴沙洞屋。之後，他們又來看我一次或兩次。最後一次，他們來這裡，是跟一位查卡萊．阿摩來的，她是位女士，學過某種東西，有自己的信徒，醫生也把她當做某種師父看待。我想，他們是從瓦拉納西或其他地方的朝聖之旅歸途中而來這裡。」

一九四六年三月十八日

一位葛哈里．拉爾先生，是奧羅賓多道場的老居民，昨天晚上來這裡，待留在道場。今天上午，他問尊者：《往世書》上說，卡利紀元[23]有好多個千年組成，已消逝了許多年，尚留有許多年，我能知道這個紀元何時終止嗎？

尊者：我不認為時間是真實的，所以我對此事不感興趣。我們對過去或往昔的紀元一無所悉，對於未來也不知道，但我們知曉當下是存在的。讓我們先認知這個，所有的疑惑就會止息。尊者停頓片刻，又說：「時間與空間，總是在改變，但有某物是永恆而不變的。例如，在我們睡覺時，世界與時間、過去或未來，皆不存在，但是『我們』存在。讓我們找到那個不變的及始終存在的。知曉卡利紀元是始於何年，而又在今後多少年會終止，對我們又有什麼益處呢？」

葛哈里·拉爾：我知道，對於一位意識層次超越時間與空間的人，這類問題，是無意義的。然而，對於我們這些掙扎中的靈魂，在這方面是重要的，據說在前一個紀元，亦即薩亞紀元，人類尚未掉落到現在卡利紀元這樣的低層次，所以那個時候比現在較易解脫。

尊者：從另一方面說，在這個卡利紀元比起薩亞紀元，較易確保解脫。在這個紀元裡，數天或數小時的苦行，便能確保其他紀元數年的苦行，這是聖書上說的。甚且，並沒有什麼東西要解脫，也沒有解脫的時程。你已經是那個了，你不必去獲致什麼，你只是對於自認為是局限的，加以屏棄即可，放棄你是這副身體的想法。

葛哈里·拉爾：那麼，為何這些《往世書》述及每個紀元的固定時程，是如此久遠的年歲？

尊者：述及每個紀元的多少年歲，可能有其寓意。或者每個紀元訂其幽邈久遠的年歲時程，可能是個設計，用來引人注意一項事實，那就是雖然他必須依照百年歲月的時程而活，但他的生活，在整個宇宙的生命中，可能是如此的微小、無意義、支離破碎，因此他必須在整體規劃中，採取一個以他自身謙卑的位置作為適當的人生觀，而不是驕傲自大、自命不凡。他毋寧說：「比起永恆，人的生命算什麼呢？」他們教導他要想到生命何其短暫。況且，據說如此的紀元，是個有規律的循環，而人又怎能知道有多少個循環來來回回呢？又，每個紀元又細分為四個紀元，這樣的數算沒有終了。每個學派，對於現在卡利紀元的終止，就有不同的論述。當時間本身不存在了，舉睡眠為例，人還要煩惱這些問題，究竟有何用呢？

一九四六年三月二十日上午

上午十時十分，我離開餐廳後，尊者派人叫我來廳堂，我很驚訝尊者叫我來，這是不尋常的事。當我來了，他告訴我，說：「可憐的維拉巴德拉耶先生（他曾擔任契托爾的稅務行政副首長，一直任職於貝拉里）已經去世了。今天上午，有封信拿給我看，我在廳堂找你，想告訴你，但你不在。信是他兒子寫的，可能只是個小手術，但我們不知道詳情。」

今天下午，尊者問我，有沒有寫信給維拉巴德拉耶的兒子。我說：「沒有，他可能不記得我了，也可能不會期待我寫信給他。」然後，我便閱讀史瓦米·希瓦南達·薩拉史瓦第的《奧義書的對話錄》，在書中的第一個故事，就說到那濟凱塔斯[24]，於是我提醒尊者，當時維拉巴德拉耶首次從契托爾來訪見尊者，不久之後，他便撰寫了一篇文章，將尊者與那濟凱塔斯做一番比較，他的看法是尊者是那濟凱塔斯的化身。尊者說：「是的，我記得這篇文章，除了這篇之外，他還寫了一兩篇。」

晚間

幾個人到在尊者面前，吟唱《讚頌明論》，我聞之悅然，也很感動。

一九四六年三月二十一日上午

巴拉羅姆看到一首梵語的詩，述及馬德拉斯附近有一座山，叫做象山（Anai Malai）。他將此事告訴尊者，尊者說：「是的，馬德拉斯附近有這座山，從遠處看就像一頭大象躺在那裡。」Anai Malai這個字，使尊者想起聖者桑班達詩歌中第一節頌句述及Anaimalai。尊者便提到這首詩歌，其首句，尊者解說道：「在馬杜賴的潘迪亞君王，傾向於耆那教，他的妻子是喬拉君王的女兒，則皈依濕婆教派。當她聽到大聖者桑班達其人其事，並駐錫在維達倫耶姆時，這位潘迪亞的王后，在一位也是皈依濕婆教派的大臣協助下，向聖者邀請前來馬杜賴，使潘迪亞轉向濕婆教派。於是，聖者前來，但是當王后看到這位聖者，不過是一位年約十歲或不到十歲的男孩，她對他是否能與君王身邊那些高大的耆那教領袖比肩並論，感到懷疑，也對她的邀請，是否使他身陷危險，相當焦慮。當聖者注意到這一點，便向王后吟唱這些歌，向她保證，『我在各方面，都不會不如這些耆那教士。上主在我裡面，因此，不必害怕。』」

「詩歌述及耆那教領袖的名字，對他們不予理會，說道：『我不會比他們低下，因為上主在我裡面。』朗讀這些詩歌，令人興味盎然。」

尊者又說：「這是發生在聖者來到馬杜賴以後的事。當這項邀請送到維達倫耶姆，而桑班達要啟程前往馬杜賴時，跟桑班達在一起的阿帕爾（即蒂魯那伍克勒色）說：『今天不要出發，因為日子對你不吉利，他們耆那教士，都是可怕而有力的人士。』於是，桑班達吟唱《可拉魯．帕迪肯姆》，首句又是說：『因為上主在我的內心裡，所以沒有哪一天、哪個星座能對我不利，而每週的每一天，都同樣是吉利的。』」

下午，我帶來《德瓦羅》參考，摘引上述的兩首詩歌，而尊者誦讀之，其中有少數詩句，尊者誦聲琅然。在馬杜賴的詩歌中，尊者述及最後一節的詩句，說道：「上午我解說第一節詩句時，我賦予的意涵是『因為上主在我裡面』，雖然詩句的字語，僅是『因為有上主』，當時我不知道自己是如何判讀的。但在最後一節的詩句中，看到聖者自己清楚表達，他的意思就是『因為上主在我裡面。』此外，從整篇《可拉魯．帕迪肯姆》來看，很清楚有相同的意涵。細看在馬杜賴的十句詩頌的最後頌句，他以權威的口吻唱著：『吟唱希耶來君王及坦米爾師父的讚歌之人，傷害不會臨身。』類似這樣，在《可拉魯．帕迪肯姆》的最後一首歌，他說道：『由於我的指令，朗讀這些詩頌之人，將獲拯救。』」

今天晚間，也吟唱著《讚頌明論》。

一九四六年三月二十二日下午

昨天晚上，包斯先生、他的母親拉曼夫人，偕同孟買羅摩克里虛那傳道會的史瓦米．桑姆布塔南達等人來到這裡。那位史瓦米引述一則《薄伽梵歌》的頌文，略謂千人之中有一人獲致成就，而確實知曉真理。尊者沉默半晌，當史瓦米希望獲得尊者的回應時，我們一些人不由自主地說道：「你的問題到底是什麼？你期待什麼答案呢？」瑪沙拉瓦拉醫生甚至率直問道：「這個問題背後的動機是什麼？」

於是，史瓦米說：我認為我們的尊者已了悟真我，這樣的人活出了《奧義書》，所以，我要從他的口中聽到他了悟真我的體驗，為什麼你們要插嘴，轉移我問題的重點和意旨呢？

稍後，尊者說：你說你認為我已獲致了悟真我。我必須知道，你所謂的了悟真我是何義，你心中的概念又是什麼呢？

史瓦米不喜歡這種反詰，過了半晌，便說：我的意思是，個人靈魂融入於宇宙靈魂。

尊者：我們不知道什麼是宇宙靈魂，但我們知道，我們是存在的。無人質疑其存在，雖然他可能質疑神的存在。所以，若人能找到生命的真實本質或源頭，那就夠了。

史瓦米說：所以，尊者說：「知道你自己。」

尊者：甚至這種說法也不正確。因為若我們說知道那個真我，那麼就有兩個我，一個是知道真我的我，另一個是被知道的真我，以及知道的過程。但那個我們稱為了悟的境地，僅僅是在其自己，而非知道什麼，或成為什麼。人若了悟，他便是獨然的那個，總是在那裡，他無法描述那個狀態，他僅能是「那個」。當然，我們所謂的了悟真我，字語鬆散不嚴謹，因為缺乏更好的語彙。我們如何能使其成真，或者把本來就是真實的，使之成真呢？我們現在的作為是將不真實的給「真實化」了，或者把不真實的當作真實的來看待。我們必須屏棄這樣的習慣，所有思維系統的一切修行，都在這個目標。當我們能屏棄視非真實的為真實的，那麼真實將獨然留存，而我們便是那個。

那位史瓦米說道：如此參照不二一元論解釋也說得過去。但有別的學派並不主張知識三要素的消失無存，是了悟真我的必要條件。也有學派認為有兩個甚至三個不滅的實體，例如虔愛派者，他們持行虔愛，必須有一個神存在。

尊者：你如果需要有個跟你分離的神來禮拜，誰能反對呢？。藉由虔愛，人有所成長，感覺到只有神存在，而作為虔愛奉獻者的人就不太重要了。當他說：「不是我，而是祢；不是我的意志，而是祢的旨意。」他就來到一個虔愛法門所謂全然臣服的階段，他發現滅絕自我，就是了悟真我。我們不用爭論到底有兩個實體，或者更多個，或只有一個；甚至根據二元論及虔愛法門的論述，都在敘述全然臣服。先持行這個，然後再看是一個真我獨在，還是有兩個或更多個實體。

無論所論述者為何，都是依其人的資質而說，而真理乃是了悟真我之境，必須超越知識三要素。那個真我，也不是真知或非真知所能描述，它是在真知與非真知之外的。真我就是真我，就是這樣。

那位史瓦米又問，悟者獲致了悟真我之後，是否能存留其軀體？據說，了悟真我的衝擊，如此強烈，以至於微弱的身軀無法承受，至多僅能存活二十一天。

尊者：你對悟者的觀念是什麼？他是身體，或者是有別於身體的某物？若他是有別身體的，那麼他怎能受到身體的影響呢？聖書述及各種解脫，無身之解脫及有身之解脫，可能是指修行中的不同階段，但就了悟而言，並無等級層次之別。

問：了悟真我之最佳方法為何？

尊者：「我存在」是每個人唯一永遠、自明的體驗，無一物能像「我在」那樣直接自明。大家所稱的自知，是從感官而來，其離自明遠甚。真我獨在，就是那個。直接自明之知，是真我的另一個稱呼，所以行真我之探究，而駐於「我在」是唯一可行之事。「我在」是真實，而我是這個或是那個，則非真實。「我在」是真理，乃真我之另名，而「我是神」，非真理也。

問：《奧義書》說過：「我是至上絕對。」

尊者：聖書不應如此解讀，那僅是意謂著至上絕對以「我」而存在，而非「我是至上絕對」，也不應解讀為人要冥思於「我是至上絕對」、「我是至上絕對」。難道人要一直想「我是人」、「我是人」嗎？他已經是了，除非他對自己是否是一隻動物或者一棵樹木等，起了疑惑，否則他無須為了確認自己，而說「我是人」。同理，真我就是真我了，至上絕對以「我在」而存乎萬物中。

問：持行虔愛之人，需要一個神，俾能行使虔愛奉獻，那麼，是否要教導他，只有真我存在，別無禮拜者及被禮拜者嗎？

尊者：當然，就修行而言，神是需要的。但在修行的終點，甚至就虔愛法門的修行言，其所獲致者，是在全然臣服之後。除了自我滅絕，而終結在如如其在的真我之外，其意涵又為何呢？

無論你採行什麼法門，那個「我」是無可迴避的。你必須找到那個無私而為的「我」、那個渴望跟分離的神結合的「我」、那個在感覺離開生命真實本質的「我」……那個「我」的源頭，所有的問題才能迎刃而解。雖然，《薄伽梵歌》對所有的修行法門，皆嘉納之，但亦載明悟者乃是最佳之行動瑜伽者、最佳之虔愛奉獻者、至上之瑜伽行者。

史瓦米仍然堅持說：說真我之探究是最佳之行法，自是無妨，但在修行上，我們認為神是多數人所必要的。

尊者：當然對多數人而言，神是必要的。他們得以敬奉一個神而修行，一直到發現自己與神，並無二致。

史瓦米：在實際的修持中，就算是認真的修行者，有時也感覺沮喪或失去對神的信心。如何能恢復他們的信心？我們能為他們做些什麼呢？

尊者：若人不能相信神，那也無妨。我想他會相信他自己，相信他自己的存在。讓他去尋找他是從何而來的源頭。

史瓦米：這樣的人只會說他的源頭，是從父母來的。

尊者：他不會這樣的愚昧無知，因為你一開始就說他在靈修這條路上，已經是個修行者了。

一九四六年三月二十三日下午

尊者在閱讀《蒂魯科瓦盧爾往世書》，載述博愛慈善家帕里以及阿維艾將女兒嫁給君王的故事。尊者說，在這本書中，追蹤帕里的活動足跡，一直到錫蘭（今斯里蘭卡），但在別的書裡，敘述一位帕里，住在這些地區，以其慈善博愛的慷慨大方，使得查拉、喬拉、潘迪亞三位君王都相形失色。

一九四六年三月二十四日

我引述史瓦米・桑姆達塔南達最後的提問，即若對神失去信心該怎麼辦？若要找出他們的源頭，可能說「父母是我們的源頭。」

尊者：想像一下，有人說我們的源頭是父母。

我問：若是一位純粹的唯物論者，一點都不信神，我們該如何回答他呢？

尊者：他將會逐漸地探索，一步又一步，找到「我」的源頭。首先，他對自己遭遇的逆境，會使他覺知到有一股力量，是超越他所能掌控，而打翻了他的計畫。然後，他開始循儀軌而行禮拜。並藉由持咒、虔誠吟唱、冥想等，一路來到行探究。

我問：在《卡達卡奧義書》中，被稱為那希科塔火，那是什麼火呢？

尊者：我並不確悉。它一定是跟一些火祭有關。這些用語，大都是象徵性的。今天我只在《拜見羅摩克里虛那》本期的月刊上，看到一篇關於五火的文章，說到人格神的世界、積層雲、大地、男人、女人，是為五火，並對其寓意，詳加詮釋。

一九四六年三月二十五日下午

我再度問及那希科塔火，我說：「我從《卡達卡奧義書》上看到，已有火祭的記載，認為可以使人上天堂。死神閻摩向那希科塔解說火祭是第二個恩典之後，祂不經意地自己說道：『從此以後，這個火在你之後，稱為那希科塔火。』但後來，那希科塔火被講成三火，我就不明白，這個火是什麼，又為何被稱為三火？」於是，尊者要我們查閱聖典的註釋書，我們就取出克里虛那·普雷姆的《卡達卡奧義書》，尊者讀了書中部分相關的文字，說道：「所載述的每件事都有其寓意，他們僅能以這種方式陳述真理。莫用簡單直接的心態逕自讀取；同一個火，有三道火焰，故稱為一火或三火，都是有涵義的。火代表某物，分道的火焰，代表另一物。註釋書說，中央的火，必須點燃在三個層面：物質、靈體、心思各層面。」

柯隆伯·羅摩強德拉送來兩首他自撰的《蒂魯坦德甘》詩頌，今天上午，尊者讀過後，交給穆魯葛納，請他閱覽，也請他把羅摩強德拉先前寫的六首收錄在《讚歌》簿本上的詩頌，一併通讀一遍。穆魯葛納詳閱全部的詩頌後，並無建議修正。因此，在尊者的允許下，這兩首詩頌，也收錄在維斯瓦納特先生的《讚歌》簿本。

一九四六年三月二十六日

約在上午十時三十分，一位來自占西人來到廳堂，他是一位城邦公主的音樂老師。他因讀過尊者的事蹟，決心無論如何都要來見尊者，乃懷著極度興奮的心情，最近來到道場。昨天晚間，他告訴尊者說：「尊者，我一路迢遙而來，歷經兩天兩夜，我不知道是否能見到尊者。我甚至沒有向我的僱主請假。我一心想來這裡，毫無雜念。現在，我來到這裡，看見了尊者，我心幸福滿滿，無法表述。」然後，他吟唱一些讚歌，但他的興奮之情不勝承載，唱不下去。尊者慈視著他，約數分鐘，將恩典灑落在這位幸運的信徒身上。

一九四六年三月二十六日下午

一位女信徒悉多瑪，是馬德拉斯的居民，朗讀一首她自撰的庫米（伴隨著鄉村舞蹈的歌曲風格）詩歌，呈獻給尊者。這首詩歌，是用以慶祝在馬杜賴的拉瑪那故居[25]揭幕啟用，時間在坦米爾年曆的帕斯瓦年瑪西月十日，當時拉瑪那的肖像抬出遶境全鎮。秦南史瓦米告訴我們，那位女士事先不知，剛好碰見遶境活動，內心欣喜若狂，甚至處在某種昏厥狀態，約有十五分鐘。

一九四六年三月二十七日下午

來自孟買的納拿瓦提先生問尊者，在《卡達卡奧義書》中，*madhuvada*究竟是指何義。經查閱一些書籍後，才知是在說，生命個體我乃是享受世上一切物之享受者。尊者回應道：「《奧義書》提到許多修行的知識，其中之一是甜美的知識，這種知識有其精微的細節及規則，但這種知識有何用呢？我們必須瞭解，有些人的頭腦就是這樣，只對這類的知識感興趣；其實，所有的行動都會引來新的困縛。這就是在《無間無息地駐在真我裡》一書中說的，上師對其門徒，既是梵天神，又是死神閻摩的道理，那位上師對於前來祈求平靜之人，在其嘗試各種作為之後，指示他們採行新的作為，例如行儀軌、供獻祭等，實則他只是製造了更多的出生與死亡。尊者引述了一則詩頌加以說明。

一九四六年三月二十八日上午

S．饒醫生用希瓦．達斯提供的藥油按摩尊者的腿，今天藥油用完了，道場正考慮調製藥膏，尊者為協助他們，便翻閱一本泰盧固文的書，內有藥膏的處方。他一打開書本，正是那一頁記載著樟腦的塗抹藥膏，這個巧合，也太神奇了，所載述的處方內容，就是道場正想要採用的，並且尚有聖羅勒葉等成份。希瓦．達斯提供藥油的罐子，尊者很在意，要求歸還給他，並叮嚀隨侍克里虛那史瓦米務必做到。今天稍晚，希瓦．達斯來到廳堂，尊者問他，克里虛那史瓦米是否已歸還藥罐了，直到聽到藥罐已還給他了，尊者才放心。

下午

尊者在翻閱《阿魯那佳拉聖地往世書》等，並閱讀《阿魯那佳拉百首詩集》等，書中略述帕里等的女兒跟阿維艾結婚的故事。為比較故事的內容，尊者查閱《阿魯那佳拉聖地往世書》的記載，兩書大致相符，但尊者告訴我們，帕里以偉大的施給者或博愛的慈善家卓有聲譽，應該是住在馬杜賴、皮倫瑪萊等附近，他被查拉、喬拉、潘迪亞三位君王設下的詭計而處死，因為他們嫉恨他的名聲。另外，這兩本書提到帕里曾經統治過錫蘭。

一九四六年三月二十九日下午

一位訪客用坦米爾文寫下幾個問題，上呈給尊者。尊者說道：「他想知道心思如何從感官的享受上轉向，並了知到那個超越感官享受的幸福。這只有一個方法，就是使心思融入於非屬感官享受的『那個』。當你專注於『那個』，那麼感官的吸引，將自行脫落。他又問：『我如何能獲得那個幸福？』他每天睡覺時，都在享受那個幸福，那裡並無感知物出現，他在安享極大的幸福。我們並不是要去獲致幸福，我們本身就是幸福，幸福是我們生命的另一個名字，它是我們生命的本質。我們要去做的是，使心思轉向，每當心思外馳於感知物時，就要把它拉回來，固守在真我裡。他又問，死了之後，他是否就能獲致幸福？這不須要去死亡，然後才能獲致幸福。唯一必要的是，心思的融入；死亡也是我們生命的另一個名字，因為，除了捨棄這副身體之外，還有什麼叫做死亡呢？我們生命真實的本質，乃是存在於了無這副身體。」

尊者中止半晌後，又說：「《瓦西斯塔瑜伽經》中，因陀羅與阿哈莉兒的故事，有力說明了這一點。阿哈莉兒是國王的妻子，愛上了流浪漢因陀羅，他們熱戀的這件事傳到國王耳裡，造成極大震撼的醜聞，國王下令處以酷刑，但他們兩人不受影響，他們的臉絲毫沒有痛苦的抽動，只有彼此幸福的微笑。國王見狀，感到不解，便問他們這種抵抗酷刑的力量，是有什麼秘密。他們說：『什麼！你不知道嗎？我們彼此互看，如此全神貫注，以至我們的頭腦沒有容納其他思緒的餘地。我們所關切的，只有我們兩人存在，一方是為了另一方，除此之外，別無存在。這樣，我們又怎能被別的事情影響呢？』這就是心思融入的力量。」

晚間

穆魯葛納帶來一本知名坦米爾學者拉格哈瓦·艾晏伽寫的書，書中引述權威人士證實，不論哪一本《往世書》，例如《蒂魯科瓦魯爾往世書》的載述為何，可確定無疑的是，帕里在坦米爾的文獻記載裡，以慈善家而聞名，他是在皮倫瑪萊附近發跡，不是在錫蘭。

下午，包斯先生拿來一封保羅·布倫頓的信函給尊者。在信中，布倫頓說，他將要返回美國，他在這最後的六年中，很想要來拜訪尊者，但道場的態度，使此事無法實現，因此，在這件事上，他只好接受命運，也只有在他的內心深處，見到尊者，在那裡尊者始終存在著。

一九四六年四月七日晚間

一位訪客說：「在朋迪切里的奧羅賓多道場裡，據說靈性發展到最後階段，人成為最優的至尊者，這似乎在說，從其人的行動，可以斷定他是否是那個至尊者，亦即其念頭跟個人的境地有關。但另有別的學派認為，一切念頭的滅絕，乃是解脫。」

尊者說：「你說，所有的學派都建議你，要屏棄一切的念頭，以便你能抵達最後的目標，不管那個目標是成為最優的至尊者，或者其他。你必須不再成為三種普通的個體靈，亦即低等、中等、高等的，而要成為至尊者，這是可接受的說法。當你超越這三種，而不成為普通的個體靈，那麼那時是否仍存有念頭，你現在也不必在意。獲致那個境地後，你再看那個境地是什麼，是否還有念頭。甚至談到我們有時說的『至上絕對形相的心念』，那也是不正確的。若我們可以把匯流入海洋的河流，叫作『海洋的河流』，那麼我們也可以把靈性發展的最後階段，叫做『至上絕對形相的心念』。當大家從奧羅賓多道場來到這裡，問到我們跟他們的門派有何不同。我總是告訴他們：『在那裡，告訴人要全然臣服，也主張在進一步能期待什麼或獲致什麼之前就要這樣做。所以，首先做這個，我也是這樣告訴人。在這樣的臣服之後，亦即全然臣服，而不是部分或有條件的臣服，你將能看到你自己是否有兩個我的個體靈，是否有股力量，出沒其間。』畢竟我們對神一無所知，或任何源頭發出的力量降及吾身，也都不曉得。但是，『我存在』乃是眾人皆無異議的，所以，讓我們先知道那個『我』是什麼。若知道那個『我』之後仍有疑問，就像現在所提問的，那麼那時還有足夠的時間，可以設法澄清疑惑。」

從這裡，話題轉到各學派的思想。有人說，只有真實存在，另有人說，有三個恆在的實體，諸如世界、生命個體、伊濕瓦若（神）。在此議題上，尊者幽默以道：「說不二一元論者或商羯羅學派否定世界存在，或說他們指陳世界為不真實，這是不正確的說法。從另一方面看，對他們來講，比起別的學派，世界毋寧更為真實。他們的世界總是存在的，而其他學派的世界，有其起源、成長、毀壞，而這樣的世界，不可能為真實。他們只是在說，世界作為世界本身，是不真實的；但世界作為至上絕對，則是真實的。一切都是至上絕對，除了至上絕對外，別無存在，而世界作為至上絕對，則是真實的。以這樣的觀點，他們宣稱他們比別的學派，對這個世界更賦與其真實性。例如，根據其他學派相信三實體的說法，世界僅是三分之一的真實，但根據不二一元論，世界作為至上絕對則是真實，而世界與真實，並無不同。同理，對於神或至上絕對，別的學派僅給與三分之一的份量，其餘兩個實體，勢必限制神的實質。所以，當商羯羅被說是『虛幻論者』，那麼我們得加以駁斥之詞是：『商羯羅說虛幻是不存在的。否認虛幻存在之人，對虛幻宣稱為無存在，當然不能被叫做『虛幻論者』，反而是那些賦與其存在，並對造物及世界，宣稱為真實諸人，那應正確叫他們是『虛幻論者』。一個否認伊濕瓦若神的人，不能說他是『伊濕瓦若神論者』，只有確認伊濕瓦若神存在之人，才可以這樣自稱。』」尊者繼續說道：「當然，這些都是無意義的爭論，這種爭論沒完沒了。最適當合宜的作法，是找到那個『我』。『我』的存在，無人質疑，當萬物皆消逝不在，正如在睡覺時，其為獨然持續而在，那時再看是否還有質疑或爭論的餘地。」

一九四六年四月八日

今天尊者大部分時間都用在傾聽《阿魯那佳拉的崇偉》的朗讀，這本書是維克垂瑪．艾耶先生纂輯，用英文寫的，內容取材自《斯堪達往世書》等書籍。

一九四六年四月九日

尊者繼續閱讀昨天的著作，今天上午閱畢。

今天接到的郵件中，有兩本書，是用捷克文寫的，一本是《拉瑪那．馬哈希的生平與教導》，另一本是尊者重要著述的翻譯。起初我們看不懂書是什麼語文寫的，後來奧斯本先生告訴我們，那是捷克文。尊者閱覽之，書中有他以及浮雲罩頂的聖山等圖片。

下午

尊者翻閱上述的書本時，發現內頁有紙張未經切割，於是他拿了一把筆刀，切割了數頁；同時他也發現書本並未適當裝訂，便將書本送到本地的裝訂廠，順便處理切割頁紙等。

舒羅夫太太帶來一個小型的裝飾盒，外觀是鑲銀的，以及一個小銅盤，盤上有些許甜點，說她的先生要送給尊者。尊者要隨侍取些銅盤上的甜食，但將裝飾盒、銅盤及一兩個甜點退還給舒羅夫太太。隨侍退還時，舒羅夫太太說，全部的東西，都是要送給尊者，不是只有甜點而已。於是，尊者說：「我們怎麼處理這些東西呢？把這些東西送到辦公室，告訴他們，這些是舒羅夫送的。」這樣，尊者以憶往的心情，說道：「多年以來，我在山上，身無長物，僅有一或兩個泥壺，而不是瓶罐的東西。過了許多年後，有位婦人給我一個老舊的小瓶子，瓶身多處補綻過，裡面裝著一些可食用的東西，當我們取出可食之物，而將那個破爛的瓶子還給她時，她也堅持我們要留下瓶子，並說道：『若有人來這裡，這瓶子也可以拿來喝水用，所以務請留下。』這樣，我們就開始有了瓶子。此後，瓶瓶罐罐的東西，就一個接一個來到道場。直到現在，有各式各樣的東西帶來這裡，就像裝飾盒及銅盤，我究竟要怎麼處置這些東西呢？」因此，我說道：「沒錯，尊者又怎麼處置這些東西呢？只是大家剛好有件自己很喜歡的好東西，他們樂意送給他們最愛的人，這是很自然的。」

一九四六年四月十日上午

瑪沙拉瓦拉醫生把朋友寄給他的信函拿給尊者看，尊者閱讀之。函中的部分所言，立論薄弱，其他部分，尚無爭議。信函上說，萬物包含在存在、意識、幸福、名稱、形相中；前三者構成真實，其餘的，瞬逝無常，是不真實的，而真知在於唯真實是視，不在於名稱與形相；前三者構成「我」(*aham*)，後二者構成「這個」(*idam*)。尊者同意此論，並說：「『我』與『這個』，二者之間，道盡一切。」信函又說，萬物唯至上絕對是觀，而遍處皆是依循真知的虔愛，尊者援引此說，論道：「在那個階段，不管你說是唯至上絕對是觀、依循真知的虔愛，或依循虔愛的真知，這些都僅是語辭而已。在真實上，說『我們必須處處唯至上絕對是觀』，這也不是十分正確。唯獨在最終的階段，一無所觀，也無時間與空間，那裡沒有觀者、觀視及所觀物，其存在只是無垠之眼。」

下午，南羅耶納史瓦米．艾耶先生的女兒，她嫁給桑德雷沙．艾耶的兒子，在廳堂吟唱一些歌曲，然後她講述一則奇蹟如下：

「在北方邦坎普爾，我們住在一間房子的三樓，是那個樓層的唯一住戶。我們有水龍頭設備，但水幾乎無法引到那個樓層，我們必須每天走下好幾層樓，然後攜帶著水，爬上樓梯，以應所需。我的丈夫每天為我做這項勞務，這對他也太辛苦了，因為我體弱，無法協助他這項每天的勞務。有一天，我一人獨自在家，而我丈夫在他的辦公室，我在思考我們這樣的困境，應如何解決，於是我將一個空的瓶子，放在水龍頭前面，並以憂傷的心情，吟唱著歌。我開始唱的歌是〈臣服〉（這首歌在尊者的信徒間，極為有名。是M．V．羅摩史瓦米．艾耶先生譜寫，他及其家人，每次要尊者為他們驅邪祈福時，都吟唱這首歌。）歌的大意是：『我們在祢的庇蔭下，祢是我們唯一的庇佑。還有誰我們能依靠呢？若祢延遲來拯救我們，我們再也無法承受下去了。所以，請即刻就來，終止我的苦難，賜我幸福。』唱著唱著，水從水龍頭點滴流下，隨著我的歌唱，水流加劇，所以我一直唱到空瓶裝滿了水。我丈夫回家後，驚奇有這麼多的水，他無法想像我能得到這些水。我告訴他：『我發現了得到水的秘術，若我吟唱〈臣服〉我就能有水了。』我的丈夫，自然不肯相信，於是我在他面前，再次施此秘術，而水龍頭的水潺然流下。從此以後，水的難題沒有了，只要我唱著〈臣服〉的歌，水就從水龍頭流下來，我試著唱別的歌，但沒有效應。其後，有一次，我感覺微恙，父親來看我，我向他說這件事，他也不肯相信，我便在他面前，再次試驗，他看到了成效，要我試唱別的歌，我照他的話做，就沒有無效應。」這個女孩，全程娓娓道來，興高采烈，整個敘述，語氣真實，所以我認為若質疑這個經歷的真實性，那就可笑了。

晚間，尊者問隨侍瓦康塔．瓦桑，猴子在中午是否餵食了？是否有許多猴子出現？今天是尊者所稱的「室利・拉瑪・那瓦米」。尊者說：「今天是猴子的日子，我們必須給牠們食物。」於是，上午十一時，我們在用餐時，瓦康塔・瓦桑準備了大量的食物，有蔬菜、瓦達油餅、甜粥等，摻混在一起，拿到道場後面的台階上。尊者既然詢問此事，瓦康塔・瓦桑便說：「我到的時候，只有一兩隻猴子，不久之後，猴子都來了，牠們吃得很好，彼此沒有爭吵，也沒互咬。」尊者說：「食物充足時，牠們就不會互毆，所有的糾紛，都是由於食物不足引起的。當牠們有豐盛的食物時，牠們就會大聲嘶吼，表示快樂。我住在山上時，曾親眼見過。在那裡，牠們經常有東西吃。」

一九四六年四月十一日上午

約在上午八時，尊者進入他所稱呼的「牢籠」，亦即新製的柵欄，圍在他的長椅沙發前面，他瞪眼看著站在我身邊，對著沙發南面的室利尼瓦沙・饒醫生。我正納悶，尊者為何這樣。數分鐘後，尊者解釋道：「在我看來，你好像穿著短褲，但我又不知道你是否要外出去某地。每當穆達利爾（本書記錄者）套上襯褲，我就知道他要外出去某地，所以我以為你要準備外出。但是，現在我看到你只是把腰上的布巾捲上來，看起來你是穿著短褲。」醫生說：「不，現在我已不穿長褲了。」

約在上午十一時，中午用餐的鈴聲響起，尊者從他的長椅沙發上起身。通常他在起身之前，都會稍加按摩他的腿部、膝蓋。他轉頭向S．杜賴史瓦米先生，說道：「你的朋友（指S．饒醫生）對我這種痛，相當關注，以至不願離開我。人若蒙受慇懃對待與真誠關懷，那麼誰會離開那裡呢？」S．杜賴史瓦米說：「顯然，尊者保持這種痛，是要使醫生受惠。」

下午，我步入廳堂，尊者在看兩本最近收到用捷克文寫的書，他檢查了書本的裝訂狀況，認可後就把書還給我。我把書本拿給S．杜賴史瓦米看。稍後，尊者問他，他是否看過齊默的書，是用德文撰述尊者。S．杜賴史瓦米說，還沒看過。於是我去拿這本書給他看。

一九四六年四月十二日上午

我告訴尊者：「昨天晚上，我去城裡，在路上遇上一位女士，跟我搭訕，問我安好否。我說我不認識她，她略感不悅，她告訴我，她與尊者有關聯。她的母親名叫烏娜瑪萊．阿摩，曾固定送牛奶給賈達史瓦米，當時尊者時常到賈達史瓦米那裡，這位烏娜瑪萊．阿摩也送牛奶給尊者。她的父親，也常為尊者揮扇子，而她的兩三個小孩，常在尊者後面，黏著尊者。她的名字叫「露卡曼妮」，是尊者命名的。若她現在來道場，尊者會垂詢她等等。」尊者說：「是的，是的。我知道她的母親，曾服侍過賈達史瓦米。這位女士，從孩童時，我就看她長大。現在她也常來這裡，她們是可穆蒂家族，父親去世了很久。」

下午

一位訪客呈上一張字紙給尊者，他用鉛筆寫下一些提問，字跡潦草。我步入廳堂，約在下午三時，尊者正在辨讀提問的字跡，看見我來，就對我說：「這裡有一張問卷。」

問題一：如何避免輕易相信？訪客的提問是，有人給他建議，他認為很好，便採行之，但另一人又給他另一建議，他就相信，而拋棄原先的建議。

尊者：是的，是的。我們整個問題是，我們都是輕易相信的，我們相信一切事物，除了真實之外。我們必須屏棄我們錯誤的信念，這是我們唯一的要務，然後真實將自身輝照。

問題二：我對某些理想，一開始很敏銳，但後來逐漸鬆懈下來，我如何避免這樣，為什麼會這樣，原因何在？

尊者：那個當初使你敏銳的原因，正是後來使你鬆懈的原因。

問題三：有許多靈性導師，教導各種法門，我們要選擇誰作師父呢？

尊者：選擇那個你認為能使你心靈平靜的。

問題四：處理欲望，擺脫它們，最好的方法是什麼？是滿足它們，或是壓抑它們？

尊者：若欲望能以滿足而擺脫，那麼滿足欲望無妨。但大體上，欲望無法藉由滿足而滅止。若以滿足為方法，想要斬斷欲根，就如同澆灌酒精於火焰上，想要滅火。然而，強力壓抑，也不是妥當的辦法，因為這樣的壓抑，勢必遲早會遭致強力湧起的不良後果。所以，擺脫欲望，最合宜的辦法是，找出「是誰在懷有這個欲望？它的源頭是什麼？」若能找到，那麼欲根被拔掉，欲望永不再萌生。生命中小小的欲望，諸如吃、喝、睡等欲望，聽其自然所需，雖然這些也屬於欲望，你可以在安全的情況下滿足它們，它們不會植入於你心思的習性，使你進一步的再出世。這些活動，是生命運作所必要的，不可能會增長或存留在你的習性裡。因此，一般而言，若滿足欲望，而那個滿足不會導至心思製造習性，進而使欲望加劇，也就無妨。

問題五：「唵」的涵義是什麼？

尊者：「唵」是一切，是至上絕對的另一個稱呼。

我閱讀一月分的《景象》期刊，看到有關庫拉塞克拉．阿爾瓦的故事。我曾在一場說唱故事的說書人口中聽到，魔王羅波那劫走悉多，庫拉塞克拉因自我認同而入戲太迷，以致認為他身為羅摩的拜神者，應該即刻趕往愣伽（今斯里蘭卡）拯救悉多，於是他奔赴至海邊，越過大洋來到愣伽，然後羅摩與悉多現身，而拉克希曼那（羅摩弟弟、毗濕奴的四分之一化身）

灑落祂的恩典在他的身上。我記得另一個說唱故事的版本是說庫拉塞克拉發動戰爭，以他的軍隊，援助羅摩，同時說唱故事的說書人意識到這個情勢，便立刻說唱到羅摩在戰爭的勝利中出現，把他的敵人全數殲滅。尊者也認為我心中所想的版本是正確的版本，而有關羅摩的戰事，應該是跟卡拉和杜夏那有關，而不是為了悉多而跟魔王羅波那的戰事。尊者查閱了阿爾瓦詩聖的歷史，告訴我們，在庫拉塞克拉的生平中，都有這兩則事蹟的記載。這又引起我的論說：「有些馬拉地的聖人，也做過類似這樣的事。我認為他能縱身一躍，跳到屋頂上。」在此，室利尼瓦沙．饒醫生問尊者：「我不知道這個故事，那是什麼故事呢？」於是，尊者說：「艾克那斯在撰寫《羅摩衍那》（馬拉地語的版本）[26]時，生動描述神猴哈奴曼縱身躍過大海，來到愣伽，他把他的英雄哈奴曼認同為他自己，以至不自覺地縱身躍至空中，跳到鄰居的屋頂上，這位鄰居素來對艾克那斯不懷好評，總認為他胡說八道，是個宗教的偽君子。當他聽到屋頂上砰然聲響，便跑出來看，發現艾克那斯躺在屋頂上，一手拿著棕櫚葉的手稿，另一手拿著他的鐵磴，而棕櫚葉的手稿上，寫著哈奴曼越海的頌文。這件事使鄰居見證了艾克那斯是一位多麼真誠的虔愛奉獻者，後來成為他的門徒。」

停止半晌後，尊者又說道：「神在艾克那斯的夢裡出現，要他去修葺智納斯瓦的墳墓，於是他前往執行，他找到一位承包商願意工作，完工後付款。那位承包商便開立帳戶，列上全部的經費，包括應支付所有工人的名字及費用。一切事務皆有系統地進行，迨至修葺竣工，要檢視帳戶內容，以便承包商支付款項，這時承包商及他的帳戶簿本，全部消失不見了。然後，艾克那斯知道神就是他的承包商，承造了工事。這樣的事，就發生了。」

一九四六年四月十三日

今天是坦米爾年曆的新年。下午我們的夏斯特里爾在尊者面前，朗讀新年的曆書。

一九四六年四月十四日下午

隨侍希瓦南達朗讀「蒂魯．阿魯爾．摩茲」末頌中坦米爾語的「濕婆千聖名」。我於下午三時走進廳堂時，尊者正在糾正希瓦南達的誦讀，所以我跑到我的房間，拿出一本同樣的書本給尊者，以便他能方便跟隨希瓦南達的誦讀，並加以糾正。尊者說：「不用了，不可能去糾正他，他讀的錯誤太多。」於是，我想去協助希瓦南達，便誦讀了一陣子。在誦讀的過程中，我發現誦詩若不能根據押韻，或妥當表述每節頌句，或有所失誤時，都不能符合尊者的心意。希瓦南達誦讀一陣子後，想要停下來，於是就不再唸了。

娜葛瑪歸還泰盧固文的期刊《辯才天女》，尊者問我，是否讀過秦塔．迪克希杜魯的〈在真實中，你是誰？〉(*Asal Neevu Evaru*）這篇文章，刊載在《辯才天女》。我說：「是的，讀過。」尊者建議把這篇文章翻譯成英文，可能會有用處。我有個印象，是毛尼已經譯成英文了，因為我記得在廳堂裡，巴拉羅姆把'*Asal*'譯成「在真實中」，後來毛尼譯成「首先」，我比較贊同後者。於是我跑去找毛尼，問他是否尚未譯成英文，他說他僅翻譯文章的標題。所以，我告訴尊者，我自己可以翻譯；同時我商請維斯瓦納特，在舒巴·饒協助下，將此篇文章譯成坦米爾文。

一九四六年四月十五日上午

約在上午八時，娜葛瑪來到廳堂，向尊者頂禮致敬，然後在廳堂裡繞行。尊者說：「哈，妳也在繞行，妳是向拉瓦娜瑪學的嗎？她習慣在這裡繞行，直到隔天我向她說，她才停止。若有人這樣繞行，那麼每個來這裡的人，就會想：『在這裡繞行，顯然是正確的事。』於是大家就繞行了。畢竟，正確地繞行，是指環繞真我而行，或者更精準地說，是了知我們就是真我，在我們的內在，有無數的天體在旋轉，而一直繞行著，正如《梨布之歌》（第三章第三十九頌）下列頌文的載述：

冥思著「我是全福的真我」，
就是以話語及香花，而行禮拜。
真正的繞行，乃是心念，
「我的內在，有百萬個宇宙在輪轉」，
他知道萬物向他鞠躬
而他並無鞠躬，
他在偉大林伽之真我的面前鞠躬。

尊者說：「有些人一直在行頂禮膜拜，例如賈娜姬，她頂禮時，一直在無數次的磕頭。每頂禮一回，她就磕頭很多遍；在每個窗口前，她就伏地，磕頭頂禮。我向她講了好多次，她都不願意放棄這種動作。」這時，有人插嘴，說道：「她似乎很瞭解尊者。」尊者說：「是的，是的。」又說：「也有人來這裡，當我在步行中，他們就在我面前拜倒在地，趴在地上，好幾分鐘，我不能因為我體弱，就同意他們這樣。於是我走過去，告訴自己：『我們只有頂禮，我們才會受惠。畢竟，真正的頂禮，僅是捨棄『我』的感知，或消滅自我。』」

我說道：「尊者建議我們環繞聖山而行，我知道尊者並不反對在廟裡環繞神像而行。對於環繞著尊者而行，這裡的人頗具信心，他們認為跟環繞廟裡神像或聖山一樣好。這樣，我們又怎能反對在廳堂裡繞行呢？」

尊者說：「我並不是說這種事不應該做，只是最佳的繞行，是繞行你自己，或者所引述頌文中的誠摯情感的表達。至於對其他方式的環繞聖物而行，並無非議。一位真知的悟者，雖然知曉最佳的祭儀乃是冥想於真我，他仍然為裨益於大家，而參加各式的祭儀，並作為他們的模範。事實上，他遵行各式的祭儀，其正確性及堅定心，比起其他僅依循儀軌而不知真知之人，有過之而無不及。《梨布之歌》的頌文述及此如下，大意是：「對門徒教導不二一元論的上師，若談到二元論時，那麼其教導的真實性，不應視為有別於一位有償受僱而表現悲泣的苦者之為真實。」

當尊者引述上面這則頌文的摘要時，我去拿這本書來，給尊者參考。尊者接過書，打開書本，一翻，那則頌文字句，正好就在書本的那頁面上。像這樣的事，也曾發生過好多次。

下午，我在閱讀最近一期的《普拉巴達．巴拉塔》，我讀到一位門徒向羅摩克里虛那天鵝尊者[27]的入室弟子虛瓦南達問道：「聽說羅摩克里虛那天鵝尊者曾說過：『來到這裡的，就不會再有來世。』你聽過他這樣說嗎？這是何義？只有見過他的肉身而禮拜他的人，就會得救，或者只要耳聞到他而禮拜他的人，也能得救？」據說虛瓦南達答說：「上面有關羅摩克里虛那天鵝尊者的這些事，記載在書本上，其意思是這兩類的人都會得救，但以他們臣服於他為條件。」

我指出：「羅摩克里虛那天鵝尊者所說的話是：『來到這裡的人，都會得救。』為何對這些人要附加但書『以他們臣服於他為條件』呢？若有人全然臣服於神、真我或上師，他當然得救，這是眾所周知的事，對一個能夠全然臣服的人，親近聖者是多餘的。」尊者說道：「當羅摩克里虛那天鵝尊者說：『來到這裡的人』，其字語暗示：『來到這裡而臣服的人。』」我說：「若這是他的意思，他為什麼不這樣說呢？我認為有些人來接近他，想要獲得拯救，不管他們是否能夠全然臣服。難道不是所有來參加聖者桑班達婚禮的人，包括吹笛的、打鼓的，全都獲得拯救嗎？那些打鼓、吹笛的人，對全然臣服，一點概念也沒有。」尊者沉默後，說道：「據說，桑德拉乘了一輛天神的車子，到了天堂，他邀請別人跟他一道去，但沒有人前來。但在杜卡拉姆的生平事蹟中，據說他帶著他的肉身上天堂，也帶了二十一個人跟他一起去。」為了查閱後面的資料，我拿了一本坦米爾文版的《虔誠者傳》，尊者閱讀杜卡拉姆在以肉身上天堂之前，如何邀請每個人都跟他一道走，以及七天之後，他跟二十一個人都上了天堂。

話題在此聯結，我告訴尊者：「這個故事，以某種傳說流傳下來。我也曾聽說過，尊者曾經告訴某些信徒說，那些跟尊者在這裡的人，無須擔心他們的得救；這好比在火車上高階的旅客，已經知會了守衛，所以旅客雖然在臥鋪上安然入睡，也會被守衛喚醒，好讓他們在目的地順利下車。我無法知道尊者是在什麼時間、地點，向誰說出上面這些話。」尊者對此沒有回應。但是就我的思考揣度所及，事實上他並未在口頭上否認，而其臉部表情所顯示，便足以令我相信尊者在某個不經意的當下，一定是脫口說出了這些話（這對懶散如我者，帶來極大的希望）。

一九四六年四月十六日

晚間，吟唱吠陀經文後，穆魯葛納帶了一本坦米爾文的書給尊者，說書的作者轉交帕達南達送給他兩本，於是尊者問穆魯葛納，「帕達南達是什麼時候來這裡的？」他答說：「昨天晚上。」問起這本書，穆魯葛納告訴我，書是蒂魯塔尼．強葛羅耶．皮萊所撰，他可比擬詩聖蒂魯摩拉爾及阿魯那吉里那薩。尊者說：「這是一本小書，現在你或維斯瓦納特可以朗讀。」維斯瓦納特坐在尊者的前面一排，我站在靠近第一排，環視信徒的所有坐列後，告訴尊者說：「維斯瓦納特不在這裡。」尊者就指著維斯瓦納特給我看，笑著說：「哦，他在這裡呀！」我說：「那麼我們請他來朗讀，我沒有戴眼鏡。」尊者說：「我知道了，為什麼你看不到維斯瓦納特。」然後，維斯瓦納特朗讀這本小冊子，我們都洗耳恭聽，有些泰盧固人的訪客起身，向尊者建議文字應翻譯或扼要寫成泰盧固文。但是這樣的翻譯，似乎不需要，也不適宜。這本書對我們來講，並不值得這麼多麻煩。

一九四六年四月十七日

昨天上午，維斯瓦納特交給尊者一本坦米爾文版的《在真實中，你是誰，拉瑪那薄伽梵？》，尊者昨天下午問我是否已譯成英文了，我說「還沒」，所以昨天晚上，我坐下來修訂一位悉多拉瑪先生為我們翻譯的英譯文。今天上午十時三十分，我將修訂後的文稿，工整抄寫後，呈給尊者。他剛閱讀不久，今天第二批的郵件到來，他去取件後，雖然時間已是十時五十五分，尊者仍詳閱英譯文稿，一直到十一時午餐的鈴聲響起。

下午

尊者繼續閱讀英譯文，提出文中六項修正處後，讀完此書。

一九四六年四月十八日下午

來自孟買的納拿瓦提先生問尊者：「《阿魯那佳拉五頌》中的第五則頌文，述及觀『你的形相在萬物裡。』這裡的形相，指的是什麼？」尊者說：「頌文是說人應全然屏棄心思，朝向內在，去看內在的『你』這個真我，然後再看真我在『你』裡面。在萬物裡，唯有在觀內在的真我之後，才能在萬物裡見真我。我們必須了悟到除卻真我，別無一物，而他就是那個真我，然後只有他能夠把萬物當作真我的形相而觀視之，這就是述及「觀視真我在萬物裡，萬物在真我裡」的意涵，此一說法，也載於《薄伽梵歌》等聖書。在《真理詩頌四十則》中的頌文第四則也教示這個相同的真理。若你的觀念是，你是某個形相，你局限這副身體，那麼在這副身體上，你必須經由眼睛去觀視，而神及世界也會以形相呈現在你眼前。若你了悟你並無形相、你是無限的、你獨然存在、你的眼睛是無垠之眼，那麼除卻無垠之眼，還有什麼東西可觀視的呢？除卻眼睛，則無可觀視，若有觀視，則必然有一個觀者，用來觀視某物，也必然有時間、空間等。但是，若真我獨在，那麼它既是觀者與被觀者，以及在觀視之上或在觀視之中。」

一九四六年四月十九日上午

隨侍克里虛那史瓦米按摩約七八分鐘後，尊者說：「你已經按摩我了，但我好像沒有被按摩。」然後對我說：「有時候沒人按摩我，但我感覺好像自己在被按摩，這又怎麼說呢？」

古達羅爾的蘇瑪桑德倫．皮萊從蒂魯丘立等地旅行歸返，他向尊者稟告，他到在馬杜賴時，剛好是星象二十七宿中的不奈婆修。這天信徒聚集在拉瑪那故居，吟唱聖歌，供奉牛奶、油餅等，然後分送給在場的人。就在他說到這裡時，珊塔瑪拿著供奉神明的牛奶，步入廳堂，分發給大家，因為她剛搬入新屋。尊者說：「你才說到牛奶作為供品，分發給你，這裡就來了牛奶，意思相同。」蘇瑪桑德倫繼續向尊者說他的旅行，尊者問他：「在蒂魯丘立時，你有去打聽神廟水池裡的水位嗎？在你還沒抵達前水很少，但在瑪西月瑪肯星座的日子，水位就上升了，這情形就跟我當時小時候一樣。」蘇瑪桑德倫說：「沒有，我以為水位當然會上升，所以我沒去打聽。」尊者說，神廟水池裡的水以治療皮膚病而聞名，又說：「這是事實，當我們小時候在水池裡浴身，看到身上穿戴的銀飾都變成黑色的，所以回家前都要用泥土擦亮，以免父母責備我們在水池裡浴身，那些水含有硫黃。」

一九四六年四月二十日下午

一位穆斯林訪客，提出下列問題，獲得答覆如下。問：這副身體死亡了，但另外有個不滅的身體，那是什麼？

尊者：「不滅的身體」在字面上是矛盾的。「身體」（*sariram*）是會朽滅的。當然，有些東西是不滅的，在身體死亡後仍然存在。

問：據說，上主的光駐於眼睛。

尊者：那個眼睛，一無所觀。那個賦與光於眼睛的，乃為真實，不論你稱它為上主的光或他物。

問：上主創造這裡的一切，難道祂沒有嗎？首先創造什麼？據說先造光或聲音。

尊者：你所說的這些創造物，在你尚未說出其存在之前，必然先被你的眼睛所看見。這就必然有個觀者，若你能找到那個觀者，你就能知道造物及何者先造。當然，神最先創造何物有各種說法。多數的說法，包括科學家在內，都同意萬物來自光與聲音。

問：任何被創造之物，像這塊木頭，我們可以稱它為神嗎？據說這樣是大錯特錯。

尊者：甚至這塊木頭，其為存在，難道離卻了神嗎？因為神是遍在一切，存在萬物中，我們能把神設限在任何時間、地點嗎？我們不應該離卻神而觀看事物。就是這樣。

一九四六年四月二十二日下午

娜葛瑪向尊者說，納格那里耶最近用泰盧固文譜寫的兩首詩歌《斯堪達拉瑪·桑塔莎南姆》及《古海聖者》尚未在廳堂朗讀，而尊者身邊的人（像是尊者的妹妹）等人想聽，於是在尊者首肯下，朗讀了這兩首詩頌。

稍後，拉賈戈帕拉．薩瑪先生來這裡，他是泰米爾納德邦普杜科泰馬哈拉吉學院的梵文學者。他向尊者自我介紹，說他跟我們的拉克希瑪那．薩瑪極熟稔，雖然素聞尊者大名，但今日始見尊者本人，然後他朗讀自己譜寫的三則梵語詩頌，讚美尊者，再用坦米爾語向我們解說。在詩頌中，這位學者，將尊者比擬為月亮，但在某些方面，更為卓越。詩頌的大意是：

有如月亮，您把冷靜與愉悅帶給大家，若您與月亮有所不同，那是在於您的恩寵。月亮給離別的愛人，帶來憂傷，而您以您仁慈的恩典，帶給大家愉悅，無人例外。月亮有兩週的黑暗，而您始終輝耀著。

月亮被查科拉鳥[28]引頸等待，想要從月亮流溢的甘霖中，啄食飽餐。虔愛奉獻者，在此聚集，殷切期盼，希望從您的示現及言談中，澤被甘露。

月亮升起時，蓮花綻開。大家觀視您時，舉世之心或眾生之心，為之昂揚。

月亮驅散了遮蔽世上萬物的夜晚陰暗，您的光輝除去了隱蔽我們實相的無明黑暗，

月亮是濕婆的冠冕，戴在祂的頭頂。萬物或梵天神把您扛在祂的頭頂上。

月亮湧起於乳海[29]之中，而您誕生在吠檀多之洋。

一九四六年四月二十四日下午

當秦塔・迪克希杜魯的《牧者拉瑪那》首度出現在這裡，D・S・夏斯特里先生就給我們這篇文章的英譯文，並在尊者面前朗讀出來，當時我們認為幾處須要修正，毛尼拿了修正後的譯文，就擱置一邊，沒有好好審閱，於是娜葛瑪在三四天前，把這篇譯文取回，要我修訂。今天下午，尊者問我是否修訂好了，我說：「昨天晚上，娜葛瑪用泰盧固語唸給我聽，今天上午，我才開始修訂譯文。當我看到句子中有*thaga thaga*時，我想知道維斯瓦納特是如何譯成坦米爾文的，我拿到坦米爾譯文時，是在上午十一時，我會著手修訂，很快就會修訂好。」然後，我們討論了一些出現在文章原文上的字，如*mutte*、*thaga thaga*、*eppatiki appudu*等。我完成了修訂後，呈交給尊者，他要我跟別的譯文放在一起。我就把這些譯文，交給娜葛瑪，請她裝訂在一起，以便日後參考用。娜葛瑪請求尊者核准，那位普杜科泰學者的三首梵語詩頌，她會抄寫在《讚歌》簿本裡，但我們發現維斯瓦納特早已抄錄在本子上了，尊者便拿起《讚歌》本讀起來。我利用這個機會，閱讀到我在這些梵語詩頌的第一首所寫的總結，亦即記錄在本書日誌裡的，也想知道尊者是否認為寫的正確。尊者閱讀後恭維我，說道：「你怎麼能夠記得全部的這些詩頌，而又寫在你的本子裡？」我在日誌裡，遺漏了有關尊者誕生在吠檀多之洋，而月亮湧起於乳海這一段，但我在聆聽這次的朗讀後，就補上了這一段。

二十三日晚間，我在娜葛瑪的住處，聆聽她朗讀泰盧固語的《牧者拉瑪那》，在我跟她的對話中，她說：「你的筆記寫了一本又一本，但我只寫標題。」（這是指她將尊者重要的話語，記錄下來，寫成信函，寄給她在馬德拉斯的哥哥，她自己也留有底稿。）現在，我向尊者說：「娜葛瑪說我的筆記盡是垃圾，寫了一本又一本。而她只記錄重要的事情或談話。」

我這樣說，帶有一點戲謔，無辜的娜葛瑪冒出這句話：「你在尊者面前，也會像這樣胡說嗎？」我笑著回答：「這不是真的在胡說。」

晚間

今天整天，道場管理人廣邀所有的虔誠信徒，來看尊者的泥塑模型，那是馬德拉斯的雕塑家塑造的尊者肖像，已製妥放置在這裡。吟唱吠陀經文後，南羅耶納史瓦米·艾耶前來這裡，他是位退休的繪圖師，向尊者陳述塑像的意見，說模型並不令人滿意。他要尊者表述意見，尊者只說：「不要問我，人怎知道自己的相貌呢？我又怎能判斷這尊泥塑模型呢？」可憐的南羅耶納史瓦米大失所望。尊者稍後又說：「每個人都有每個不同的意見。倫加史瓦米說鼻子太大。雕塑師確實丈量過，說尺寸是正確的，但倫加史瓦米卻說太大，那該怎麼辦呢？就算有人製造了精確的肖像，我也不知道大家是否意見會相同。」

當我們跟尊者正要用晚餐的時候，南羅耶納史瓦米．艾耶先生來了，他懇求尊者務必表示意見，以安撫信徒。他說他可以做兩面大鏡子，請尊者站在中間，先細看自己的臉孔，再評判泥塑模型，然後坦白說出意見，尊者聽了斷然拒絕。

一九四六年四月二十五日上午

約在上午七時三十分，尊者從外面散步回來，步入廳堂，他說道：「剛才我走上台階，要進入道場裡面，我正在說：『T．N．克里盧那史瓦米博士怎麼還沒到？若他搭乘上午的火車，現在應該到了。』我的嘴巴還沒合上，我就看到博士在我的面前。我不知道是否因為他在這裡，就使我想起了他。我一想到他，他就在我的面前。」然後，尊者向博士說：「讓你急忙現在趕來，一定給你相當不方便。這些人都不願聽我的話，他們打電報給你，也打電報給廟宇的建築師，建築師回電報說，他現在無法前來，他們就派人去叫他來，我不知道建築師到底要不要來。這些都不是很必要的，但是他們不會在意我的話。」

幾天前，討論到《在真實中，你是誰？》文中的*dakshina parsam*的意涵時，尊者想要知道，在馬德拉斯博物館裡，達克希那穆提的神像，從中央位置看，頭部是否朝向右邊，他說道：「假使我們寫信給博士，他就會立刻拍照送過來。」今天上午，娜葛瑪想起尊者當時在廳堂，就在博士離去後，曾這樣說過。因此，一會兒後，我便帶博士再次來到廳堂，尊者要他去拍攝一張達克希那穆提神像的照片，或者若有博物館裡的神像照片，請他送過來。尊者又問，不知這樣做，博物館當局是否會反對。博士答說，不會反對，也可能博物館早已有神像的照片了。他也要一些資料，描述達克希那穆提神像的文字，所以我給了他坦米爾譯文的簡介文字。

客問：當我設法要空無思維時，我卻睡著了，我該怎麼辦？

尊者：一旦你進入夢鄉，你在那個境地，不能做什麼。但醒來後，就要設法驅除所有的思維。為何要思索睡眠的狀態呢？甚至這樣的思慮，也是一種思維，不是嗎？若你在清醒的時段，能夠空無一思，那就夠了。當你快睡著時，就在進入眠境之前，那個心境會持續下去；當你再度醒來，就會從你不知不覺掉入眠境時的那個心境，起而繼續下去。只要有思維的活動，就也會有睡眠。思維與睡眠，是一體的兩面。

尊者引述《薄伽梵歌》，又說道：我們的睡眠不應太多，或者都不睡。睡眠應適量，為了防止睡太多，我們必須設法不存思維或不令心思走作，我們必須僅食用純淨的食物，份量適當，避免身體過度勞動。我們愈能控制思維、勞動、食物，我們也就愈能掌握睡眠。但是，適量應該是法則。就像《薄伽梵歌》說在修行的道路上，對修行者而言，睡眠是所有修行的第一障礙。第二障礙，據說是世上感官之物，能轉移我們的注意。第三障礙，是念頭，對感官之物的前所體驗而縈懷不去。第四是幸福感，也被指為是障礙。因為在那境地，是一種自福祉的源頭分離而出的感知，使人頓時說：「我現在好幸福。」實則，此時更應越過此境，邁抵三摩地的最終階段，在那裡人成為幸福，或與真實合一，使「享受者與享受之事實」的二元對立，全然消泯於存在、意識、福祉，或那個真我的汪洋之中。

一九四六年四月二十六日上午

尊者問我，昨天是否看到道場收到柯隆柏．羅摩強德拉的來信。我說：「沒有。」於是，尊者向我說：「羅摩強德拉的信中，附有古南拉特南的函，他說這是首次用僧伽羅語[30]撰寫聖者的生平，若他們想要在這裡的週年慶時出版，那麼內容可能要大為刪減，我不知道他們要怎麼做。羅摩強德拉曾在這裡寫過《阿悉多肯》，交付出刊，他在一兩天後就會拿到了印刷的文本。」

我向尊者說：「是的，羅摩強德拉在這裡時，他只寫了五首詩，也送到出版處，他要把尊者的相片當作夾頁，放在第一頁，但當時他要我莫告訴尊者。」

這時，蘇瑪桑德倫．皮萊說，在羅摩強德拉的信函中，提到羅摩克里虛那傳道會知悉我們處理蒂魯丘立的故居後，也在採取措施，確保羅摩克里虛那天鵝尊者出生地的房屋，使之成為朝聖地，供人膜拜。

然後，尊者說道：「蒂魯丘立故居的那位祭師可能認為，羅摩強德拉從這裡歸返可倫坡的途中，會順路到蒂魯丘立。他知道羅摩強德拉已經回去了嗎？」

蘇瑪桑德倫．皮萊：「我已經告訴他有關羅摩強德拉所有的事情，以及我如何一路陪他到特努什戈迪（泰米爾納德邦東南外海岬角的小鎮，鄰近斯里蘭卡）。」

尊者：「那位故居的祭師可能受邀去馬哈拉施特拉邦維達浦里，參加某些特殊的慶典活動，讚頌聖者曼尼卡瓦伽喀。」

然後，我們談到瓦達沃爾，尊者說那個地方，距離馬德拉斯僅約二十哩。我們也談到佩倫杜賴。許多學者對《蒂魯瓦查肯》書中的佩倫杜賴這個地方，是否叫做阿烏達亞科爾，爭論不休，當地有座神廟，傳說是聖者曼尼卡瓦伽喀興建的，或者這座神廟，位於更北的地方，學者間也意見不一。尊者說：「各式各樣的說法，層出不窮；正反雙方，各逞機鋒，說法牽強。」

稍後，毛尼要參閱迪里浦．庫瑪．羅伊譜寫的詩頌，他屬於奧羅賓多道場，上次來這裡，留下一些詩頌。毛尼也要看查德威克先生所寫的詩頌，詩裡有查德威克向尊者的傾訴語：「你不會讓我走。」我檢視了檔案，只能找到D．K．羅伊的詩，後來我向查德威克先生拿了他的詩頌文稿，發現詩是寫於一九四一年。於是我將羅伊及查德威克的詩，都交給毛尼。

晚間

吟唱吠陀經文後，道場的猴子正在拿牠們一天中最後的水果禮物，尊者細述他在史堪德道場時，跟猴子相處的昔日經歷，以及他最喜愛的朗弟派揚（即前述的跛小子），又如何兩度傷到他。猴子都拿到東西後，還剩下一根香蕉，尊者指著站在那邊的四隻猴子，說：「給這些小猴子。」接著又說：「這些都是沒有尾巴的猴子。」

一九四六年四月二十七日上午

從古吉拉特邦的德瓦卡爾來了一位神廟的僧侶，從奧羅賓多道場的歸返途中，前來參訪，用梵語問道：「我希望得到對上主克里虛那的直覺感知（直證），我該怎麼做，才能辦到？」僧侶提問時，尊者正在看一封舒羅夫中尉的夫人帶來的長函。信上結尾，感性地說：「依照您的旨意對待我，給我健康或疾病、富有或貧窮。」尊者援引此意，答覆僧侶的問題，我無意干擾他的信念，但要告訴他：『一切聽從上主克里虛那，甚至要得到對克里虛那的直覺感知亦然。』舒羅夫的這封信，同此意涵。」

說完之後，尊者又說：「你對上主克里虛那的概念是什麼，你說的直覺感知，又是何義？」僧侶回答：「我的意思，是指住在布林達旺[31]的上主克里虛那，而我看祂就像是牧牛女看到祂一樣。」

尊者說：「你看到祂，而你認為祂是個人，或具有人身相，或是某人的兒子等，但祂卻說：『我在萬物的本心裡，我是一切生命形相的開始、中途及終了。』祂必定在你的內在裡，正如在萬物的內在裡。祂是你的真我，或者是真我的個體意識。所以，若你看到這種東西或對它有直覺的感知，你就有了上主克里虛那的直覺感知。真我的直覺感知，與克里虛那的直覺感知，並無二致。照你自己的方式，全然臣服於克里虛那，讓祂作主，讓祂應許你要的直覺感知。」

一九四六年四月二十九日下午

納拿瓦提先生問尊者：《教導精義》頌文中述及的本心是什麼？頌文說：「駐止於本心，乃是最佳的行動、瑜伽、虔愛、真知等。」

尊者：那是萬物的源頭、萬物之所居，以及萬物之最終消融，乃是所述及的本心。

納拿瓦提：我們又如何想像這樣的本心呢？

尊者：為何你要想像呢？你只要看這個「我」是從哪裡萌生的。

納拿瓦提：我認為僅僅在言語上沉默是不好的，必須在心思上寂然寧靜。

尊者：當然。若我們有真實的寧靜，那個境地是心思消融於其源頭，不再有個別的存在，那麼其他一切的寧靜，都會自行來到，諸如言語的寧靜、行動的寧靜及心思的寧靜。

在此議題上，尊者引述塔俞馬那瓦的頌句：「我若有了單純的寧靜，我將會寂然寧靜於心思、言語及行止。」尊者接著又說：「這樣的寂然寧靜，並不是了無生氣，而是擁有巨大的動力，這乃是最強而有力的言語。」

羅摩舒巴．艾耶先生從道場圖書館取出一本書，尊者問他是哪一本書，他說是一本《那努爾》的書，因為他想學習詩體韻律。尊者建議他看別的書，《那努爾》僅是簡單敘述詩體韻律而已。然後尊者談到詩頌的各種押韻節奏，告訴我們有關坦米爾文的韻律，以及說明坦米爾詩的六部組合。尊者繼續說道：「坦米爾詩的 *Venba* 格律押韻，比梵語詩的 *arya vritams*，更為困難。卡瓦雅肯特本人曾一度向我承認這一點。學者們甚至把 *Venba* 比作老虎，壓倒了許多大詩家。當然，這些講究詩頌韻律，都在擾亂心思的平靜。當我們窮盡心力，焦思劬勞於文字上的措詞遣字，其結果除了喪失心思的平靜之外，還有什麼呢？有時，四行詩句的第一個字ஓர்是同一個意思，但這個字巧妙運用，卻在各行詩句中，得以作為不同的分別用語，而其意思也隨之不同。」話題從這裡轉到人訓練心思，如何造就出驚人的行事，例如同步分身行事，尊者敘述納耶那（即慕尼）如何在尊者面前運作同步分身術，那是何等神奇；納耶那又如何說他所展示的，只不過是他記憶能量及心智拓展的千分之一的部分而已；納耶那又如何在一個晚上八時至十二時之間，同步對不同的執筆者，口述不同的章節，而一次譜寫三百節詩句，完成他的《烏瑪千詩頌》（烏瑪是雪山女神的另名）。

一九四六年五月二日上午

客問：我已經在朝聖之旅中，走訪各種不同的神壇，膜拜各種不同的神明。神的真正形相，究竟為何呢？

尊者：只有一件事要知曉，那就是有個某物，存在於所有的形相裡，但它不是這些形相。我們看那個「一」，即等同於觀諸多，亦即無形無相寓於諸形諸相中。

下午，羅摩強德拉·艾耶問尊者山上某處的泉水在哪裡，尊者描述地點，並說這處泉水是一位伐木者首先指示給他的。尊者繼續說道：「那個時候，我習慣獨自行走，為了因應大自然的呼喚，我通常不帶水，但總是到有水的地方去。那一天的上午，有一次，我經過我常說的那棵榕樹。」

「當我走到一條山裡溪流的河床上，我看到一棵大榕樹矗立在一塊岩石上，枝葉寬闊，橫越過溪流，我想到對岸去，從那邊觀看這棵大榕樹。當我不經意地挨近通往對岸路上的一簇矮灌叢，一群黃蜂圍繞在我的左腳至腰部處，一直盯咬著我，但未波及我的左腳。我讓我的左腳，停留在那裡一會兒，好讓黃蜂對我的腳施加懲罰，因為那隻腳侵犯了牠們的領域。一陣子過後，黃蜂飛走，我又上路了。那隻腳腫得不得了，我舉步維艱，抵達七泉洞時，已是凌晨二時許，賈達史瓦米已在那裡紮營，給了我一些酪乳調混著粗糖，那是他用食材所能提供的東西，這就是發生的實情。但是，後來大家前去那裡，寫道我是有目的去探險，並找到了《往世書》所描述聖山北峰的那棵榕樹，據說阿魯那佳拉仙人住在那裡。其實，我始終沒有這種念頭。當我第一次看到一棵巍峨的榕樹，挺立在一塊險峻的岩石上，好奇心驅使了我，要趕去觀看，同時黃蜂叮咬著我，而我渾然不知有棵樹。」

下午，一位歐洲人走進廳堂，坐在角落，數分鐘後離去。尊者問我，是否認識他。我說我曾見過他在這裡，但已忘其名，他是馬基佛先生的朋友。尊者說：「他的名字是伊夫林，娶了帕西族女子為妻，那位女子常來這裡，跟泰勒亞可汗太太在一起。他的妻子曾致函維斯瓦納特，請其照顧她的丈夫，並且說她的丈夫已經出院了，現在的狀況良好。」

一九四六年五月五日下午

卡斯圖里．切提先生帶來消息，說加納帕提．夏斯特里（即慕尼）在今天上午仙逝，死因是疝氣。尊者談到夏斯特里，說他是格蘭特．都夫最好的朋友，他是位酷愛書本的人，一有書出版，他就會立即購買所有的好書（不一定會看），存放在他的圖書室裡。

尊者說：「一些稀有罕見的書籍，別的地方找不到，他那邊都有。」羅摩強德拉．艾耶說，有一次尊者在途中，被請到加納帕提的屋子，去看他收藏書籍的圖書室。尊者說：「他有一本《拉瑪那之歌》，是用天城體[32]的文字寫的，而納耶那（即慕尼）則用泰盧固語的文字書寫這本書。」

晚間

約在兩天前，道場接到史瓦米．悉達斯瓦拉南達從巴黎寄來的四本法文書籍，在信函中，史瓦米寫道：「我希望法國信徒沈太太還在道場那裡，我在這裡見到她的一些朋友，若她在那裡，她可以告訴尊者書裡有記述尊者的內容。」於是，尊者要我把那些書本拿給沈太太閱讀。今天晚上，她來了，說道：「這些書中提到尊者是圓滿得證的智者（*sthita prajna*），雖然法文也有同義字。」因此，尊者向她唸出《寶鬘辨》帕加阿曼神廟英譯文中敘述證悟的智者的頌句。尊者也告訴我們，在《薄伽梵歌》第二章，也是用證悟的智者來表述同一人，其後用薄伽瓦特·虔愛奉獻者來表述其虔愛奉獻，最後用超越三質性者的字語來表述。當我閱讀尊者所說的《寶鬘辨》中的頌句，及相關敘述的一位證悟的智者，這些都是指存身在世的悟者而言。在《寶鬘辨》中，一位證悟的智者，是指這個人已獲致穩定的開悟之光。我請詢尊者，這些字語，是否並非刻意在指述同一個位階。當時尊者在《薄伽梵歌》的頌句也提到這個字語。

一九四六年五月五日[33]

回應一位訪客的提問，尊者說：「找出是誰在分離，那就是合一（*yoga*，瑜伽）。合一在所有的修行法門中，是共通的。合一不過是莫起念於你與真我或真實是分離的。所有的瑜伽，如行動、真知、虔愛、王者等，只是為適應不同的資質，採行不同的進階模式而彼此有別的法門，俾使大家脫離長期存有異於真我的概念。這也不是結合的問題，說要去結合於遠離我們或有別於我們的事物，因為你從未或能夠從真我分離出來。」

下午，我向尊者出示今天《星期日時報》的文章，上面有T．M．P．馬哈德凡博士在他的廣播談話中，引述商羯羅述及其自身體驗，作為證明存身在世的悟者之存在事實，以及有關各種解脫狀態的爭議。尊者從一本坦米爾文的書，書名是《不二一元論的真理》，讀其中片段，文字述及有關存身在世的解脫之所有疑問及答案。然後，尊者說道：

「書上各種不同的詮釋，都在使人瞭解，悟者是如何能夠生活及行動而了無心思，雖然生活及活動都需要心思的運作。當陶器已塑成，陶工不再運作轉盤，但轉盤仍會持續運轉。同理，電扇在關閉電流後，扇片仍會持續旋轉數分鐘；使這副身體出生的今世業報，將運作此身，歷經諸多必然的活動，但悟者貫穿這些所有的活動，毫無他是活動的執行者的概念。如何能這樣？這很難理解。所提供的通說解釋是，悟者的活動運作，有如孩童，在睡中被喚醒，餵他吃東西，但隔天早上他也不記得了。但要知道，這種說法不是解釋給悟者聽的，悟者洞若觀火，了無疑惑，他了知自己不是這副身體，縱使此身在行動，他一無所為。這些解說，都是給旁觀者聽的，他們認為悟者有個身體，忍不住就認為悟者等同於其肉身。」

「至於悟者了悟之後，是否仍以其有形的身體而存活在世，諸多學派，議論不一。有的認為，身已逝亡者不可能是為悟者，因為他的身體會隨風而逝之類的，他們提出各種可笑的看法，說人若了悟其真我，就必須離卻其身，那麼我不知真我的知識或了悟的境界是怎麼傳承下來的。這麼一來，聖書上說的所有悟者，提供其證悟的成果給我們，只因為他們了悟後，仍存其身，就不能認定為悟者了。又假若認為某人在世上有所行動（其行動不能沒有心思）就不能認定為悟者，那麼不僅偉大的聖者們，在獲致真知後仍從事各種工作，都不能認定為悟者，抑且諸神如伊濕瓦若也不算悟者，因為祂們仍持續在照顧這個世界。事實上，任何行動，悟者皆能好好履行，他以任何的方式，不認同其為自身的行動，或者不認同他是行動的執作者，那是某個力量，透過其身，運作其體，遂行其事。」

尊者在先前的場合，也說過相同的話，他繼續談到解脫。他說：「解脫並不是要去獲致的某物，它是我們生命真實的本質，我們已經是『那個』了。人只要存有困縛的感覺，他就想要設法脫離那個困縛。當人認為自己是在困縛中，設法找出到底是誰處在困縛裡，藉著探究而發現自己並不受困縛，只是心思在作祟；當心思內返而不外馳於感知諸物，心思本身便消失，或顯示心思並不存在；它融入於其源頭，亦即真我，不再是一個分離的個體。在那個境地，並無困縛或解脫的感覺。只要人說到解脫，他就仍在困縛之中，尚未解脫。」

上午問到瑜伽的那位訪客，現在進一步提問。

客問：今天上午，我不完全瞭解尊者所說的話。在冥想時，若我的心思走作該怎麼辦呢？

尊者：每次心思紛飛走作，只要把它拉回來即可，固定在冥想中，此外別無他法。（尊者引述

《薄伽梵歌》第六章第二十六則頌句，說法相同。）

客問：那麼，呼吸控制法沒有用嗎？我不應持行這個嗎？

尊者：呼吸控制法是輔助，也是一種協助心注一處的行法。呼吸控制法有助於控制走作的心思，而達到心注一處，因此是有用的。但是人的持行，不能僅止於此。經由行呼吸控制法而掌控了心思之後，修行者不應在此滿足於引生的任何體驗，而更應該運用可掌控的心思，去探究「我是誰」，直到心思融入於那個真我。

客問：在冥想時，他可否運用神的形相或咒語？

尊者：是的，當然可以。這些東西都有助益，否則為什麼很多書都在推薦呢？敘述不同的事物，是為了因應修行者不同的資質，每個人都應選擇自己最容易或最喜歡的行法。

一九四六年五月六日

今天約在上午十時，在尊者母親的神廟前面，為起造新廳，在日後尊者的座位處前，安置基石。新廳奠基儀式預計在一九四五年一月二十五日舉行，現在準備動土起造。

下午，一位來自安得拉邦維濟亞納格勒姆的訪客，拉克西米·那羅延那·夏斯特里朗讀他的書的部分內容，祈求尊者的認許及祝福。那是一首泰盧固語的詩，他譯自慕尼的梵語《烏瑪千詩頌》及其註釋。

一九四六年五月七日

下午，拉克西米·那羅延那·夏斯特里再度朗讀他的書的部分內容，尊者問這本書的內容已翻譯了多少，他答說，只譯到一百首。他也誦讀了自己譜寫的詩頌，標題是《臣服於真我》以頌揚尊者，並祈請尊者祝福。他告訴尊者，他已接洽出版商出版他翻譯梵語原著的書，但迄今尚待獲得同意。尊者說：「會同意的，不會有困難。」

我無法評定這些詩頌，因為是泰盧固文寫的。娜葛瑪告訴我，這些詩頌都寫得非常好，拉克西米·那羅延那·夏斯特里是個有地位的詩人。

一九四六年五月八日

下午，一位來自北印度的年輕苦行者與尊者對話如下：

苦行者：我不知道我是誰，雅利安社的人士[34]說，我是生命個體靈，若淨化心思及心智，就能看見神，但我不知道如何做。若尊者認為我是合適的，尊者能告訴我怎麼做嗎？

尊者：你使用了一些字語，你對生命個體靈、心思、心智、神等的定義是什麼？神在哪裡，而你又在哪裡，一定要去看神呢？

苦行者：我不知道這些字語的涵義。

尊者：那麼就不必在意雅利安社人士告訴你的話，你對神並不知曉，但你確實知道你是存在的，你對這一點，並無疑惑，所以去找出到底你是誰。

苦行者：這就是我想要知道的，我如何能找到呢？

尊者：屏除一切的思維念頭，設法找出在你身體的哪個地方，有個「我」在萌生。

苦行者：但我想不到這裡。

尊者：為什麼呢？若你能想到別的事物，你就能想到「我」，以及在你身體的某處而萌生。若你的意思是，有別的事物分散了你的思維，那麼唯一的要務是，每次心思馳散時，就要把心思拉回來，固定在那個「我」。當每個思維萌生，就要自問：「這個思維是誰的？」答案是「我的。」然後抓住那個「我」。

苦行者：我要一直持誦那個「我是誰」，使之成為咒語嗎？

尊者：不對，「我是誰」並非咒語，其義是你必須找出「我」這個思維的萌生處，那是其他一切思維的源頭。不過，若這種探究的行法，你認為困難，那麼你可以持誦「我—我」，那也能引導你到同一個目標。使用「我」作為咒語也無妨，它是神的第一個名稱。

神是遍在的，但在這方面，很難去想像祂，聖書上說：「神是遍在的，祂也在你的內在裡，你是至上絕對。」因此，要提醒自己：「我是至上絕對。」持誦著「我」，將引領你了悟到「我是至上絕對。」

一位來自巴基斯坦喀拉蚩年輕人，名叫克里虛那·伊瓦拉傑尼，說道：當我在三摩地中，來到無思無念的境階，我享受某種愉悅，但有時我體驗到一種莫名的模糊恐懼。

尊者：你可能體驗到了什麼，但你不應在此滿足，不管你所體驗的，是愉悅或恐懼，都要自問，是誰在感覺愉悅或恐懼，然後持續修練，直到超越愉悅及恐懼二者，當一切的二元泯滅止息，那個實相便獨然而在。

有這種事情的出現及體驗，那不是壞事，但你不應停在那裡。例如，當你的思維平息了，你千萬不要滿足於消融帶來的愉悅感，而要持續努力，直到所有的二元滅盡。

拉克西米·那羅延那·夏斯特里寫了一紙他的詩頌，字跡工整，呈交給尊者，他對著尊者朗讀詩頌，然後說道：「我來這裡三天了。若尊者允許我離去，我在今晚便可走，若尊者不許，我就多待兩天。」通常像這類問題，尊者都沒有答語。最後，他在晚間辭別尊者而離去。

一九四六年五月九日

娜葛瑪要我拿道場的簿本給她，裡面有泰盧固文的詩頌，她要把拉克西米．那羅延那．夏斯特里的詩頌抄錄進來。我取出簿本交給她，然後我告訴尊者：「拉克西米．那羅延那．夏斯特里似乎是位大詩人，娜葛瑪盛讚他的詩，向我說他是最近五六年來，訪見尊者的人中，最優秀的泰盧固詩人。」G．饒說：「是的，我同意，他是位大詩人。」

尊者說：「他是一位學者，在維濟亞納格勒姆的拉傑學院。沒有人推許他是位大詩人。他看起來是個普通人。他想要成為即席詩人，但這都只是心思的運作，你愈運作你的心思，你愈能譜寫詩頌，或愈能分身於諸多事務，但心愈不能平靜。若你無法擁有平靜，那麼你獲得這些成就，又有何用呢？但你這樣告訴別人，大家不願聽，他們總是不能平靜，他們一定要填詩譜歌，就像納耶那時常說的：「向前去，人就能以任何速度，跑出任何距離，但問起向後去，亦即返內，則寸步難行。」

「對我來講，我從未主動要寫書，或填譜詩頌。我所作的所有詩歌，都是應別人之請求，或跟某個事件有關聯而作。甚至《真理詩頌四十則》，現有的註釋及譯文，都不是有計畫寫的，而是把在不同的時間，所寫的諸多詩頌組合起來，然後由穆魯葛納等人輯成一本書。並沒有人敦促我，而詩頌自然臨身，驅使著我譜寫，這些詩頌有：《阿魯那佳拉八頌》、《阿魯那佳拉十一頌》。某日早晨，《阿魯那佳拉十一頌》的開端字語，在第一天突然臨在我身，我要壓抑下來，也沒有辦法，不禁自言道：「對這些字語，我要怎麼辦呢？」我無法壓住它們，直到用它們作開端字語，一路譜寫下來，毫無費力。同樣的情形在第二天，作了第二則詩頌，然後，逐日每天一則，只有第十則及第十一則詩頌，是在同一天寫的。翌日，我前去環山繞行，巴拉尼史瓦米走在我後面，走了一段路，艾耶史瓦米在後面叫他，給他一支筆及紙張，說道：「這幾天來，師父（指尊者）每天都寫了詩頌，所以你最好帶著筆和紙跟著他。」我本來以為巴拉尼沒跟我在一起，後來他跑來跟我同行，我才知道這件事。那一天，回到史堪德道場之前，我寫了六則詩頌，收在《阿魯那佳拉八頌》裡。在當天晚上，或者是隔天，南羅耶納·雷迪前來，當時他住在韋洛爾，是信格公司的代理人，有時會來這裡，艾耶史瓦米和巴拉尼都向他談到詩頌的事，他說：『現在就把這些詩頌給我，我拿去印出來。』他已經出版一些有關我的書。當他堅持要取這些詩頌時，我告訴他，他可以拿去，先將最先寫的十一則印成三詩頌，其餘的詩頌，風格略異，再印成八詩頌。為了補足八則詩頌，我立刻又寫了兩則，他總共拿了全部的十九則，付梓出版了。」

在此，我向尊者說：「我聽說南羅耶納·雷迪在廷迪瓦納姆，正在房間內閉關。」

尊者說：「好的，心思必須平靜，這是要緊的。」

晚間，一位女孩拉瑪娜．桑黛莉前來，告訴尊者，她要去參加她母親叔父的婚禮。

我問尊者，是否尊者還記得上次她回來這裡，跑來尊者這邊，握住尊者的雙手，說道：「我等了這麼久才看到尊者！」

尊者說：「是啊，她把同伴抛在後面，朝我直奔而來，把我的雙手靠在她的胸口，說道：『我已經兩年沒見到尊者了。』其實我不覺得有兩年，我想大約是一年，但顯然她是這樣覺得。」

我說：「她是被情感激動，無法克制，因此不顧道場的規則，一般而言是不允許撲上或碰觸尊者。」羅摩史瓦米．皮萊因此說道：「這些規則不適用在這樣的事例。」

這個特例的事件，使我想起某件事，現在我說出來提醒尊者。幾年前，有位婆羅門身分的少年，約十七歲，前來這裡。我不知道他在家裡闖了什麼禍，有一天上午，他向尊者說：「我祈求我內心的事情，很快就會過去。」而尊者答說：「是的，會過去的。」

這位少年前來向我說這件事，但我不相信他的話，因為就我所知，尊者從未對任何信徒，做過這樣的承諾，何況這位少年是首次才來這裡的，但是在第二天，這位少年在離去前，兩次祈求，都講同樣的話，而我確實耳聞到尊者說：「是的，會過去的。」

G．舒巴．饒聽到這裡，就說道：「我自己也有親身經歷這樣的好運。有一次，我在困頓中，請詢尊者，尊者確實說：『不要害怕。』這是好多年的事了。」

一九四六年五月十日

下午，克里虛那·伊瓦拉傑尼向尊者說：在修練中，我感覺身上有某個東西在上升，這是對的嗎？或者要降下來才對？

尊者：無論上升或下降，都不要在意。若沒有你，那個東西還會存在嗎？永不要忘記這一點。不管有什麼體驗來到，要記住是誰擁有這個體驗，然後守住「我」或那個真我。

伊瓦拉傑尼：尊者曾說人必須要深入其自己，就像採掘珍珠之人，一定要屏氣無語，才能發現真我，或獲致真我，所以，尊者建議我要修練呼吸控制嗎？

尊者：呼吸控制對控制心思是有助益的，對無法掌控心思之人，建議可採行修練呼吸控制。若能掌控其心思，而能一心專注，那麼呼吸控制行法是不需要的。這個行法，可用於修行的起步階段，直到他能掌控心思，然後就可不再修練了。因為心思與呼吸的氣息萌生於同一個源頭，若控制其一，那麼另一亦受控制。

伊瓦拉傑尼：使勁以達到呼吸控制，這樣是好的嗎？

尊者：不。使勁是不好的。在修行的起步時，稍加行使呼吸控制便可，儘量不要過度使力。

伊瓦拉傑尼：無明是如何生起的，我還不能瞭解尊者的解說。

我插話進來：尊者曾說，去找出是誰在無明，然後疑雲將會消散。

尊者：無明到底是什麼？

伊瓦拉傑尼：尊者說過，當自我沒入或被剷除，那麼我們的內在有個某物，以「我—我」而呈露。祈請尊者對我多加說明這個。

尊者：每個人都必須要以自己的體驗，去找到那個。那是無法描述的，同樣的，若你說「有某物呈露」，你能描述它嗎？

伊瓦拉傑尼：這只有藉由發展心智，才能得到直覺，事實上，完美的心智，乃是直覺。不是這樣嗎？

尊者：怎麼能這樣呢？心智沒入於源頭，乃萌現你所說的直覺。心智只是用來觀看外在的事物，亦即外在的世界，而完美的心智，也僅是引導去觀看外在的世界而已，但是要觀看內在，轉內朝向真我，那麼心智是無用武之地的，就是因為這樣，心智必須加以剷除或滅絕，或者換句話說，心智必須沒入於其所萌生的源頭。

伊瓦拉傑尼：行萌想時，閤上雙眼，是有效應的嗎？

尊者：雙眼是否闔上或睜開，隨你方便。不是眼睛在觀看，並沒有人透過眼睛在觀看，若他能返內，不經由眼睛觀看，那麼他可睜開眼睛，而無物可觀。若我們保持瞑目，其義相同，那就不管這個房間的窗戶是開或關。

伊瓦拉傑尼：在冥想時，若有干擾，例如蚊子叮咬，那麼應該堅持冥想，忍受叮咬，不加理會，或者驅趕蚊子，然後再繼續冥想？

尊者：你應該以你認為最合宜的方式為之。你不會只因為驅趕蚊子就能解脫，也不會因為驅趕蚊子就無法解脫，重點在達到心注一處，然後心思滅盡。不論是忍受蚊子叮咬或是驅趕蚊子，隨你所便。若你全然融入於你的冥想裡，你不會知道蚊子在叮咬你。達到這個階段之前，為什麼不能驅趕蚊子呢？

一九四六年五月十一日

拉克西米·那羅延那·夏斯特里於八日向尊者辭別，今天歸返。當時他離開道場後，我向尊者談到他，說他的詩頌極佳，但可惜他沒有告訴我們詩頌的涵義，就像泰米爾納德邦普杜科泰的學者一樣。尊者說道：「若你問他，他也會說明的。」因此，下午約在三時，我問了他，他道出詩頌的要義如下：

「尊者您已然證悟真我，離開這個世界，進入您的內在。您來到這個世界時，博施濟眾，而鼓舞群倫。我總是外馳，被世界及諸物吸引，這也不奇怪，因為神給了我感知及感官，在這二者之間，世界諸物成為極自然而無可抗拒的誘惑。這些誘惑，若無已離棄誘惑的上師之協助下，是不可能脫離的。我一直在尋找上師，今天終於在我的命運中，我親身面晤，找到了一位。我感覺到就在當天，我的愁苦結束了。我曾閱讀有關真我的書，但始終沒有實際的體會。正如偉大的聖者所言，您稟賦了上主蘇婆拉曼亞的天資與靈力，化現為仁愛與慈悲，來到這裡，鼓舞並點亮了這個世界。當我把自己完全交付給您，您便高舉著我，庇佑著我，拯救了我。」

當他講完他的詩頌解說，他要我們給他一些題目，好讓他能當場吟誦詩頌。我們都說：「主旨除了尊者之外，我們還能建議什麼題目呢？」於是，他快速而流利地唸出一些有關尊者的詩頌。一位來自安得拉邦貢土爾的同好者，隨即筆錄下來，但他在某些地方無法跟上這位詩人，以至紙上留下空白。

晚間M·V·羅摩史瓦米·艾耶的兒子帶來兩本《靈性的羅摩衍那》上呈尊者，尊者立即翻閱。M·V·羅摩史瓦米·艾耶在一年前就已寫好這本著作但現在才印妥。

一九四六年五月十四日

今天上午十一時，道場的午餐時間，包斯先生的母親帶來各式各樣的菜餚，特別要給尊者，並且親自端上。最近數週以來，她好幾次帶來這樣的食物，這意味著她煮了許多的食物，因為除非食物的份量夠多，足以讓每個人也吃得到，否則尊者不會取用。尊者要我告訴她，不要這麼麻煩，說只要準備她自己家庭的餐食即可，不用送來東西給大家。

尊者說：「讓她在家裡吃她自己煮的食物，然後取其中一點奉獻給我，就說：『這是給尊者的。』他們以為我特別喜愛某些食物，其實我沒有。對我來講，所有的食物都一樣。我很樂意把給我的食物攪拌在一起，然後全部吃完。為我準備食物的人，總是認為『尊者會拿這個』或者『尊者會喜歡那個』，但我並不是這樣的，所以他們往往會失望。我曾有過喜歡多樣食物的日子，但瞭解到合一之後，這一切種種的偏好，就不再有了。」

一九四六年五月十五日

答覆一位訪客的提問，尊者講述如下：

「你可以擁有那個至高而無可想像的福祉，你就是那個幸福。你提到的諸如歡愉、喜樂、幸運、福氣，都只是你生命的本質、如如其在的無上福祉之反射而已。」

「不用擔心那個光，你說那個光使你能看見事物及人。不論能否看到光或能否聽到聲音，或發生了什麼事，不要忘了探究『我是誰』，保持內在的詰問：『是誰在看這些光，或者聽這些聲音？』」

「你說出家，究是何義？你認為是離開家庭，或穿某種顏色的僧袍就是出家嗎？不管你到哪裡，縱使飛上天，你的心思不是跟你在一起嗎？或者你能夠把心思拋之腦後，而凡所行走，了無心思嗎？」

另一位訪客寫了一本叫《自由的命運》或類似書名的書。他請求尊者在他的書上，寫一篇祝福的前言。他說已經有人同意要寫導言，若尊者的前言能傳達信息及祝福，他將十分感激。尊者說自己從未做這樣的事，現在也不做。這位訪客非常堅持，我便勸告他說這樣的想法是徒然的。然後，他開始說，這個世界極需要靈性的信息，印度及這個世界的年輕人，都沒有適當地教養成長，因為宗教尚未深植於人心。我跟他說，尊者認為人要改革世界之前，必先知曉自己，然後人若一直有要去改革的意願，他可以去改革世界。我看那位訪客，還在堅持他的立場。所幸吟唱吠陀經文的時間到了，他在我們起聲唱誦之際，便停了下來。

一九四六年五月二十三日

我離開道場數日，今天上午，我站在餐廳的門口，尊者正要走進來，我想他會看到我，但顯然他沒看到，他的視力變成這麼糟糕了，但他仍然不戴眼鏡。在早餐時，我坐在他右邊這一排的第一個位置，他認出我了，就問我什麼時候回來的，我說：「昨天晚上，但我到道場時，是九時三十分以後。」

我不在道場時，G．V．蘇巴拉瑪耶來這裡，把尊者改寫阿維艾的一則詼諧詩句，譯成泰盧固語。阿維艾的詩句，如是云：「喔，給人痛苦的胃呀！一天不給食物，你就不工作了。若一次給你兩天的食物，你也不嫌太多，因為你的緣故，你不知道我有多困擾。跟你在一起，那是不可能的。」

尊者立即以一則詼諧的詩句回應之，是胃在抱怨自我。尊者的詩句云：「喔，自我呀！你甚至不給我一個小時的休息，我是你的胃呀！一天又一天，每個小時，你都在吃，你不知道我有多苦惱。跟你在一起，那是不可能的。」

然後，尊者解釋道：「在一九三二年奇特賴[35]月分，一個滿月的日子，我們享受盛餐，大家都吃得太多，每個人抱怨胃不舒服，於是有個人，我猜是已故的蘇瑪桑德倫，便引述了阿維艾的一則詩句。當時，我說胃對我的抱怨，比起我們對它的抱怨還要多。胃固然要工作，但也需要適當休息，然後才能再工作，但我們從不讓它休息。我們吃進東西，消化完後，我們又給它更多的東西去消化，根本不在意它並沒有休息。我們甚至連這樣也不是，而是它還在消化上一餐的食物時，我們就一直塞東西給它，所以它有正當的理由抱怨。這就是為什麼我寫這樣的詩句。」

稍後，尊者問我，是否看到馬德拉斯博物館寄來的達克希那穆提神像的照片，那是我不在道場時，道場所收到的照片。我說還沒看到，但一位帕西少年，他是福萊吉的兒子已經告訴我這件事。於是，尊者要T．P．羅摩強德拉．艾耶拿給我看，我發現照片上神像的頭部朝向右邊，但眼睛的觀看朝左。當我向尊者說到這個，尊者說：「頭部與眼睛的方向，都是一樣，這可能是他寫著『其臉部朝右』的關係。」尊者也提到寄來的照片所附上的文句。有人評論，神像的凝視理應向內，而不是朝左。這一點，我必須承認這個看法是對的。

下午我步入廳堂，尊者已在向一位旁遮普人普恩賈先生答覆其提問：

「我要你去看那個『我』是從你身體的何處萌生，但是說成那個『我』是從胸膛右邊的心臟萌生而沒入，這不完全正確的。本心是真實的另一個名稱，既非在身體的內在，也非在外在，也沒有入與出，因為它如如其是，我說的『本心』不是指身體器官、任何神經叢，或類似這種東西，但是只要人認為他是這副身體，而他在身體裡面，他就要接受指導，去看在身體裡這個『我』是在哪裡萌生而又沒入。在人身胸膛的右邊，必定是本心，因為每個人，不論其種族、宗教、言語為何，當他說到『我』時，總是指向他胸膛的右邊來表示自己。在全世界都是這樣，所以一定是在那個地方。若能精密觀察，『我』之思維在每天醒時萌生，在睡時沒入，就能看到它是在右邊的本心。」

今天，G·V·蘇巴拉瑪耶問尊者，加納帕提·夏斯特里（即慕尼）撰述《拉瑪那之歌》時，他是否在對話中先記錄，然後再撰述。

尊者答說：「記住對話的內容，對他來講是易如反掌。他能聽一段冗長的演講，洞悉其深意，最後以經文的體裁，精準覆述要旨，而不遺漏任何講述的內容。

有一次，他跟阿魯那佳拉·夏斯特里論道，加納帕提·夏斯特里支持同步造物的立場，亦即我們造物而觀看。換言之，離卻了我們的心思，這個世界就無客體的真實性，但阿魯那佳拉·夏斯特里持相反的觀點逐步造物，亦即那個造物在我們觀看之前便已存在。阿魯那佳拉·夏斯特里首先論述，援用大量的邏輯演繹及許多的知解引述。

加納帕提·夏斯特里用經文的體裁，寫下阿魯那佳拉·夏斯特里的論述，並問他這些經文字句是否就是他所說的正確結論，對方同意。因此加納帕提·夏斯特里就說：『那你現在可以聽聽我的批判與反對的意見了。』然後，他熟練地述說不二一元論的觀點，即是世界就其世界本身而言，是不真實的，但在至上絕對而言，是真實的；就世界本身而論，世界是不存在的，但就至上絕對而論，是真實而存在的。就是這樣的方式，他能記錄他所聽過的對話論述，他的記憶力，實在驚人，他可能是用那種方式，寫下《拉瑪那之歌》，這對他來說，不過是小孩的遊戲。」

一九四六年五月二十四日

成群的信眾為了明天的大普迦（指尊者母親的忌日祭拜活動）先行抵達道場。大家在尊者的慈視之下相聚，氣氛熱鬧而歡愉。有一位信徒是倫伽·艾耶太太，她是尊者在孩童時的朋友的妻子，住在蒂魯丘立。她來的時候帶著兩位女士，介紹給尊者。尊者問她：「倫伽有來嗎？」她說沒有。

下午，她吟唱歌曲。她從《拉瑪那五讚頌》中唱了三首歌，又從《拉瑪那姆利坦》中歌詠一首。尊者叫蘇巴拉瑪耶來，向他說：「這些歌都是倫伽·艾耶的兒子，為了慶祝我『結婚』而譜寫的。」蘇巴拉瑪耶前來向我說這件事，我向他說，歌曲的作者是位老婦人的兒子，老婦人是指倫伽·艾耶的太太。

一九四六年五月二十五日

大普迦的祭典，一如往常，規模盛大。

一九四六年五月二十六日

尊者收到今天的郵件，他看了一張名信片後，說道：「馬杜賴的皮修瑪尼・艾耶來信說米娜克希去世了，今天上午或昨天，我才想到她，現在就得到這個消息。」

蘇巴拉瑪耶在尊者面前，朗讀他上次來道場所作的兩則詩頌，其要旨是：「看到你仁慈對待各種動物，松鼠、孔雀、狗、牛、猴子，人怎能無動於衷呢？大家都刻骨銘心了，所有的飛禽走獸都朝你而來，接受你的凝眸及撫摸，因而都獲得救贖，也請同樣庇佑著這個人類動物，拯救他們。」

下午，住在米爾納德瑪那馬杜萊的羅摩史瓦米・艾耶來此，他是拉瑪那的親戚，坐在廳堂裡，拉瑪那向他說道：「你知道米娜克希過世了嗎？今天上午我們從皮修瑪尼那邊接到消息，就在今天上午或昨天，我剛想到她是我們親戚中還在的姨媽，但現在她也去世了。」

談話過了一陣子後，尊者說：「以前有一次，你的太太生病，我夢到我前去坐在她的床邊，手觸摸著她，她睜開眼睛，問道：『誰在摸我？』她看到我，就說：『是你嗎？你可以。』

我不知道她是否也有相同的夢。」

蘇巴拉瑪耶回應道：「我曾經探詢這件事，聽說倫伽·艾耶太太有相同的夢，是尊者來坐在她的床邊，觸摸著她。」

談到相關的事情，蘇巴拉瑪耶說道：「尊者的姨媽在這裡時，我也在場。尊者離家去蒂魯瓦納瑪萊時，是這位姨媽在養他，尊者對她特別感念。有人說尊者對待母親一向嚴厲，所以我對尊者如此感念姨媽，就不得不好奇了。這是因為尊者想要協助母親擺脫尊者是她兒子的自然親情嗎？」

尊者對此保持沉默。我說尊者必須如此特意這樣，是在訓練她去看待尊者是位悟者，而不是她的兒子。尊者對此依然沒有回答，但從尊者的態度整體看來，我們的猜測應是正確的。稍後，尊者說道：「我時常對她嚴厲地說話，她就哭，我說：『儘管哭吧！妳越哭，我越高興。』」

一九四六年五月二十七日

娜葛瑪的姪女，年約九歲，想要知道為何尊者從不離開蒂魯瓦納瑪萊，前去探視他的信徒。她經由蘇巴拉瑪耶提此問題，尊者沒有作答。她又一再要求蘇巴拉瑪耶務必得到答覆，尊者終於說道：「你要來看我，你可以來這裡，因為我都在這裡，所以你能看到我。若我到處走動，你就可能找不到我了。很多人到這裡來，我若不在，他們便會失望地離去。縱使我離開這裡，你又怎能知道我會到你家呢？因為很多人住在蒂魯瓦納瑪萊及沿途的城鎮，他們會邀請我去他們的家。若我同意前去你家，我也要同意去他們的家，這樣的話，我可能一直到不了你家。此外，你看這裡一大堆人可能跟著我去，甚至在這裡，我也無法到任何地方，我若能去，他們也會跟著去，就像上次，我去史堪德道場。」尊者又戲謔地說：「我被拘禁了。這裡是我的牢房。」

一九四六年五月二十八日

下午，倫伽·艾耶太太幾乎吟唱整本她兒子譜寫的《拉瑪那姆利坦》歌曲，是在歌詠尊者與真知的「婚姻」，尊者藹然聆聽，其中一首歌是敘述他在十五或十六歲時，因為做了什麼事，他的父親說：「把他的衣服拿走，趕他出去。」我問尊者這件事，便引起了他談到早年的事情及一張團體照的相片，那是他的父親和別人在醫院的地方拍攝的，以及後來他自己和叔父拍的另一張照片。他說那張他父親的團體照，是在倫伽·艾耶家裡找到的，現在掛在道場的餐廳；另外一張尊者在裡面的照片，就遺失不見了。

晚間，尊者正要外出，娜葛瑪的姪女站在他要走的路上擋著，尊者笑著說：「若妳要把我帶走，妳就要把我綁起來放在車上，這是唯一的辦法。」

一九四六年五月二十九日

包斯：《奧義書》說，一切都是至上絕對，那麼怎能如商羯羅所言，說這個世界是虛幻的呢？

尊者：商羯羅也說，這個世界是至上絕對或真我。他所反對的，是大家想像真我被組構世界的名相加以限制。他只是說，離卻了至上絕對，世界便不存在。至上絕對或真我，就像是銀幕，而世界就像其上的圖像。只有在有銀幕的情況下，你才能看到圖像，但是，當觀者本身變成了銀幕，則只有真我留存而已。《解脫之精粹》[36]述及幻相，有六項問答，具教導性。

第一問題：幻相是什麼？答案是無可描述（*anirvachaniya*）。

第二問題：幻相是誰在萌生？答案是心思或自我在萌生，心思或自我以為它是分離的個體，總是認為「我在做個」，或「這是我的」。

第三問題：幻相從何而萌生？其如何起源？答案是無人能述說。

第四問題：幻相何以而萌生？答案是經由不探究，經由沒有問：「我是誰？」

第五問題：若真我與幻相，二者同時存在，那麼不二一元論豈非不攻自破？答案是不然。因為幻相依附在真我上，猶如圖像在銀幕上。就意義論，圖像不真實，但銀幕真實。

第六問題：若真我與幻相為一體，那麼可否說，真我既是幻相的本質，那麼真我也是虛幻的？答案是不，真我有能力製造幻相，但其本身並不虛幻。魔術師能幻化其魔術，變出各式各樣的人物、動物、情景等而娛樂人，我們皆清晰目睹，但變完魔術後，魔術師依然存在，而他所製造的魔術幻相，消失不見。魔術師不是魔術幻相的一部分，他是實然為真。

一九四六年五月三十日

今天，包斯先生又回到幻相的議題，他問尊者：金胎[37]是什麼？

尊者：金胎只是精微身或伊濕瓦若的另一個名稱。聖書用下述的實例，解釋造物：真我有如畫布，提供彩繪。首先，上一層塗料填補畫布上的小洞，然後抹平打底。這層塗料可比喻為一切造物的宰制者，然後畫家在畫布上畫線構圖，此可比喻為一切造物的精微身，如光、聲音等，而一切物皆從此出。畫家繼續在線條內塗以顏色彩料，此可比喻為粗顯形相以組構萬物。

下午，T．P．羅摩強德拉．艾耶說道：查德威克有一張尊者的照片，是側倚的姿態，尊者看起來骨瘦如柴，我不認為別人有這樣的照片。

我說：這一定是尊者有時吃得太少。

尊者：是的，我在史堪德道場時，常在某些日子上午十一時僅食一餐，之後就不再進食，那個時候我很瘦。

談到與此有關的話題，蘇巴拉瑪耶問尊者早期是否曾去乞食，於是尊者就談到T．P．羅摩強德拉．艾耶的父親是如何略施強迫，帶尊者到他家裡吃飯，並且，尊者是如何第一次向秦南．古魯科爾的妻子乞食。尊者又說道，此後他隨意乞食，足跡幾乎遍及蒂魯瓦納瑪萊大街小巷。他說：「你無法想像，我在乞食時，感覺何等的莊嚴與尊貴。第一天，我向古魯科爾的妻子乞食時，略感羞怯，那是我先前成長的習性，但後來就一點也不覺得自卑。我感覺有如一位君王，或者是更勝君王。我在街上乞得的食物，是餿掉的粥，我沒加上鹽巴或調味料就吃了。先前，有些大學者及重要人物到我的道場，向我頂禮致敬，然而我乞食時，雙手擦拭著頭，然後接受食物，內心快活至極。那個心境，甚至一位帝王在我眼中，也不過是一根稻草，這是你無法想像的。因為有這樣的一條道路，我們在歷史的傳說中，看到國王拋棄王位，而採行這條道路。」

在說明這件事時，尊者告訴我們一位國王的故事。他拋棄王位，前去乞食。首先是到他的城邦的外地，然後到自己的城邦內，然後到城邦的首都，最後到他的王室宮殿，因此終於滅盡了他的自我感。一段時間過後，當他以苦行者的身分在異邦遊蕩時，他被人尊奉為王者，因為現在他了無「我」的感知，他的生活行動，不受拘束，自由自在，而他僅是觀照，不再煩惱於看顧王位。當他先前的城邦，耳聞及此，要他回來恢復王位，他就回來了，因為不管他統治多少個王國，他了知他不是個執作者，而僅是神手中的工具而已。

事實上，尊者並沒有講完故事，因為他講到一半時，倫伽・艾耶太太又開始吟唱歌曲，於是他停了下來，向我們抱歉地說：「她今晚要離去，在走之前她要唱完所有的歌。」我便請求尊者隔天再把故事講完。

一九四六年五月三十一日

菲利普斯先生是英國人，曾經是位傳教士，現在是教師，在海德拉巴居住約二十年，今天上午來到道場。他說：我的兒子在戰爭中喪生了，有何救贖他的辦法？

尊者沉默半晌，說道：你的憂愁，是由於念頭。憂愁之苦，乃心思所造，而你生命的真實本質，是平靜的。平靜無須獲致，它是我們的本性，若要尋求慰藉，你可以審思著：「神給了，神帶走了，祂最知道。」然而，真正的補救辦法是持行探索，深入你生命的本質。因為你認為你兒子不在了，所以你悲傷；若你知道他存在，你就不悲傷，那就意味著悲傷的源頭在心思，而不是一樁現實上的情事。

某些書上，說到一則故事，兩位少年同赴朝聖之旅，幾天以後，有消息傳到身亡的家裡，但卻搞混了亡者的身分。結果是，真正亡者的母親喪失了兒子，卻感到慶幸，而生者的母親，雖然兒子仍活著，竟哭泣哀號。所以，使人悲傷的，不是什麼事物或狀況，而是我們的心思念頭。你的兒子來自於真我，又歸返而消融於那個真我，他在出生之前，可曾離開過真我嗎？在真實裡，他就是我們生命裡的真我。在深眠中，你都不會有「我」或「小孩」或「死亡」的念頭，而現在的你，跟睡覺時的你，是一樣存在的。若你這樣探索，而找到了你生命真實的本質，你將知曉你兒子也有那個真實的本質。他始終是存在的，只是你在認為他喪亡了。你在心思上製造了一個兒子，然後認為他喪亡了，但在真我裡，他始終存在那裡。

K．M．伊瓦拉傑尼問：身體死亡之後，其生命的本質為何？

尊者：先在你當下的生命中尋找。為何你要煩惱死後的生命呢？若你能瞭解現況，就能知曉一切。

下午，尊者在廳堂，看到一位年輕人，是他的親戚，名叫謝夏·艾耶。

尊者：看到你，使我想起在丁迪古爾少年時的往事。當時你的叔父皮利爾帕·謝夏耶住在那裡。適逢家裡有祭拜的活動，大家都去那裡，晚上大家又去廟裡，而我一個人留在屋裡，我在前面的房間看書，不久後，我鎖上前面的房門，關緊窗戶，就去睡覺。大家回來後，不管如何大聲叫喊或拍打作響門窗，都叫不醒我。最後，他們從對面的屋子拿鑰匙開門進來，然後捶打捶打我，把我叫醒。所有的男孩都把我打個痛快，你的叔父也不例外，但是沒有用，還是叫不醒我。我是在隔天早晨，他們告訴我這件事，我才知道。

我：那時尊者是幾歲？

尊者：約十一歲。我在馬杜賴時，也有過類似這樣的事。當我是清醒的時候，那些男童不敢對我怎麼樣。若他們對我有惡意，就會趁著我睡覺時，把我抬出來，帶到他們要的地方去，痛打一頓，然後又放回床上，而我卻一無所悉，直到隔天上午，他們才告訴我這件事。

我：這樣看來，當時尊者的睡覺，不是普通的睡眠，而是某種像三摩地的境界。

尊者：我不知道那個境界是什麼，但這是事實。有些撰述我的生平的人說，那是夢遊。

我：這顯然不是夢遊，那是明覺於你的睡眠，比較像三摩地，或者融入於真我之境。

晚間，包斯先生問：若我們知曉採行探究，而深入真我是真實的，那麼我們持咒語、行普迦祭儀等，也是好的嗎？

尊者：一切都是好的，終究會引導你到那裡。持咒是我們生命的真實本質。當我們證悟了真我，持咒便無須費力，自然而為。一個階段中的手段，會成為另一個階段中的目標。

當無聲無息的持咒，無須費力，自然行之，那就是了悟。

包斯：為什麼尊者把阿魯那佳拉，當作天父？

尊者沒有回答，只是坐著微笑。

包斯：可能是為了利益別人？

尊者：是的，一旦有「我」的感知，就必然有其萌生的源頭所在。

一九四六年六月一日

約在上午七時四十五分，尊者晨間散步回來，隨侍希瓦南達請示要按摩尊者的腳。尊者回絕他，說道：「我若讓他們來做，他們就按摩了很久很久。今天早晨，在吟唱吠陀經文時，也是這樣。我並未讓他們做，他們在起唱經文時就按摩，不停下來，直到唱完經文才停，而有時我並不知道。」

蘇巴拉瑪耶說：「尊者曾經告訴我，在起唱經文時，尊者是知悉的，但後來直到結束時，就不知道了。」

尊者：「是的。這樣時常發生。一開始，我耳聞知悉，但到最後，我已融入其中，以致我不知道開始與結束之間的時間行程，所以我不知道他們是否唱完整段，快要結束了。」

稍後，尊者繼續說道：「就像這樣，有人在按摩我，但有時我並無知覺，所以，現在我不讓他們按摩，我自己來。」尊者說著，就拿出軟膏，在他的膝蓋上塗抹搓揉著。

下午，尊者答覆來自坎普爾的H・C・肯納先生，解說如下：

為何你的生活，在職場或責任上，要與你的靈性修行扞格牴觸呢？你的家庭生活與職場的活動是不同的。在公司裡，你心無執著，盡責工作，公司老闆的盈虧如何，你能毫不在意；然而，在家庭裡，你心有執著，執行家務，將帶來家人的得與失，你總是焦慮不安。但是，你也可以了無執著執行各種事務，只視真我為真實。若認為固守在真我會干擾生活的各項責任履行，而無能妥善行事，恐是誤解。正如同演員上戲，他的服飾、行動甚至內心感覺，都是演戲的一部分，但他知道，在真實的生活裡，他不是演員，而是另一個人。同理，一旦了知你並非身體，而是真我，那麼為何要讓身體的意識或「我是這副身體」的感知來干擾你呢？駐止於真我，身體就不應撼動你，這樣的真實駐止，永不會干擾你的身體在盡責而有效執行事務；演員若能意識到自己在生活中的真實身分，也不會干擾舞台上演出的角色。

你問到你可否告訴自己：「我不是這副身體，而是真我。」當然可以，不論何時，當你不由自主地感覺而認同這副身體時（由於長期的習性，你時常這樣）這樣提醒自己，你不是這副身體，而是真我，這是有助益的。但是你不宜把它當作咒語，經常持誦著說：「我不是這副身體，而是真我。」藉由適當地探究而深入真我，「我是這副身體」的觀念將會逐漸消退，到了你有信心的時候，那個真我將變得不可撼動。

K．M．伊瓦拉傑尼：修行的初期，若能獨居，放棄外在生活的職責，不是對修行有幫助嗎？

尊者：棄世始終是指心思，並非指走入森林或獨居之處，或放棄你的職責。關鍵是看那個心思不外馳，而是向內的。其實，此身前往這裡或那裡，是否放棄其職責，並非取決於你，而是根據其命運。人一出生在世，此身要經歷的活動，皆已註定，並非你要選擇或拒絕，所能定奪。你唯一的自由是，使你的心思向內，棄絕妄動。

K．M．伊瓦拉傑尼：對一位入門的修行者，難道沒有任何事物可協助他嗎？譬如說在小樹旁圍起柵欄護助。我們的聖書不是說，參訪聖地、神壇、親近聖者，是有助益的嗎？

尊者：誰說那是沒有助益的？只是朝聖這種的活動，其決定權不在你手上；但你的心思向內，則可取決於你。有許多人都渴望如你說的有朝聖之旅或能接近聖者，但他們都如願以償了嗎？

K·M·伊瓦拉傑尼：為何此心向內，唯獨取決於我們，而不是外在的事物所決定？

我說：沒有人能回答這個問題，那個神的計畫。

尊者：若你要深入生命最基本的東西，你必須探究你是誰，找出那個誰，那個誰有其自由或命運。你到底是誰，為什麼你有這副身體，有這些設限？

一九四六年六月三日

G·V·蘇巴拉瑪耶：蘇婆拉曼尼亞·巴拉堤曾來見過尊者嗎？

尊者：我想他來過一次，那時我們住在山上，有一天晚上，只有現在已身故的施瓦雅（亦即來自庫垂拉姆的毛尼·史瓦米）跟我在一起，有個人前來，坐在我面前，將近一個小時，然後離去，不發一語，後來，我看到巴拉堤的照片，我猜想那個人就是他。

G·V·蘇巴拉瑪耶：聽說施瓦雅打猴子，那隻猴子很悲痛，所以投水溺斃？

尊者：不是的，被打的是別的動物，猴子並沒有被打，只是被責備，縱使這樣，牠也無法忍受，不久就投水自盡了。被打的是一隻狗，牠是隻流浪犬，整天靜靜地躺在岩石間的某處，所在位置高於我們的道場，不容易看到牠。牠在晚間才出來，隱約所見，好像某個黑色的東西來回出沒，我們在白天仔細看，才知道是狗。牠這樣子有許多天了，我們很同情，就給牠食物，但牠不願靠近我們，我們就在遠處，放置些許食物，牠就來吃，吃完就走，若我們靠近，牠便跑開。有一天，我們這些人外出回來時，牠跑過來我們這裡，甩開別人，直向我來，撲在我身上，要跟我做朋友。從此以後，牠就跟我們在一起，可以躺在任何信徒的腿上，但有些傳統衛道人士不喜歡這樣。有一天，牠因為擾亂普迦的儀式進行，伊濕瓦若．史瓦米便打牠，牠受不了就跑開，不見蹤影了。我們不知道牠到底怎麼了，便前去尋找，但始終找不到牠。

談完這些之後，話題轉到前來道場拜訪尊者的一些知名人士，就說到邁索爾的已故城邦大君，尊者說：「他來過這裡，安靜坐著，然後離去。」有人就問，他是否有提出問題，尊者說：「沒有，沒提出什麼問題。」

我說：我聽說他祈請尊者庇佑他，能為所治理的城邦子民，謀最大的福利，或類似這樣。

尊者：是的，他祈請庇佑他的政務國事。他說：「我無法像這裡的人一樣有機會能服侍您，但我始終渴望您的恩典。」或者類似的話，除此之外，他並沒有跟我談論什麼。

有人想要知道拉金卓·普拉薩德[38]在這裡的情形為何。

尊者：他在這裡，整天也很安靜。

K·S·謝夏吉里·艾耶：當時我在現場，都是巴賈吉[40]在講話，他也為拉金卓說話，我記得他說：「拉金卓為這個國家，拋棄了他富利無比的事業，為什麼像這樣的人罹患令人折磨的哮喘，苦不堪言？」當時尊者沉默片刻，然後說道：「這副身體本身就是個疾患，所以這是疾患中的疾病。」

尊者：薩耶穆提[40]在這裡時，也很沉默，不發一語。室利尼瓦沙·夏斯特里[41]在這裡則問我一些問題，我反問他，他不回答。他要照他的理路，我要帶引他的理路朝向內在，但他不肯，反而試圖要把我帶往外在。

下午，羅摩南達沙敘述了下列事情：

尊者住在史堪德道場時，有一天我單獨跟他在一起，坐在朝向道場的石階上。當時有個人跟他的家人，走到道場的門口停了下來，向我喊叫，要我過去。我走過去後，他要我去問尊者，他們可否前去接近尊者，領受尊者的觀視，我很驚訝，問道：「為何你要得到允許呢？」他說：「我們都是賤民的身分。」我剛要回頭請示尊者時，心頭一想，縱使去問，對他也是不義的，所以我就告訴那個人，說種姓身分對尊者是沒有意義的，我們歡迎他們來這裡。於是他整家人走上前來，在尊者面前頂禮致敬。我還記得，約有十分鐘之久，尊者慈悲的凝視，投注在這位賤民及其家人的身上；而又有多少個富貴人家，我看到跪在他的腳下，卻沒有這般恩厚的福佑。

尊者閱讀新版的《神的遊戲》，向蘇巴拉瑪耶指出書上的幾處錯誤。在談話的過程中，尊者說到當年在蒂魯丘立，有位同學名叫凱提爾維魯，他有一本筆記本。凱提爾維魯曾請尊者在筆記本上，用英文寫下他的學校、班級、姓名，還用坦米爾文附帶書寫「馬德拉斯區」字樣，以及尊者親手寫的頁碼。這個同學從未來到這裡，他死後他的兒子曾送來這本筆記本及另一本簿本，上面有凱提爾維魯寫的有關宗教主題的散文。尊者要我們看這本筆記本，特別裡面有尊者寫的幾行字，但我們找不到本子，於是尊者從他的長椅起身，走到書架，取出來給我們。我們看到坦米爾文的字跡，極為工整，有如印刷字體，連頁碼的字，也很工整。

一九四六年六月六日

下午，蘇巴拉瑪耶問道：內心持咒與冥想，有何不同？

尊者：咒語或是真我都一樣，二者的心思都專注在一物。咒語、持咒、冥想，只是名稱不同而已，只要修行者還需要致力其中，我們便賦與這些名稱，但真我被了悟時，便無須再使力，而自然行之，這就是手段變成目標了。

一九四六年六月八日

羅摩強德拉·艾耶、蘇巴拉瑪耶等一群人，今天前去古魯墓廟、鄰近的芒果園、阿央庫南水池、阿魯那吉里納薩神廟、帕塔拉林伽神廟、瓦哈那·曼塔神廟及大廟（指阿魯那佳拉史瓦瑞神廟）區內的印度牛油樹，這些地方都是尊者早期待過的地方。[42] 晚間，他們返回道場，尊者問他們此行如何，他們說非常愉快，從阿央庫南水池回來的途中，他們一路興高采烈地唱歌，維斯瓦穆提起頭吟唱，歌聲直入雲霄，陶醉至極。

尊者說，當年在古魯墓廟裡，他背靠在牆壁上的痕跡依稀仍在，以及為了告知那耶拿[43]而首次用木炭寫在牆壁上的字跡，若白粉剝落，仍可辨識。他們往返回來後，說現在整個地方滿是菸草叢，所以無法認出當年尊者經常靜坐的角落在哪裡。

一九四六年六月九日

下午，羅摩強德拉·艾耶要維斯瓦穆提吟唱兩首歌，那是前一天在古魯墓廟唱的歌。唱完後，維斯瓦穆提用卡納拉語歌詠尊者的生平，每行歌詞都有「室利・拉瑪那」，羅摩強德拉跟我也用「室利・拉瑪那」作為合聲，加入吟唱。羅摩強德拉告訴尊者，前一天，范克達沙・夏斯特里激情吟唱這首歌，帶動他們高昂地歌詠，不只是唱歌，而且手舞足蹈，樂極而忘我。尊者說：「是這樣嗎？昨天他們沒有說，我以為你們只是唱歌。」

一九四六年六月十日

哈里達斯博士是史瓦米・瑪達瓦・蒂爾塔[44]的門徒，也是聖雄甘地的姻親，問尊者：若無明也是至上絕對，那麼為何至上絕對不可得而觀，而無明及這個世界卻可得而見？

尊者：至上絕對不是被看見或被知道的，它是超越觀者、被觀者、觀看，或知者、被知者、所知等三方，而那個真實，如如其是。由於我們的妄念，所以有了無明及這個世界。知識與無明，皆非真實。超越這兩者，亦即一切的二元對立，乃為真實。它既非光亮，也非黑暗，而是在二者之外，雖然我們有時說它是光，而其陰影是無明。

蘇巴拉瑪耶：據說真我無法藉由閱讀書籍而了悟，僅由經由個人體悟。

尊者：個人體悟是什麼呢？了悟只是超越二元對立或三方。

晚間，尊者對某人的提問，說道：「在睡覺時，真我與無明二者存在。無明是我們一無所知，真我是因為我們是存在的。當我們醒來後，我們說：『我睡得很好。』雖然在睡時，一無所知。若問到真我與無明，如何能夠在一起，就像光亮與黑暗在一起，那麼答案是對悟者而言，真我是全幅明光，並無黑暗可言，但對未悟者言，我們說在真我裡有無明存在，這就像在月亮上看起來似乎有陰影。」

一九四六年六月十三日

客問：我持咒時，有上主蘇婆拉曼亞及其兩側有瓦利和戴維耶奈的神像，但我一瞑目，蘇婆拉曼亞的神像就成為巴拉尼．安達瓦爾，他是位乞丐，持著拐杖，浮現在我的心目中，我不知道這是什麼意思。我在持咒之前，應該更換神像嗎？

尊者沒有回答。

我向尊者說：這是很奇怪的事。在某個神像前持咒，那麼另一個神像的意念就呈現在他的心目中。

這位訪客又說：還有一件事，我必須說。我經常在巴拉尼．安達瓦爾的神像前持咒，我母親說那尊神像放在家裡是不吉祥的，應該更換成上主蘇婆拉曼亞及其兩側有瓦利和戴維耶奈的神像。

我說：現在，這樣就可以理解了，這或許可以這樣解釋。

但是，尊者依然沒有答覆。

一位自稱是巴格達人的苦行者，赤身露體、持行噤語、向天空高舉右臂，恆久不放下，從本月十一日起，便待在道場旁的林地。他自稱跟隨賽巴巴已有二十五年。若其所言為真，那麼他現在至少是六十五歲，但他看起來只有三十或三十五歲。今天尊者晨間散步回來時，他遇見尊者，請求尊者祝福他。我由於好奇心，出去看他，他請羅摩施巴．艾耶代為提問，問道：「我的未來會是什麼？」

尊者先說：「為什麼他要煩惱未來，而不是現在呢？」稍後，又說：「告訴他，他的未來，會跟他現在一樣。」

我向尊者說，我對他並無好感。我說他的手指甲長達五六吋。尊者說：「那不表示什麼。我在古魯墓廟時，不到一年，我的指甲就長了一吋，幾年之內，頭髮蓬亂，長了很長，而一般來說，頭髮都不會長得那麼長。烏當迪．那耶拿蓬散的頭髮，只有五六吋長，二十五年後，達十五呎長。所以，指甲和頭髮不管有多長或者看起來多麼了不起，都不是年高德劭的表徵。」

我記得尊者曾經告訴我，他早期時，大家看到他的指甲，便說：「他是這麼老了，他一定像這樣，有好多年了。」尊者說：「是的，是的。」

一九四六年六月十五日

晚間，我步入廳堂時，尊者正在說：「我們所看到的每件事都在變化中，總是在改變。這裡必然有個某物是不變的，作為一切事物的基底及源頭。」

蘇巴拉瑪耶：我們揣度一定有個無變異的源頭，其道理何在？

尊者：那不是揣度有個「我」是無變異的，而是每個人都覺知到的事實。在睡覺時，一切在變異中的事物都不存在了，而那個「我」存在。它存在於夢中、存在於醒時，那個「我」，如如不變，存在於這些時境，但其他事物，來來去去。

S．瑪尼醫生是馬德拉斯公共健康部門副主任，道場的常客，問尊者：但是，為何這些事物，亦即這個世界，呈現在眼前？

尊者：世界是對誰而呈現？是你去看，所以世界就呈現。它能離開這個觀者而獨立存在嗎？它有來向你說：「我存在」嗎？除了你說出或感知到，此外還有什麼證明呢？

另一位訪客問：我想要能夠觀視神，我該怎麼做？

尊者：首先我們必須知道你對「我」、「神」、「觀視神」的意涵是什麼。

那位訪客便捨下問題，不發一語。

一九四六年六月十六日

蘇巴拉瑪耶：很多典籍載述，為了獲致最終的證悟真我，必須在抵達頂輪之後，來到本心，而本心位於身體的右邊，是這樣嗎？

尊者：我從未看過典籍有這樣記載，但在一本馬拉雅姆語的醫學書上，我讀到一則頌文，說到心臟位於身體的右邊，我就把它翻譯成坦米爾語，寫在《真理詩頌四十則補篇》裡。我們對於別的脈輪中心，一無所悉，也無法確定在專注其上時，所抵達的中心是什麼，而能知曉之。然而，當「我」從本心萌生，它必然返回沒入而消融在那裡，俾證悟真我。

今天稍晚，蘇巴拉瑪耶說：「據說詩人丁尼生[45]反覆唸著自己的名字幾遍，經常頓入某個境地，世界在此渾然消失，而他認為那是幻見。」於是，這個談話就引來了引述的出處何在，而我們不知道能否找得到。

一九四六年六月十七日

尊者晨間散步後，回到廳堂，一位班加羅爾的攝影師帶來一張尊者盤腿靜坐的相片，是預定放在今年九月出版五十周年紀念文集裡面。

室利·古那吉退而不休，現在住於卡那塔卡邦的貝爾加姆，是位自然療法的專家，來此已有數天。因為尊者患有風濕症，他按摩尊者的腳。今天他吟唱他用印地語譜寫的詩歌。歌詞的英譯文意思是：「我對祢一無所求，上主，若祢要加惠於我，請拿走這個自我感，消除我的思維、摧毀這個世界，讓我的心思消融在真我的大海中。」

尊者笑著說：「你不要求我給你什麼，而是要拿走什麼。」又說：「其實，並沒有什麼要給的。若這一切，亦即自我及這個世界製造出來的，都拿走了，那麼真實的會存留下來。就是這樣了，並沒有帶來什麼新的東西。除妄就是存真。」

談話接續昨天有關詩人丁尼生的話題，我們找到了相關的文句，載於《教導精義》英譯文版的註腳裡。那不是一首詩，而是致B．P．布拉德的信函中的文句。尊者要我讀出來，我於是唸出：「我少年時，一人獨處，經常恍惚出神，對自己反覆唸著自己的名字兩三遍，一片沉寂之餘，個人濃烈的意識湧現、消退而融解於空無邊際的存在，這不是迷惑的狀態，而是明中至明、確乎其確、詭中極詭，盡在語詞之外。在此境中，死亡成為可笑的無稽之談。個體性殆已滅盡，唯獨真正的生命在焉。」

尊者說：「那個境地，可謂駐在真我。有一些詩頌，描述及此。」

他便拿起塔俞馬那瓦的書，一打開，他要找的詩頌正好就在那一頁面上，赫然在目。他讀了那篇詩頌，是其中第八頌。尊者也引述塔俞馬那瓦另一篇詩頌的第二頌及第五頌，皆述及自然究竟之境（*sahaja nishta*）。

一九四六年六月十八日

蘇巴拉瑪耶將尊者譜寫的《阿魯那佳拉五頌》（是五篇阿魯那佳拉詩頌讚歌[46]的最後一篇）譯成英文，呈示給尊者看。尊者說：「第三節頌句，是講『存在』方面，第四節是『意識』，第五節是『幸福』。悟者與存在或真實合一，就像河流匯入大海，瑜伽行者看到存在的光，虔愛奉獻者或行動瑜伽者沒入幸福的大海。」

一九四六年六月十九日

蘇巴拉瑪耶修正《阿魯那佳拉五頌》的譯文後，拿給尊者看。尊者說到下列詩頌編寫的時程次第：「這是《阿魯那佳拉五頌》譜寫的情形：第一節頌句，我用稍微不同的體裁撰寫，加納帕提．夏斯特里（即慕尼）看過後，略加修正，說這就成為高貴的詩歌了，並要求我再寫四節頌句，說他要拿來當作他作品中的開經偈。當時是一九一七年，後來在一九二二年，艾耶薩米·皮萊正著手出版當今《阿魯那佳拉五讚頌》中的前四篇讚歌，要求我將《阿魯那佳拉五頌》譯成坦米爾文，以便二者編輯在一起，我依其言，也撰妥了。」

一位新訪客，名叫加金德拉·梅塔，向尊者詢及死後靈魂的情況。他甫自非洲歸返，四年多來，他一直寫信給尊者，這是他首度到訪。

尊者：若你知曉現在，便能知道未來。這真是奇怪，大家不願意去知道現在，那是沒有人在質疑的，卻渴望知道過去或未來，而二者皆不可知。出生是什麼呢？死亡又是什麼呢？究竟是誰在出生或死亡呢？你每天都在體驗睡眠與清醒，為何要去瞭解出生與死亡呢？當你睡覺時，這副身體及世界，對你是不存在的，而這些生死的問題，並沒有困擾你，但你是存在的。那個睡覺時的你，同是那個清醒時的你，只是當你醒來時，你有了身體，也看到了世界。若你能正確瞭解醒時與睡時，你就會知道生命與死亡，只因為每天都有醒與睡，大家便不注意其神奇處，卻要知道生與死。

G·梅塔：有再生嗎？

尊者：若有出生，就絕無只有一世的再生，那是一系列累世的再生。為何你會在這一世出生，你將以同樣的理由及心態持續下一世的出生。若你能探究到底是誰在出生？或探詢：是你在生死或是有別於你的別人在生死，那麼你將了悟到真理，而那個真理，將燃盡所有的業報，使你不再出生。經文有生動的敘述：一切的昔世積業，必須經歷無數的世代，才能消竭，但一點真知之光，便能滅盡業報；此猶如星星火花，便能炸光滿山的火藥。那是自我在肇造整個人間生與死的世界，無數的學問、不盡的探討，堆砌成龐雜而困惑的論述，若經由探究而消融自我，那麼整個世界及一切學問將潰然崩解，獨留真我在焉。

G．梅塔也詢及私人的問題：他是否應宿留海外或返回印度。尊者對此說道，不必煩惱你應如何作為。命中註定會發生的事情，就會發生。

晚間，來自古吉拉特邦巴羅達的城邦王后抵達道場。她跟泰勒亞可汗太太在一起，在這裡待留幾天。

一九四六年六月二十日

G．梅塔：若我不是這副身體，那麼我對我善惡行動的後果，是否要負責？

尊者：若你不是這副身體，也沒有「我是作為者」的觀念，那麼善惡行動的後果，將不至於影響你。為何你要對身體的行動而說「我做這個」或「我做那個」呢？一旦你這樣認同你的身體，你就會受到行動後果的影響，你就會有功與過。

G．梅塔：這樣說來，我不必對善惡行動的後果負責。

尊者：若你不是這副身體行動的作為者，為何你要擔心這個問題呢？

G．梅塔：那麼，這是否在說，若沒有「我在做個」或「我是作為者」的感知，那麼他就不須做什麼呢？

尊者：這個要做什麼的問題，只有在你是這副身體的情況下，才會提出。

這位梅塔先生告訴我，他過去在非洲二十年的期間，經常造訪印度。他從古吉拉特邦阿姆達巴來這裡。最近六年，由於戰爭，他沒來印度，今年初，他接到道場給他的信函，他想他今年可以來，雖然有很多困難，但終於如願以償。

室利．克里希尼亞．邱都里今天抵達道場。尊者向我說：「他用泰盧固文撰寫我的生平，目前已完成了兩章。他說今天下午，他會朗讀給我聽。」

邱都里約在下午三時來到廳堂，他朗讀直到下午四時十五分停止，然後說明天會讀完。他所撰寫的那段尊者的生平，是尊者接獲他父親逝世的消息，趕到蒂魯丘立，但尊者說，其實他是在父親逝亡的四五天前，就回到那裡了。他接到父親病危的消息，便即刻遄赴蒂魯丘立，約在四五天後，他的父親才逝亡。泰盧固語版的《神的遊戲》在此敘述不清楚，而邱都里據此撰述，故有舛誤。

一九四六年六月二十四日

洛可瑪吟唱穆魯葛納在《庇佑・萬歲》裡的祝禱頌文。她吟唱完時，尊者說：「她吟唱的最後頌歌，可以翻譯給她們。」她們是指巴羅達的王后及泰勒亞可汗太太。因此我傳譯的意涵是：「祈願來到拉瑪那面前的所有信徒，懷著大愛，也能萬壽無疆，所求如願，將祂的聖足深植在他們的內心裡，平息他們的苦惱，永獲平安。」

我問尊者，為何要翻譯給她們聽。尊者說：「昨天泰勒亞可汗太太向我要一首穆魯葛納譜寫我的最佳詩頌，在廳堂裡讀出來，並翻譯給她及王后聽。桑德雷沙・艾耶建議坦米爾語的祝禱頌文，但我想那首〈蜜蜂是傳遞者〉的頌歌，以及特別是蜜蜂的回應文，或許比較適合，所以我們朗誦出來，並加以翻譯。當洛可瑪吟唱祝禱頌文時，她唱到最後的頌句，我不禁想到她們可能想要聽，或許可以撫慰她們。」

就在此時，穆魯葛納走進廳堂，他已有兩三個月不在道場。他向尊者伏身敬致，尊者說：「我們正說到他及他的祝禱頌文，他就來了。」

我問穆魯葛納，在他的《拉瑪那臨在之姿》詩頌中，他最喜歡哪一則頌句，他沒有回答。

我說我最喜歡 *Arunai Ramananesan* 這則，於是我就從那裡吟唱起來。尊者要我翻譯給王后聽，我就翻譯了。這則詩頌的大意是：拉瑪那頭頸挺立，因為這是他的命運，要承擔所有信徒的負荷。他們來到他的聖足前，視他為唯一的庇祐；與他共處之人，自然獲得平安，不論有什麼危難，威脅到他的信徒，尊者都會拯救他，而穆魯葛納囑咐他不要害怕。

下午，穆魯葛納步入廳堂，尊者向他解釋為何要翻譯他的祝禱頌文的最後頌歌，並且說道：「當我散步回來時，王后遇見我，向我說：『下次我來這裡時，我會跟我的夫君一同來拜訪你。』大君現今在英國，有消息說他身體微恙，所以我就叫人翻譯祝禱文的最後頌句給她們聽，用以安慰她們。」但穆魯葛納似乎已不記得這則頌文，尊者就叫人取出書來，唸給他聽。

晚間，泰勒亞可汗太太向尊者說：「王后很遺憾必須離去，她告訴我，她待在這裡的五天，是她生命中最快樂的日子。」

一九四六年六月二十六日

羅摩強德拉·艾耶告訴尊者，他午餐只吃粥，因為他患痢疾，尊者盛讚粥的好處，說粥是用米、乾薑、胡荽子、粗鹽煮成，又說：「他們明天好像要給我們吃粥。有人告訴我，薩瑪爺爺會去準備，一定有人要他去做。大家不曉得吃粥多麼有益健康，又多麼美味可口。」尊者不禁回想起姬萊·佩蒂，她總是將各種綠色蔬菜煮在一起，雖然她的眼睛半盲，尊者顯得大快朵頤。「當時，我們煮了粥，又把手邊的各種蔬菜煮成雜燴，跟現在精緻的菜餚，簡直無法相比，但我們當時享受這般簡樸的伙食，人無法瞭解，這種伙食是何等的享受。」尊者繼續說道：「大家不知道，窮人是多麼喜歡這種食物，通常是很單純的想法而已。他在田地辛苦工作一天，回到家時，肚子餓極了，坐下來用餐，大口大口吃著，津津有味，好像要把整盤菜餚都吞下去。你們的富有人家用餐，桌上擺設各式精美的餐盤，一小口接一小口咀嚼著，食不知味，對眼前的盛饌珍饈，沒有大快朵頤的滿足。我們從山上搬到這裡時，我們也一直在煮粥。起初，有些人在道場清理仙人掌，把它剷平，我們除了給他們工錢之外，還提供午餐。他們加上我們，只有兩種東西吃，是一大鍋的粥，以及手邊有的蔬菜。我告訴你，攪拌那鍋粥所用的杓子是樹的一根枝幹，你就可以想像那個份量了。在當時，我煮東西時，習慣把食材搗碎。有一次，我用莧菜[47]煮成米餅[48]。有人帶來一大堆莧菜，我們切割成小段，大約七八人份，我摻入拉維（一種穀類）煮一大鍋米餅，大家對拉維煮成的米餅，都吃得很愉快，但當我告訴他們是怎麼煮出來時，他們就不那麼高興了，人總喜歡昂貴的東西。」

今天毛尼送來郵件，他的右臂疼痛，走路跛腳，尊者告訴他要塗抹軟膏，並囑咐隨侍拿一些給他。尊者經常使用的小罐軟膏已用完了，於是尊者告訴隨侍去櫥櫃拿大罐的來。尊者要隨侍維康塔·瓦薩從大罐軟膏裡取出一些裝入小的罐子交給毛尼，並要看著他塗抹。當大罐的軟膏從櫥櫃取出，尊者看到罐裡的軟膏不是裝滿的，於是他向送軟膏給尊者的卡南說：「看來你買的軟膏是給你自己或你小孩用的。當你看到我的症狀時，你就拿來給我。你給我的查瓦那普拉希保健膏（一種阿育吠陀的養生保健膏劑）也可能是你買給你自己或你小孩用的。」

卡南向尊者保證，那罐軟膏絕不是買來給他自己或小孩用的，而是特別為尊者買的。他解釋為何罐子沒有裝滿，那是因為他買了幾罐的軟膏，然後全部又填裝到大的罐子裡。

稍後，他遞交一張字紙給尊者，上面寫一些東西。尊者看了後，說道：「寫的是在抱怨。」他說：「我曾來拜見您，這一次我在您的聖足前已有一個多月了，但我覺得我的狀況，並沒有進步，我的習性依然頑強如昔。我回去時，我的朋友一定會笑我。我待在這裡，又有什麼益處呢？」

尊者便向卡南說道：「為何你的頭腦（心思）要煩惱真知還沒到來、習性還沒脫離呢？你的頭腦不要給思維有任何空間，塔俞馬那瓦的《蘇卡瓦里》最後頌句中，聖者說了許多話，跟你在這張紙所寫的一樣。」於是，尊者要我唸出那段頌句，並譯成英文，好讓不懂坦米爾語的人也知道。頌句云：「心思愚弄我，雖然我向你說了一萬遍，但你毫不在乎，這樣我又如何得到平安和幸福呢？」

然後，我告訴卡南：「你不是第一個向尊者這樣抱怨的，我也抱怨過，而且一直在訴苦，我感覺自己都沒有進步。」

卡南答說：「我不僅感覺我沒有進步，而且還在退步。目前的習性還是很頑強，我無法理解。」

尊者再度引述塔俞馬那瓦的詩頌，是〈曼德拉辛〉末三節的頌句，略謂心思被巧妙地說成度量廣大而公正無私的給與者，當其歸返至萌生處或源頭時，就會給與信徒平安和幸福。尊者要我唸出這段我曾翻譯的譯文。

然後，卡南問道：「心思而有輝照，是生命個體我，而輝照本身是真我，這樣對嗎？」

尊者同意此說，指著毛巾說道：「我們稱它為白布，但布及其白，並無分離，此如同輝照與心思合一，形成這個我。」又說：「聖典常如下解說，有助於你的瞭解：劇院裡的燈是輝照的，正如你言。輝照是輝照其自身，還輝照著舞台以及演員。我們由於亮光輝照而看見舞台及演員。若無戲劇演出，亮光依然持續輝照。另一個實例是，鐵條比喻心思，施火於鐵條，那麼鐵條成為火紅的，與火無異，熾熱而能燃物，有其固定的形狀，但不像火。若我們錘打之，則是鐵條受錘打，而不是火在受錘打。這個鐵條是生命個體我，而火是真我。」

一九四六年六月二十七日

下午，T．V．K．艾耶有一本我們圖書館收藏的《聖口的字語》[49]及其註釋，他問尊者有沒有比這本更好的版本，尊者說沒有，接著說道：「各種學術性的注釋都寫在《四千則詩頌之神性合輯》[50]裡，其內文持傳統毗濕奴派的論述，將清晰的不二一元論，曲解為牽強的二元論意涵。在早期，一些毗濕奴派人士常來見我，當他們佩戴著U的標誌，他們也把那個標誌放在我身上，若他們佩戴著Y的標誌，他們也將那個標誌放在我身上，然後向我伏身行禮，我通常都讓他們隨意而為。」

然後，T．V．K．艾耶告訴尊者：「最近有一位羅摩奴闍南派的人士，他精通毗濕奴派的奧義，點化了我，對我施以『薩馬薩南姆』及『薩瑪．阿斯拉耶姆』的毗濕奴派點化儀式，並教導我箇中深奧的意涵。他對窮人講道及佈施善行，但他不允許羅摩奴闍北派的人士來聽他講道。根據毗濕奴派的教示，人必須服侍神。」

尊者語帶諷刺答道：「所以，若沒有他們的服侍，神就無法過日子嗎？反之，神問：『你是何人，要來服侍呢？』祂總是說：『我在你的生命裡，你究竟是何人？』我們務必要瞭解這個，而不要口說服侍。歸順或臣服，乃是毗濕奴派的基本教示，但不在於捐錢給師父，請他點化你，而你向他說你已臣服。若能不時力行於臣服，那麼每當自我冒出頭來時，就要遏制之。臣服不是件輕鬆的事，剷除自我，不是件容易的事。只有在神本身，以其恩典將你的心思牽引返內，要全然臣服才能辦到，但這樣的恩典之蒞臨，也只有於今生或前世，業已歷經一切的努力及修行，作為滅絕心思與剷除自我的準備。」

尊者又說：「早期，這些毗濕奴派人士常來看我，勸我要接受毗濕奴派的點化儀式，但我都保持沉默。」

尊者繼續說到毗濕奴派的二元論，引述南阿瓦爾詩歌開端的頌句，大意是：「不知道我自己，我卻一直在說『我』和『我的』，直到我發現『我』就是祢、『我的』就是『祢的』，喔，神啊！」尊者說道：「這是很清楚的不二一元論，但是這些毗濕奴派人士賦與的解釋，是要呼應他們二元性的感覺；他們認為他們一定存在，而神也必然存在，但這又怎麼可能呢？他們似乎務必要永存，以便在瓦崑達（毗濕奴神駐在地）服侍神，但是究竟有多少人要去服侍呢？這些毗濕奴派人士在那裡，但那裡又有什麼空間給他們呢？」

尊者笑著這樣說，然後停頓一會兒，他又說：「在另一方面，不二一元論並非意謂人要常常入定於三摩地而不活動，身體必須活動，以維持其生命，故活動是不可免的。在不二一元論裡，並不排斥虔愛拜神奉獻。商羯羅被公認是不二一元論的首倡者，但你也看到他走訪各神廟（四處活動），以及撰寫許多敬神奉獻的讚歌。」

接著，尊者引述《聖口字語》十節組句的第八頌，顯示毗濕奴派的阿爾瓦詩聖[51]也明確支持不二一元論，他特別強調第三頌的詩句，有云：「我消失在祢或那個裡面。」而第五頌很像《蒂魯瓦查肯》[52]的詩頌，在說自我逐漸消退，滅絕於真我裡。

稍後，有位訪客問道，尊者可曾想過要遍訪印度各地，或者會考慮這樣的建議。

尊者：雖然一些信徒曾有此建議，但我不曾有過這樣的念頭。拉賈斯瓦拉南達曾說，他要安排火車載我到印度各地，但我去那些地方，又有何用呢？我一無所見（我認為這句話，是在說尊者所見者，僅是萬物裡的真我。）他們說我應該前往各地去觀視他們，因為他們無法來這裡。然而我若前往，有誰會注意到一位僅著纏腰布的乞丐呢？難道我要在額頭上貼著標籤，或在脖子上掛著卡片，向人說：「大悟者來了」嗎？或者我要帶著一群隨從，向人呼叫：「我們偉大的拉瑪那尊者來了」嗎？此外，在百萬人之中，到底有多少人，我能夠觀視到他呢？

約在晚間七時，我走進廳堂，尊者又回到那個話題，說道：「大家來到這裡，前來觀視我，所以我又何必去觀視他們呢？若我順從一些信徒的一再要求而走訪某地，也會另有信徒要我到其他信徒希望我去的地方，那麼我的困擾會沒完沒了。」

一九四六年六月二十八日

下午，卡南的妻子以書面向尊者訴求道：我看不懂經文，我認為探究真我的方法，對我太難了。我是位有七個小孩的婦女，要操持許多家務，沒有時間冥想。我祈請尊者給我較簡單易行的方法。

尊者：要知曉真我，不需要學問或經文的知識，正如人看自己，不需要鏡子。一切所學的東西，終究是屬非真我，必須加以屏棄。操持家務或看顧小孩，都不必然是障礙。不論妳在工作或坐立行走之間，妳都能對自己在心裡不斷地說：「我—我」。這是〈我是誰〉專文建議的方法，這樣就夠了。「我」乃神的名字，是首要也是最偉大的真言，甚至「唵」都在其次。

卡南：據說生命個體是心思而有輝照，那麼到底是什麼在渴望了悟真我？阻礙我們了悟真我的又是什麼？據說那是心思在阻礙，而輝照有其助益。

尊者：雖然我們描述生命個體是心思加上真我的反映之光，但在生命的實際運作上，你不能將二者分離，正如我們昨天解說的例子，你不能將白布分離為布及白，或火紅鐵條分離為火及鐵。心思無法自身行動，心思僅能藉著輝照而萌動，沒有輝照，就不能行動，無論為善為惡。若輝照存在，心思便能運作其善惡及引生諸苦樂，但輝照本身，並不感受苦樂，這如同錘打火紅鐵條，不是火在被錘打，而是鐵條在被錘打。

卡南：有命運嗎？若命中註定要發生的事，就會發生，那麼我們祈禱或努力，又有何用？或者我們只有雙手一攤，不必作為嗎？

尊者：征服命運，或置之度外，有兩途徑。一是探究這是誰的命運，並了知是自我而非真我被命運困縛，而自我本不存在。另一是，藉著全然臣服於神，而滅絕自我，並充分認知人的無助，始終對神說：「不是我，是祢，喔，上主！」全然屏棄「我」及「我的」之感知，將它交出給神，並去做祂要你做的。信徒若對神有所要求，就不是全然臣服。真實的臣服是對神的愛，只為了愛，甚至不是為了拯救。換言之，完全滅絕自我，乃征服命運之勢所必須，不論你是經由探究真我，或者是經由虔愛法門，都能來到這個滅絕。

卡南：我們的禱告，能獲得應許嗎？

尊者：是的，會獲得應許的。心念思維不會徒然，任何心念思維，都會在某個時刻產生效應。心念思維的力量，永不會徒然。

一九四六年七月二日

晚間，吟唱吠陀經文後，范克特拉邁耶前來，告訴尊者說：「泰勒亞可汗太太和她的客人，也就是邁索爾的室利．米爾查的表妹，一同在山上安坐，談到尊者及這座聖山。泰勒亞可汗太太說：『尊者是個走動的神，我們的禱告都有回應，這是我的體驗。尊者說這座聖山就是神本身。我無能瞭解，但尊者這樣說，我就相信了。』她的友人回答說：『根據我們波斯人的信仰，我視為是一種徵象。假若天要下雨，……』語及此，幾乎同時就下起雨來，她們都淋濕了，跑來告訴我這件事。」

一九四六年七月三日

客問：有人告訴我，我必須依循你的教派，去找尋我思維的源頭。我應如何做？

尊者：我沒有教派，但人必須尋其思維的源頭，這是正確的。

客問：假設我有個「馬」的思維，我設法尋其源頭，我發現那是由於記憶，而記憶又是由於先前對「馬」這個物象的認知，這就是全部了。

尊者：誰要你去想到這些東西？這些也都是思維。你去想到記憶及認知，這對你有何益處呢？這樣是無終止的，就像老掉牙的爭論，樹和種子，何者先來。要問的是「誰」有這個認知或記憶，是那個「我」有此認知及記憶，而它又從何處萌生？找到那個，因為認知或記憶或任何體驗，都只來到那個「我」。你睡覺時，並沒有這樣的體驗，然而你說你在睡覺時是存在的，而你現在也是存在的，這就表示那個「我」持續於其間，而其他事物來來去去。

客問：我被要求去找尋「我」的源頭，事實上，這也是我要去找尋的，但我怎能找到呢？那個我所來的源頭，到底是什麼呢？

尊者：那個你所來的源頭，跟你睡覺時是同一個源頭。你在睡覺時，你是無法知道你是怎麼進入睡眠的，所以你必須在醒的時候去探究。

我們這裡有人建議這位訪客閱讀《我是誰》、《拉瑪那之歌》。尊者也告訴他可以讀這些書。他在白天閱讀了，晚間他告訴尊者：那些書敘述了探究真我，但要如何持行呢？

尊者：這也一定有寫在書本裡。

客問：我要專注於「我是誰」這個思維嗎？

尊者：它的意思是你要專心去看「我」的思維是從哪裡萌生。不是外向看，而是向內看，去看那個「我」的思維之萌生處。

客問：而且尊者說，我若看到那個，我就了悟到那個真我了嗎？

尊者：並沒有了悟到那個真我這回事。那個真實的，人又如何能去實現，或者使它成真呢？大家都把不真實的給真實化了，或者視為是真實的。他們一定要做的，便是放棄這種看法。若你能這樣，你就是存在於你本來的樣子，而那個真實，將是真實的。所有的宗教及修行的教導，其所以存在，都是在協助大家對於視不真實的為真實，加以屏棄。

客問：出生又是從何而來？

尊者：是誰在出生？

客問：《奧義書》說：「了知至上絕對者，成為至上絕對。」

尊者：那不是「成為」(becoming) 的事情，而是「在於」(being)。

客問：帕坦加利的經文述及諸多神通，是否為真，或僅是他的幻想？

尊者：若他是至上絕對或真我，就不會珍貴那些神通。帕坦加利自己也說過，他們用心思運作，因此阻礙了他們證悟真我。

客問：那麼，超人的力量又是什麼？

尊者：不論其力量是高或低，不論是心思上的，或者超級心思的，其存在皆指涉到那個人，他擁有力量。去找出那個人是誰。

客問：若有人獲致了悟真我，有什麼確證能說明其真實的成就？難道不是像瘋子一樣，幻想自己是拿破崙這樣？

尊者：就某種意義上，談論了悟真我，本身就是一種妄念。因為大家在「視非真我為真我」、「視非真實為真實」的妄見下，必須以另一種叫做「了悟真我」的妄念使其脫離那個妄見。事實上，真我始終就是真我，沒有什麼了不了悟的問題。一切存在的，皆是真我；除了真我之外，別無其他，那麼到底是誰在了悟、了悟什麼、又如何了悟呢？

客問：奧羅賓多說，這個世界是真實的，但吠檀多的學者說是不真實的。世界怎麼可能是不真實的呢？

尊者：吠檀多的學者，並未說世界是不真實的，那是誤解。若他們這樣說，那麼吠檀多教本的涵義謂「一切都是至上絕對」又如何自圓其說呢？他們僅是意謂，這個世界作為世界，是不真實的，但作為真我，是真實的。若你以非真我看待世界，那麼這個世界便是不真實的。萬物不管你叫它是世界或幻相或遊戲或大力，都必須在真我裡面，而無法離卻之。離卻於大力者，就沒有大力可言。

客問：不同的導師，皆各自構建其不同的教派，倡導不同的真理，令人困惑。何以如此？

尊者：他們從不同的觀點立場，教導相同的真理。不同的教導，是為因應不同心智的狀態，乃勢所必須，都是在揭露相同的真理。

客問：既然他們倡導各自不同的法門，我們應遵循哪個法門呢？

尊者：你說到法門，好像你在某處，真我在另處，而你要前往那裡。但事實上，真我就在當下這裡，而你始終就是那個。這就好像你在這裡，卻向人問，前往拉瑪那道場的路怎麼走，而在抱怨每個人向你指示不同的道路，又在問要遵循哪條道路？

娜葛瑪一直在記錄道場裡的一些有趣事件，用信函的方式，寄給她在馬德拉斯的兄長D·S·夏斯特里。這些文稿，放在尊者面前，尊者閱覽後，建議在封面上貼一張目錄表。文稿述及松鼠，引起了尊者的談話如下：

「有一次，松鼠跟人之間的互爭，持續了一整個月。牠們習慣在我頭上的屋頂築巢窩。每天都有人來把窩撤掉，隔天松鼠又築新窩，最後屋頂的所有洞孔，全部被人填滿了，松鼠無處可築窩。有一回，牠們在我的長椅旁，四處走動、跑到一邊去、鑽進我的枕頭裡或任何地方。我坐下長椅或倚靠枕頭時，都要小心翼翼，有時我偶爾用力往後靠背，壓到幼小的松鼠，牠們昏迷了，而我卻不知。這種情形，我在山上的史堪德道場時也發生過。松鼠有時也在我的椅墊和枕頭裡築窩；甚至在此之前，我在古魯墓廟時，一些小鳥及松鼠經常圍繞在我身邊築窩。有一隻鳥用泥巴築巢，我在那裡時，這個巢築好了，鳥也飛走了，有些松鼠就來鳩佔鵲巢。」

一九四六年七月十二日

本月八日，瑪德瓦·史瓦米（拉瑪那隨侍信徒）的死訊傳來，尊者說了許多有關他的事情。當天晚上，康猶史瓦米前往庫姆巴科納姆，那是瑪德瓦·史瓦米逝世的城鎮。今天上午，他返回道場，說：「瑪德瓦·史瓦米死前二十天，離開庫姆巴科納姆，說要來道場這裡，但其實他買車票前往泰米爾納德邦的伯爾尼，他在那裡待了幾天後，又前往喀拉拉邦的帕拉克卡德及他出生的城鎮；然後他又前往蒂魯吉拉帕利，在那裡他跟我們的信徒蒂魯瑪拉·切提在一起待了幾天，然後回到庫姆巴科納姆，一週後去世。在這整週內，他都在說：『不管我去哪裡，我都覺得很悲慘，我到什麼地方，都不自在。若我去拉瑪那道場，他們可能不允許我去，但我有幸能服侍尊者之後，我在別的地方，就不再能夠承受這副身體的負荷了，我必須把它擺脫掉。』他似乎帶著這種思緒，最後抑鬱而亡。他死亡的前一天，抱怨消化不良，這一週來，他一直消化不好。」

尊者：「是什麼東西使他消化不良？」

康猶史瓦米說：「可能是吃了芒果，這些東西總是不適合他吃。本月七日星期天的下午四時，有人送午餐來給他，他拒絕了，但要求一瓶蘇打水，不久他全身冒汗，以蓮花之姿，端坐離世。」

當郵件送到時，有一封信是捎來L·薩瑪長媳的死訊，這引起了尊者談到死亡。他說道：「亡者是幸運的，只有留下來的未亡者感到悲傷。我們不時關切而承受著這副身體的負擔，還要照顧身體的需求，如浴身、進食、按摩腿等，日復一日，沒完沒了。當我們死了，只要四個人就抬走這副身體。我們不斷地在抬走身體，也不曾片刻思考我們到底在幹什麼。我們輕易地從水中舉起重石，但舉出水面後，我們感到石頭實在很沉重，同理，只要身體存有元氣，我們不覺得身體有多沉重。

我們生命真實的本質，是無死亡的。我們將此本質誤認為是指身體，想像著身體將永生不滅，卻失去了真正不朽的洞識。這是因為我們將身體認同為我們自己。《奧義書》上說，悟者殷切向前看著他擺脫身體的時刻，就像一位苦工，背負重擔，一直看著前程，抵達目的地，然後卸下重擔。」

一九四六年七月十六日

來自恰提加爾邦凱拉加爾的一組團體來到道場，其中有些人向尊者請求離去，以便前往史堪德道場。我向尊者說，昨天范克特拉邁耶和我，連同拉尼、卡瑪克希到維魯巴沙洞屋。范克特拉邁耶告訴我們，若在那裡靜坐傾聽，會耳聞到「唵」的聲音。我就問他，他可曾這樣聽到，他說他不曾這樣試過。於是，現在我問尊者，這是否屬實。

尊者僅說：「他們是這樣說。」

我問道：「尊者可曾耳聞『唵』的聲嗎？」我修正問話，又說道：「這樣問沒有用，因為尊者到處都耳聞『唵』聲。若尊者有聽到，那也不是地點的關係。」

於是，尊者說：「為何你不走一趟，自己去感覺呢？」「是的。」我說道：「我要過去看看。若有愚者如我，也能有這樣的體驗，那一定是所在地點的感應所致。」

稍後，尊者又說道：「一般來說，在洞穴裡，不僅會有唵的音符，在那裡也能耳聞到音響。蘇達南達．巴拉蒂在其《拜見拉瑪那》述及此。他應該知道，因為他住在那裡。」說著尊者便拿起這本書，向我們指出書中第二十章的相關文句，其標題是〈隱藏〉。

一位訪客問尊者，我們應如何作為，以改善阿特曼（真我）？

尊者：你對阿特曼及改善的定義為何？

客問：我們對此，一無所知，所以我們來這裡。

尊者：那個真我或阿特曼始終如如其在，並無獲致這種事。最重要的，是屏棄視非真我為真我，以及視非真實為真實。當我們放棄認同身體是我們，則真我獨然在焉。

客問：但要如何放棄認同呢？若來這裡的修行過程中得到協助，就可以解除我們的疑惑嗎？

尊者：諸多問題總是有你所不知的東西，而且沒有止盡，除非你找到那個質問者是誰。雖然在質疑諸多問題中所涉及的諸多事物，並不知曉，但毫無疑問的，是有個質問者在質疑問題。若你能問他是誰，那麼一切的疑惑，將為之平息。

客問：我想要知道，親近聖者是否為必要，而我來到這裡，是否對我有所助益。

尊者：首先，你要確定，親近聖者是何義。它意謂與存在真實為伍。已了知存在之人，也被視為是一個存在。這樣的廁身於存在或了知存在的人，對每個修行者都是絕對必要的。商羯羅說（尊者在此引述梵語頌句）：「在三界中，唯有親近聖者之舟，能帶領人，安然渡越生死苦海。」

一九四六年七月十七日

上午，尊者談到一封信，是潘德先生寫的，他是尼泊爾加德滿都某學院的院長。信中說到一則事件，潘德先生已敘述在紀念文集的書裡。我跟A・N・饒都想讀這封信，於是尊者叫人拿來給我們看。這則事件是這樣：潘德於晚間離開道場，前往蒂魯瓦納瑪萊最大的一間神廟，當他進入內殿的阿魯那佳拉的林伽神壇時，跟他在一起的一位年輕人，也是尊者的信徒，便哭喊著：「阿魯那佳拉！阿魯那佳拉！」但潘德看不見有任何的林伽聖石，只看到尊者的容貌，不管他往哪裡看，遍在各處！

一九四六年七月十八日

上午，一位名叫S．P．泰雅的訪客提問。

S．P．泰雅：我修行將近二十年了，但看不到有進展，我該怎麼辦呢？

尊者：若我能知道你的修行是什麼，我或許能說些什麼。

S．P．泰雅：每天上午，約在五時開始，我專注在一個念頭：真我獨在為真實，其他皆非真實。我這樣做，約有二十年，但我的專注無法超過兩三分鐘，而又沒有雜念。

尊者：每當心思外馳時，就要把它拉回來，守在真我裡，此外別無辦法；無須冥想或持咒等這類的東西，因為這些都是我們生命真實的本質。一定要屏棄思及真我以外的諸物。冥想於真我之思維，與屏棄非真我之思維，並無二致。當你屏棄思及外物，阻絕心思外馳，而將之內攝，守在真我，真我便獨然在焉。

S．P．泰雅：我如何克制這些思維及欲望的牽引？我如何規律我的生活，以便能控制我的思維？

尊者：你愈能守在真我，你的其他思維將愈能自行脫落。心思不過是一團思維，而「我」之思維是一切思維的根。當你看到這個「我」到底是誰，以及它起程的源頭，那麼一切思維便融入於真我。

規律的生活，諸如定時起床、沐浴、持咒等，以及遵行祭儀，都是對無志於行探究真我或無能力持此行法的人說的，但對於能持此行法的人，所有的規則及訓練，都不需要了。

關於這一點，K．M．伊瓦拉傑尼插話，說道：獲致了悟真我之前，先經歷看見異象的階段，這是必要的嗎？

尊者：異象是否有出現，你為什麼要擔心呢？

K．M．伊瓦拉傑尼：我沒有，我只是要知道這一點，以便如果沒看到異象，我就不會失望。

尊者：異象種種，並不是必要的階段。對某些人，是會出現的，但對某些人，不會出現。然而，不管異象是否出現，你始終是存在的，你務必要釘住在那個。

K．M．伊瓦拉傑尼：我有時專注在腦門中心，有時在心臟，並不是都在同一中心，這是錯誤的嗎？

尊者：不論你專注在哪裡，或者在哪個中心點，必然有一個「你」在行專注，那就是你必行專注所為。不同的人，專注在不同的中心點，不只是腦門或心臟，還有眉心、鼻尖、舌尖、最底下的脈輪，以及甚至是外在的某物。這樣的心注一處，可以引導你朝向某種的消融，使你有某種幸福感；但要注意到，在這裡不要喪失了「我在」。在這些體驗中，你的存在，永不滅失。

K．M．伊瓦拉傑尼：那就是說，我必須是個觀照者嗎？

尊者：說到「觀照者」，不應認為有個觀照之人，以及還有個他在觀照的某物。「觀照者」的真實意涵是，輝照著觀者、被觀者及觀看過程的那個光。在觀者、被觀者及觀看等三方出現之前、其間及之後，那個輝照存在，獨然如如其在。

K．M．伊瓦拉傑尼：聖典說，人必須培養好的或神性的質素，以便作為了悟真我的準備。

尊者：所有好的或神性的質素，都包含在真知裡。所有壞的或邪魔的質素，都包含在非真知裡。當真知來到，所有的非真知就會脫離而去，神性的質素自然降臨。你若是悟者，便不可能說謊或行惡。聖典無疑在說，人必須培養一個又一個好的質素，以便作為最後解脫的準備，但是，遵行真知或採行探究法門的人，其為持行，在獲得神性的質素而論，綽綽有餘，他們無須再培養別的了。

一九四六年七月十九日

今天，又有一位新訪客問道：我不瞭解要如何探究「我是誰」。

尊者：去找出那個「我」在哪裡萌生。當你在說「我不是這副身體、我不是這些感知」時，行探究真我並不是要去爭論或推理。爭論或推理，或許有其助益，但那不是探究的行法。觀察而找出此身的「我」在何處萌生，並將心固守在那裡。

客問：蓋亞曲神咒有用嗎？

尊者：蓋亞曲神咒是什麼？它意味著「讓我專注在輝照一切的那個。」冥想的實義是，心專注在所冥想的某物。但冥想是我們生命真實的本質。若我們屏除其他一切思維，所存留者是「我」，而「我」的本質，隨你怎麼稱呼，就是冥想或真知。彼時的手段，成為此時的目標。若冥想不是真我的本質，你持行的冥想就不會帶你來到真我；若手段不是目標的本質，它就無法帶你到那個目標。

一九四六年七月二十日

下午，桑德雷沙．艾耶告訴尊者，他的媳婦（南羅耶納史瓦米．艾耶的女兒）生產時非常痛，她最後無法忍受，便哭喊著：「拉瑪那！我受不了了！」一瞬間，產下嬰兒。尊者僅說：「是這樣嗎？」

一九四六年七月二十一日

下午，來自北方邦占西的年長訪客，巴爾格瓦先生提出兩個問題。

一、我如何尋找那個「我」，從開始到結束？

二、我冥想時，來到一個階段，那裡是個空無，我該如何持行下去？

尊者：不要在意那裡有個異象或聲音或什麼，或是否是個空無。在那裡，你始終存在，不是嗎？甚至在空無裡，你是存在的，否則你怎麼能夠說出你體驗到空無。固守在那個「你」，就是尋找「我」的開始與結束。在吠檀多的許多書裡，你會看到門徒提出空無或了無一物的問題，而師父回答之，那是心思在看、在體驗，直到心思停止看、體驗，便認為是個空無，但那不是「你」，你是恆在的輝照，點亮了體驗與空無。它就像劇院裡的光，使你能夠看到劇院、演員及演出的戲劇，但也能夠在演完戲後，使你說出沒有戲劇。或者有另一解說：我們看到身邊周遭諸物，但在黑暗中，我們說「我沒有看到」。眼睛明明就在那裡，卻說看不到什麼。同理，在你所說的空無裡，你就在那裡。

你是三身、三境、三時程、空無的觀照者。三身指粗質身、精微身及因緣身。三境指醒、夢及深睡。三時程指過去、現在、未來。在第十個人的故事裡[53]，十個人中的每個人都數算過了，但他們全都認為只有九個人，每個人都忘了數算自己，就是這樣，他們認為有一個人不見了，但不知道是誰，這就等於是空無。我們的習慣看到身邊的東西，是固定不變的，也看到我們就是這副身體，但當這些東西都消失不見了，我們就想像、恐懼我們也消失不見了。

尊者也引述《寶鬘辨》第二十二頌及第二十三頌，頌句載述，門徒說：「我除去非真我的五身層[54]之後，我發現空無一物。」上師答道：「真我或那個，如如其在，萬物由此而化現、變態（包括自我及其造物），及其消失無存，皆在感知中。」

尊者繼續談論這個主題，說道：「真我或『我』的本質，必須是輝照的，你感知的萬物化現、變態及其消失無存。何以如此？若你說你從別處取得輝照，就會引生質疑你是如何取得的，這樣的質疑將會是一連串無休止的論理。所以，是你，你本身就是輝照。通常對這個論述的說明是這樣：你製作甜點，取用多種食材做成各類形狀。所有的甜點，口感皆甜，因為糖在其中，而甜是糖的本質。同理，一切經驗的有無，皆包含在輝照中，那是真我的本質。沒有真我，就無從經驗，正如無糖，所作食物就不甜。」

稍後，尊者又說道：「首先，人視真我為某物，然後看真我是空無，然後見真我為真我，只有到了最後這個，一無所見，因為看見即是存在。」

「重要的是，固守在真我裡。不能固守在真我，其障礙在一方面是被世界諸物牽引而去（包括對諸物的感知、欲望、習性），另方面則是睡眠。聖典常述及睡眠是三摩地的第一障礙，亦載述在不同的修行階段時，有其不同的行法，俾以克服障礙。首先，你被教示要棄絕這個世界及其諸物或睡眠的牽引，但根據《薄伽梵歌》的說法，人無須完全棄絕睡眠，睡眠太多或太少，皆非所宜。在白天，完全不應該睡覺，在夜晚也應限制在中間的時段，大約從十時至二時。但又有一說，是不必太顧慮到睡眠。當睡意來襲時，你無可奈何，只有守在真我，或者在醒時的片刻，守在冥想，或恢復醒時，重拾冥想，這便為已足。這樣縱使在睡覺時，同樣的念流或冥想，持續在運作，這是明顯的事實，因為人懷著強烈的意念而入睡，他醒來後，其內心也會呈現相同的意念。人若致力於冥想，據說他的睡眠就是三摩地。減少睡眠，有一良方，就是吃潔淨的食物，適量為宜，並且避免勞作或進行任何活動。」

一九四六年七月二十二日

上午，吠德那坦來到廳堂，他是稅務分局的官員，請示能否帶他的顧問拉瑪穆提一同來，尊者允許，於是他帶了拉瑪穆提及其同伴前來。拉瑪穆提首先用泰盧固語向尊者說：「我知道尊者講泰盧固語，十年前我曾跟拉格維爾來這裡，看到尊者的泰盧固語講得很好，他（指著在他身旁的某人）是我的兄長，在班加羅爾創設一間自然療法的機構。卡米斯瓦若・薩瑪也在那裡工作。」

於是他的兄長說，這間機構創設時，曾蒙尊者祝福。他又說：「我很難相信人身相的神，我認為那是不可能的，但我相信無人身相的神，那是一種神力，掌理而引導這個世界。在我從事醫療工作時，若能增強此一信念，對我會很有幫助。請惠示如何增強這個信念？」

沉默半晌後，尊者答道：「對不可知的事物，你才需要信念，但真我是自身顯明的。就算是極其自大之人，也不能否認他自身的存在，亦即說，無法否認那個真我，你可以叫它是終極實相或任何你喜歡的名稱，而說你對它有信念或珍愛它。只是，誰會對自己的存在沒有信念，或不珍愛自己呢？因為信念及珍愛都是我們生命真實的本質。」

稍後，拉瑪穆提問道：那個在我們內在萌生的「我」就是真我，不是嗎？

尊者：不，那是自我，以「我」而萌生。其萌生之所來處，才是真我。

拉瑪穆提：他們說到高的及低的阿特曼（真我）。

尊者：在阿特曼言，沒有高或低這種事。低的或高的，僅是對形相說的，而不是對真我或阿特曼。

不久之後，這個團體離去，婉拒在這裡午餐，因為另有行程安排。

下午，來自加爾各答的泰雅先生再度和尊者對話。

泰雅：我無法一直專注在身體上同一個中心點，我發現有時專注在一個中心點，有時在另一個中心點。有些時候，我專注在某個中心點時，思緒卻跑到另一個中心點，並固定在那裡。為什麼是這樣？

尊者：這可能跟你以前的持行有關。但是，不管如何，你所專注的中心點是不重要的，因為真實的本心，是在各中心點裡，甚至在身體之外。不論你專注在身體的哪一部位，或者外在的某物，那個本心，就在那裡。

K．M．伊瓦拉傑尼插話道：能否在某個時段，專注在某個中心點，在另一個時段，專注在另一個中心點，或者必須始終不斷地專注在同一個中心點？

尊者：正如我剛才所說的，你專注在哪裡，都是無妨的，因為專注僅是屏除思維的手段，不管你專注在什麼中心點或某物，那個專注者，始終是同一個人。

一九四六年七月二十四日

巴爾格瓦：覺知是什麼？如何獲得而加以培養？

尊者：你就是覺知，覺知是你的另一個名字。既然你是覺知的，就不須去獲得或加以培養。

這樣的回答，對巴爾格瓦顯然有點不知所云，他對提問的答覆，正感到納悶時，尊者適時協助他，於是繼續說道：「你所要做的，只是不要去覺知任何事物，那些都是非真我的東西。若你不去覺知它們，那麼純粹的明覺，獨然在焉，那就是真我。」

一九四六年七月二十八日上午

約在上午十時，我步入廳堂時，尊者正在向一位來自拉賈斯坦邦齋普爾的訪客說：「你離家來到這裡，又有何用呢？你離開一個家，這裡又是另一個家，家又能做什麼呢？不能做什麼，那是心思在做盡一切。」講完後，他接著說：「馬上又問到那個問題了：『那你為何離家來這裡呢？』」我問尊者：「為什麼這個人也問那個問題呢？」

尊者：「不是的，他沒有問那個問題，但我知道其中的不一致。」

在先前某個場合，尊者回答這個問題時，是這樣說的：「我離家，因為那是我今世的業報，若那是你的業報，你也會離家。」

晚間，幾個來自瑞詩凱詩毗濕奴派的僧人前來，用印地語在尊者面前抱怨，因為長期以來，一些馬拉利人[55]的苦行者在那裡企圖消滅瑞詩凱詩的拉瑪那道場，這個道場是二十五年前，一位叫哥文達南達的人創立的。訪客來這裡，想要知道二十五年前所購買而建立道場的土地，是否已辦妥登記，這樣就沒有人能趕走這塊土地上的居民了。有人向訪客說，我們的管理人可以處理這件事，但他現在不在這裡，而尊者也沒有辦法。這些僧人極為苦惱，便離開廳堂，也沒有留下來用晚餐。

本月二十九日，我前往泰米爾納德邦，於八月二日晚間返回。

一九四六年八月三日

我返抵這裡後，發現我不在道場時，有位來自安得拉邦武尤魯的札明德里尼首次參訪道場，以及一位九歲的少年，名叫阿帕羅，來自安得拉邦阿納卡帕萊。那位少年，在某些方面看來很早熟，自稱性喜出家修行，其舉止明顯毫無懼色。他首次耳聞尊者，是在兩年前他父親來訪尊者，他從他父親等人得悉尊者，能詳述尊者在史堪德道場及維魯巴沙洞屋的生活情事。最近有些修行者來到阿納卡帕萊，談及尊者，少年聽見後，滿腔熱血，便獨自跑來這裡，父母都不知道。聽說有一次，他跑到瓦拉納西，待了一天才回家。當有人問他：「你這麼年輕就要過這種生活，這樣合適嗎？你現在理應要上學及受教學習。」他回答：「商羯羅不也在七歲時就離家了嗎？」這位少年，仍待在這裡，我們的娜葛瑪已寫信給他的母親，說這位少年來到道場。

下午二時三十分，在餐廳裡，我看到尊者坐在一張摺疊椅上，我正在納悶時，有一個團體，約有十二名信徒前來，坐在尊者的面前。不久，他們吟唱讚歌直到下午四時，歌聲洋溢著虔誠之情。這個團體，來自泰米爾納德邦斯里維利普圖爾，他們屬於那裡的「羅摩·瑪塔姆」組織，成立已逾五十年。他們不僅歌詠，而且舞蹈，表現出「庫米」的鄉村風格，各種手勢舞姿，都流露著上主克里虛那在布林達旺的歡樂情景。

晚間，吟唱吠陀經文後，P·C·德賽伊與維斯瓦納特在尊者面前，訂正卡帕利·夏斯特里（慕尼的弟子）梵語註釋《拉瑪那之歌》的校樣本。

一九四六年八月四日

今天上午，友吉·拉邁爾來到道場。約在九時三十分，尊者在看坦米爾語的《印度斯坦報》，他向我讀報紙上的對話如下：

第一個人：只有在悲傷或困擾臨身，我們才會想到神。

第二個人：喔，你這個傻瓜，若我們時常想到神，怎麼會有悲傷或困擾臨身呢？

為什麼尊者要說這個，以引起我的注意呢？我並不知道，我想可能因為我常與他爭論，所以對一個全能而全愛的神來說，祂不必然使我們在經歷痛苦時，要歸依於祂。

今天大部分的時間，都在訂正《拉瑪那之歌》的校樣本。

一九四六年八月五日

今天繼續訂正校樣本，於晚間完成。那個少年阿帕羅，可能是個逃學的小孩，他的兄長已回函給娜葛瑪。來自武尤魯的札明德里尼，於今天離去，前往馬德拉斯，他帶著娜葛瑪的允諾，將陪伴這位少年搭火車，到阿納卡帕萊。

一九四六年八月六日上午

一位訪客向尊者自我介紹，說他住在新加坡多年，認識一位在新加坡的那羅延那·艾耶，後來，我得悉這位訪客名叫拉傑姆·艾耶，是來自泰米爾納德邦蒂尼維利。

下午，T．S．拉賈戈伯在清理書架時，發現一本筆記本，尊者說：「那是K．K．南比亞給我的筆記本。這件事說來奇怪，通常我們這裡總是有一些精裝的筆記本，但（隨侍）瑪德瓦一本也沒給我，雖然我向他要了兩三天，他好像有點不在乎，而我也沒有催促他。到了第三天，當時任職工程師的南比亞前來，給了我這本筆記本，向我說：『這是尊者要的筆記本。』當時是因為他做了個夢，在夢中，我告訴他，我需要一本這種的筆記本，尺寸大小如何如何。現在他住在美國。」

一九四六年八月七日下午

我先前在一本筆記本上，寫了我喜愛的坦米爾語的詩歌，但遺失了有一陣子，所以我重新抄寫在新的筆記本上。這件事，T．S．拉賈戈伯告訴了尊者，不久之後，來自古達羅爾的蘇瑪桑德．皮萊前來告訴我，我的筆記本並沒有遺失，放在他的家裡。下午，拉賈戈伯便向我說道：「這類事情多到記不清了，就是這樣發生。當我告訴尊者，說你遺失了筆記本時，你就拿到了你的筆記本。以前，尊者的母親好像要一些訶子（一種阿育吠陀療法中常使用的果實，又稱藥王），不久就有人送來訶子，你可以問尊者這件事。」於是，我問尊者此事，尊者說：「並不是我母親要訶子，那個時候，我不時會咳嗽，也有便秘，當時是住在維魯巴沙洞屋，我有時會食用訶子。有一天我們的訶子用完了，社服員希夏·艾耶通常在鎮上公務巡視完後，於晚間來看我，他來時會看顧我們的必需物資，所以我們向他說，我們需要訶子，通常他都會迅速供給所需，但不知怎的，隔天並沒有送來，於是我向巴拉尼史瓦米說：『你今天中午若到公益客棧拿食物時，向社服員提醒我們要訶子。』但他在出發前往之前，卻出現了這樣的事：一位叫阿迪穆南的人及其友人，來自泰米爾納德邦琴格阿姆附近的的城鎮，常來這裡繞行聖山，也順道過來看我。就在那一天，他們來這裡，跟我待了一陣子，然後離去。他們走了幾步路後，又轉身回來，問我們有食用訶子嗎？我們說有，他們就給了我們一大袋的訶子，要我們保存好。我們從袋中挑選較好的訶子，裝成兩份，其餘的還給他們。他們來這裡的路上，看到沿著整條琴格阿姆道路，有這種訶子，他們便收集了一大袋，很明顯的，有些袋子放在牛車上，整夜顛簸行在那條道路上，便破了洞，有些訶子就掉了出來。所以，我要巴拉尼史瓦米去告訴社服員，不必從城裡送訶子過來了。」

尊者講完了這段話時，庫帕南先生前來，向尊者伏身敬致，尊者說：「看看這個，我們剛說到社服員，就來了他的姪子。」（庫帕南是社服員的兄長之子），然後，T．S．拉賈戈伯說道：「像這種巧合之事，實在太多了。最近，我談到賈娜姬·阿摩，隔天她就來了。另外有一天，克里虛那史瓦米向尊者說，友吉·拉邁爾沒來道場約有兩年了，翌日他就來道場，跟我們在一起，直到現在。」

尊者接著說：「庫普史瓦米（即庫帕南）的到來，使我想起了另一件事。有一天，為了某些事或其他，我要些葡萄乾，便問身邊的人，道場有沒有這種東西，他們說沒有，我們也就認為沒有了。當天晚上，庫普史瓦米的父親從馬德拉斯來到道場，他帶了一個維斯[56]重的葡萄乾，品質又好又乾淨，並不是我們這裡一般所拿到的又黏又髒的東西。他抵達這裡時，似乎夜晚了，想買些甜食送給我。他從未買過這種東西，但當時在那個場合，他心念一閃，認為他應該買些東西給我，但那時店鋪都關門了，只有一家店還開著，他就去那裡。他心裡一點都沒有想要買葡萄，但店鋪主人主動告訴他：『我有又新鮮又好的葡萄乾，剛剛到貨，東西很漂亮，買一點吧。』於是，他買了一維斯重的葡萄乾，帶來給我們。」

尊者又說道：「那件筆記本的事，更是一絕。當南比亞來到廳堂，像往常一樣坐著。他離去時，就拿出那本筆記本給我，我問說為何給我筆記本。他說：『是您要的，所以我才帶來的。您來到我的夢裡，要這本筆記本，給了我本子的長、寬、厚等全部的指示，我就根據指示，買了這本筆記本。』那時，瑪德瓦不在廳堂，他回來後，我叫他來，向他說：『這兩三天來，我向你要什麼？』他答說：『那本精裝的筆記本。』我問他：『為什麼不給我呢？』他說：『我可能忘了。』然後我拿出南比亞買的筆記本給他看，並且向他說：『你不給我，所以南比亞買了這本。』南比亞現在人在美國。道爾太太曾寫關於南比亞及包斯，她很喜歡南比亞，說他是個安靜的人，不像包斯，很愛講話。艾耶史瓦米跟我在一起時，經常有這種巧合的事情。每當我想到什麼事，他同時也想到相同的事，所以他所做的，都是我所要的。我常問他：『為什麼你這麼做？』他說：『我也不知道，有時心念一閃，我就做了。』」T．S．拉賈戈伯說：「怎麼有這種事！有這樣的召喚落在我們身上，就像南比亞一樣，這豈不是我們的幸運？」我向他說：「怎麼了？人家要你帶一瓶墨水來，你就帶來了。」尊者說：「是的，他帶了一瓶史蒂芬斯牌（Stephens）的墨水，說他在夢中我要的。」

尊者說：「像這樣的事，我沒看到有人寫入任何的書或傳記裡。」我答道：「在我的日誌裡，會全都記錄下來，我不會遺漏的。」

今天上午，T．S．拉賈戈伯的女婿K．薩瑪及其妻小來這裡。尊者慈祥垂詢，問其夫人莎拉德，她的小孩拉克希米現在能否開口說話。她答說：「她能說幾個字，用手勢輔助表達。」下午，一位訪客，名叫拉瑪那塔．波達爾來自孟買，他詢及L．薩瑪及其子K．薩瑪的近況，這兩人透過拉瑪那塔．波達爾的關係，接受自然療法，並且在他的家裡待了約兩個月。

上午，友吉．拉邁爾帶來一本筆記本，裡面有多年前尊者為友吉寫的一些尊者的文字，現在要補綻裝訂，尊者給了些指示，並交代T．S．拉賈戈伯去做。晚上T．S．拉賈戈伯修補好了筆記本，呈給尊者看，尊者嘉許之，將筆記本交給友吉，並說道：「現在你看看這本筆記本。」友吉說：「這些都是尊者的恩典。」類似這樣的話。穆魯葛納拿起這本筆記本，看到書寫的部分僅是本子的四分之一，其餘皆空白，便引述《原人讚歌》的頌句，論道：「就像神在整個宇宙裡，僅顯化其四分之一，其餘的四分之三，放在不可知的宇宙之外，這本子僅含尊者的四分之一。」眾人聞之皆笑，尊者也笑了。

一九四六年八月八日

維斯瓦納特先生說：「舒羅夫要我問尊者，為何他如此真誠熱切地廁身在尊者左右，他卻不能得到在馬德拉斯或鄰近蒂魯瓦納瑪萊的職位，而要被派到孟買。」尊者答說：「我們又能說什麼呢？事情發展的情勢，我們並不瞭解。有些人從未想到會來這裡，卻突然來了。有些人在這裡，沒想到突然會離開這裡。這樣，我們又能說什麼呢？」約在上午十時，德賽伊太太在尊者面前，朗讀她的古吉拉特語詩頌，是譯自賈加迪薩．夏斯特里的《阿巴亞阿悉多肯》，英譯文最近由V．艾耶先生翻譯，收在《五十周年紀念集》。尊者今天收到第一份《新時報》，內載一篇文章，是最近在這裡的蒂魯摩爾．饒先生所寫的，他取佛里曼先生撰述尊者的短文，納入他的文章裡，登載在這份報紙的首發刊行。為了大家也能知道內容，我在廳堂朗讀這篇文章，尊者說：「拿給佛里曼看。」

下午

友吉·拉邁爾將他的筆記本呈交給尊者，並指著穆魯葛納說：「像他這樣的人，會在即將到來的周年紀念場合，撰寫詩頌，但像我這樣的人，無能為力。但是，我想請尊者在我的筆記本上寫一些字。」於是，尊者在首頁空白處寫了泰盧固文的坦米爾詩頌，那是已故的索瑪桑德拉·史瓦米請求尊者在其筆記本上寫一個梵文字 எழுத்து 時所譜寫的，那個梵文 எழுத்து 是排序的字母，兼有不朽之物的意思。尊者用雙關語，譜寫的詩頌如下：

> 我寫在這本子上
> 給你閱讀
> 一個字母，
> 但是，有誰能寫
> 這個字母呢？
> 因為它始終在本心輝照著。

一九四六年八月九日

上午送來的郵件，是一封V．P．夏斯特里先生寄來的信，函中充滿著對尊者虔誠的敬愛，述及尊者及其教誨，是何等的獨一無二。

下午

約在下午三時，尊者在閱讀一封要送到郵局的信件，看完後交給毛尼，尊者說：「有個人說，我的精微身，有三哩長，三哩長喔。」然後撲嗤地笑了。這個人，我想是那拉辛門。來自內洛爾的蘇巴拉瑪耶先生曾遇見一位學者，就是這位學者他說的。他也說，奧羅賓多的精微身有三個弗隆[57]的長度。娜葛瑪告訴尊者這個，尊者笑了，說道：「他自己的精微身又有多長呢？」

尊者讀一段坦米爾期刊的文字，述及「若視世界為謬誤或充滿苦難，其哲理就是謬誤的。若你能學習使用心智，以及你潛在的力量，你就能快樂活在這個世界上。」讀完這段文字後，尊者說：「這些人是屬於相信神力或神通的流派。」接著又說：「但我想他們還是會死亡。」

今天早上，我們的早餐是粥及碎堅果。尊者曾告訴我們，這種粥，是知名信徒姬萊．佩蒂當年給他吃的，所以道場的人也想要在今天準備這樣的早餐。這種粥是用牛奶及米，加上葫蘆巴、少許咖哩、少許乾薑、少許鹽、糖等煮成。尊者說，粥的味道沒有出來，還要加點鹽和糖。

晚間，吟唱吠陀經文後，維斯瓦納特朗讀一些《烏瑪千詩頌》，以及納耶那（慕尼）頌揚女神的梵語讚歌，很顯然今天是瓦朗拉希米[58]祀典的日子。

一九四六年八月十日

尊者在今天的《史瓦德薩米特南報》上，看到紀念已故的R．雷格瓦．艾晏伽的一些詩頌，是他的親戚M．雷格瓦．艾晏伽撰寫的。尊者看穆魯葛納不在廳堂，便要維斯瓦納特告訴穆魯葛納這件事。尊者又說：「R．雷格瓦．艾晏伽逝世後，讚美性的文字，屢見諸報端，這些詩頌，都是他的親戚，也就是他的姪兒撰寫的，我想M．雷格瓦．艾晏伽樂意看到這些詩頌。」對此，我說：「穆魯葛納知道，他們是至誠好友，難道不寫一點東西嗎？」維斯瓦納特對此說道：「不可能的，因為他立場堅定，除了尊者以外，不會頌揚別人。」泰勒亞可汗太太想要知道R．雷格瓦．艾晏伽是何許人也，尊者告訴她：「他是泰米爾納德邦羅摩那德公認的音樂家，妳可以稱他是個城邦桂冠詩人。」然後話題談到在微薄的贊助下，詩人在我們的國度，儼然成為一個階級，並論及那瑪科爾的詩人羅摩林伽受贈一萬盧比的捐贈，所以今日詩人的現況更佳。但是，穆魯葛納堅持立場的誓願，使我想起著名的泰盧固語詩人波塔那，他堅決拒絕將他的神奉獻給君王，縱使他的姊夫室利那塔是位宮廷詩人，曾極力懇求他，而君王也一再諭命，但他始終堅定立場。這段故事，由G．V．舒巴．饒先生講述給泰勒亞可汗太太聽。

郵差送來一封秦南史瓦米的信函。尊者讀信後，說道：「看來他們去了馬德拉斯，在那裡遇見羅摩那德的大君。他們對馬杜賴的房子（指尊者少年住的住宅），僅略加更動，整修了前面的兩個房間，使廳堂成為一大間，道路的入門設在房子的中間，取消以前在側邊。」尊者要人把這些整修的要項拿給泰勒亞可汗太太看，因為她的捐款是用在這個用途上，雖然款項原先是要用在即將到來的周年紀念活動。這封信就由維斯瓦納特拿給泰勒亞可汗太太看。

下午

不久，穆魯葛納來了，尊者告訴他關於《史瓦德薩米特南》報紙上的文章，以及另一篇在坦米爾語《印度斯坦報》上有關P．R．艾晏伽的文章，並且拿了這兩份報紙給他。尊者說道：「後面那篇文章的結論說，P．R．艾晏伽與已故伯爵V．S．室利尼瓦沙．夏斯特里是至交摯友，兩人除了操持不同的語言外，都是偉大的演說家。」

娜葛瑪擬將智納斯瓦[59]的生平部分譯成泰盧固文，尊者指示她應從何處著手及應如何敘述開端。那個部分，是指智納斯瓦前往森林，與父親爭論，然後帶他回到城裡的家。尊者要知道，我們翻譯上面那個部分時，應從哪裡著手及如何開端，俾有利於原作者瑪奴．舒伯達爾，所以我取出一本瑪奴．舒伯達爾在一九四五年出版的《智納斯瓦解說薄伽梵歌》，上述的譯文收在書內的附錄。尊者看了後，就說：「我們就照這樣的方式，譯成泰盧固文。」

晚間的吟唱吠陀經文之後，德賽伊開始用梵語朗讀一些詩頌，並譯成英文。數分鐘過後，我問尊者，怎麼回事？他說：「剛才他們發現紀念文集中，尚有些空白頁面，他們想用一些詩頌填補，那些詩頌其實是讚歌，取自維斯瓦納特．夏斯特里所寫的梵語傳記，德賽伊正在翻譯，但維斯瓦納特可能已經譯成坦米爾文或英文了，但沒有告知這些人。」然後，尊者告訴德賽伊，「你最好用英文寫你的譯文，到時我們審閱後再看看。」

一九四六年八月十一日

今天上午，來自泰米爾納德邦坦賈武爾的年輕人那塔拉賈（另名沙度．翁姆）來到道場。他從娜姬．阿摩那裡送來了一根手杖，手把是銀色的，以及一雙鍍銀的木製拖鞋，要送給尊者。尊者說：「我觸摸後退還，好讓她在普迦祭儀時有這些東西。」說著他便細加審視，然後交給隨侍。稍後，我向那塔拉賈說，我發現，他寫的《維凱》詩頌第七頌中所引喻的，是指下面這回事：他上次來訪道場時，有一天上午，他晚來餐廳用午餐，大家都起身了，唯獨尊者尚在座位上，不久，尊者也起身前去，站在那塔拉賈身邊，而那塔拉賈想要上前扶持他，尊者告訴他，說你來了，就做你的事吧，然後走開。現在那塔拉賈將此事寫成詩頌，在尊者面前朗讀出來。上次他來訪時，並未讀此詩頌。

下午

尊者閱讀坦米爾文版的《虔誠者傳》，向娜葛瑪說：「你的描述可以這樣開端。當婆羅門身分諸人，反對智納斯瓦的祖父，來向國王抱怨，說他破壞婆羅門階級等。智納斯瓦代表他的祖父，前去向國王爭辯，其論理能力的天賦如此犀利，國王大為吃驚，不禁想要知道生出這種孩子的父親是何等人物；又用自己的隨侍護送智納斯瓦去森林接回他的父親。」尊者也要我拿瑪奴·舒伯達爾的《智納斯瓦之歌》的附錄給今晨來到道場的D·S·夏斯特里（娜葛瑪的兄長）看。稍後，話題轉向我們計畫發行道場的期刊，D·S·夏斯特里對此非常熱心，他說，他在馬德拉斯遇見一位加爾各答的人士，也對這件事同樣熱心。D·S·夏斯特里說：

「道場期刊在加爾各答編輯，是行不通的，這裡一定要有個人能夠提供所有的資料給尊者看，得到尊者的准許，然後才能送到出版社。」這個人，我建議是阿南塔那羅延那．饒博士，因為我覺得要承擔如此責任的工作，他是不二人選。尊者說：「今天我們還收到某人來函詢問，這裡是否有什麼期刊，作為道場的喉舌。」

稍後，尊者回應一位訪客的請示，說道：「思維獨然專注在真我，將朝抵幸福或福祉。收攝思維，而遏制之，防止向外馳逐，謂之無執著，將思維固守在真我裡，就是靈修或修練。專注在本心，等同於專注在真我。本心就是真我的另一個名稱。」

今天下午，我閱讀這一期的《吠檀多之獅》期刊[60]，開頭是拉圖．馬哈拉吉（亦即阿德布塔南達）的一些對話。我向尊者說，阿德布塔南達就是拉圖，他完全不識字，這樣的人，後來能掌握這樣的對話，載述在這篇文章裡，可視為是奇蹟，所以拉圖被稱呼為阿德布塔南達。尊者說：「是這樣嗎？」

一九四六年八月十二日

今天上午，尊者在看一封瑪德薇．阿瑪（K．K．南比亞的妹妹）寄來的信，向我們說：「她說：『假設我是個男子，我會允許別人按摩尊者的腿嗎？』她這樣說，是跟瑪德凡及其死亡有關。她曾經對我按摩過一次，施以熱敷，非常專業，熱布幾乎不會碰觸到我的肢體。她只有在腿上施以熱的蒸氣。」

今天，那塔拉賈朗讀他的《維凱》詩頌，內有十首詩歌。昨天我請他誦讀出來，當時他一開始吟誦「庫伊羅杜．科羅」時，在吟唱中渾然忘我，卻忘了我的請求，所以今天他朗誦出來。他也朗讀今天他寫的另一首詩歌，在頌文中他化身為賈娜姬．阿摩，請求派他到尊者這裡來。他向尊者說：「這些詩頌，我都給穆魯葛納看過。」尊者閱讀了詩頌，在文中某處，略加修正。

晚間，德賽伊和維斯瓦納特讀他們英譯《讚歌》中的八則或九則詩頌，這些詩頌取自V．夏斯特里用梵文所寫的尊者之生平。

一九四六年八月十三日

下午，T．K．多萊史瓦米．艾耶向尊者說，在馬德拉斯的史瓦米那坦教授及一些人建議，在周年紀念會時，我們可以辦一些音樂表演，以及邀請傑出人士各自用不同的語言在會中致詞，尊者對此提議，似乎不甚喜歡。他說：「這又是什麼呢？把這些人從老遠的地方請來這裡，畢竟有這麼多人，每個人僅能講數分鐘，太勞師動眾了！」我向尊者說：「這都是為了大家的福利，這些人來這裡，不僅是致詞，他們原本就是為了觀視尊者而來的，我們順便請他講幾句話而已，就是這樣。」

一九四六年八月十四日

上午，泰勒亞可汗太太向尊者說：「尊者，我收到珊塔（巴羅達城邦的王后）寄來的一封信，說尊者運作了一樁奇蹟。她在信上這樣寫著：她坐車外出，在路上車子故障，司機束手無策，得到王后的允許，便去打電話，找另一輛車子來，此時，有一位外觀醒目而儀態祥和的修行者出現在現場，他觸摸著車子，說道：『現在你可以開走了。』司機回來後，發動引擎，車子便順利開動了。王后認為這是尊者的恩典。她又寫道，不能前來出席周年紀念會，敬致遺憾。」說著，泰勒亞可汗太太便把這封信交給尊者。尊者閱讀信函，看到信上有「羅馬皇帝」字語，便問道：「誰是羅馬皇帝？」我告訴尊者，這個字語，是指我們道場的管理人（譯按，是尊者的弟弟，秦南史瓦米）。泰勒亞可汗太太接著說：「是的，我們都這樣稱呼他。」

稍後不久，承尊者指示，我讀一封加爾各答的信徒寄來的長函，他曾在兩三年前，在道場待留五、六天。在那封信上，他說他認為尊者對他並無展示恩典，但突然在他待留的第五天，不用他自己的努力，他就體驗到某個境界；他的身體、這個世界及一切都離他而去，而他是純粹的意識，此外無他。

下午

道場管理人、多萊史瓦米．艾耶先生及倫加南塔．艾耶議定了一九四六年九月一日的紀念會活動程序，包括來賓致詞及音樂表演等。他們要我呈給尊者如擬核准。尊者傾向於不表示任何意見，說道：「他們喜歡，就讓他們決定，不要問我。」當我請求他批准時，他說：「為什麼現在他們就要跟我商量呢？」因此我說：「沒錯，在馬德拉斯，基於史瓦米那坦等人的建議，他們議決了這些活動程序，但現在若尊者不喜歡這些活動，我們可以停止，那還有什麼問題呢？」於是，他緩和下來，說道：「你告訴他們，我並無反對，但我必須在我平時休息的時間離席。」我立即答說：「當然，這可以辦到。」我們就確定了活動程序：致詞完畢後，尊者在下午四時四十五分起身離席，一如往常作息，下午五時回來就坐，然後開始進行穆希里地區的音樂表演。

晚間，穆魯葛納帶來幾則他的詩頌，這是我們請他為五十周年紀念會所譜寫的。尊者馬上就閱讀，修正了一兩處文字，然後放在一邊，說道：「明天，我們檢視剩下的部分，決定標題是什麼。」

一九四六年八月十七日

今天上午，一些古吉拉特的訪客，抵達道場，他們顯然是本月十五日在朋迪切里參訪觀視完後，回程來到這裡。其中一人問尊者：「了悟真我的意涵是什麼？唯物論者說，並沒有神或真我這種東西。」

尊者說：「不要管唯物論者或別人怎麼說，也不要在真我或神上困擾。『你』存在或不存在呢？對於你自己，你的看法是什麼？你對『我』的定義是什麼？」訪客說，他不瞭解用「我」來說他的身體的意涵，但是有某物在他的身體裡。

於是，尊者說道：「你承認『我』不是這副身體，但有某物在裡面。去看這個『我』在身體內的何處萌生，不管它是萌生、消失或常在，就是去看它。你將會同意有個『我』在你醒來後浮現，然後在觀看身體、世界及一切。在你入睡後，它消失不在；但是，有另一個『我』，存在於身體之外，獨立於身體，當身體與世界對你消失無存時，例如在睡覺時，它獨然跟你在一起，然後自問，你跟睡眠及其他時境時，是否是那個相同的『我』。這難道有兩個『我』嗎？你始終是同樣那個人。現在，哪一個是真實的？是那個來來去去的『我』嗎？還是那個永駐其中的『我』？然後你將知道，你就是那個真我，這稱為了悟真我。了悟真我對你，並不是一個外來的境地，遠離於你，而你必須去抵達。你始終就在那個境地裡，但你忘了，卻去認同心思及其創造物，也就是你自己。

務必要停止認同心思是你自己。長期以來，我們將非真我的，認同為我們自己，以致很難用真我來看待我們自己。屏棄這種認同非真我，就是了悟真我的一切意涵。這又如何能去真實那個真我，亦即使它成為真實呢？我們總是將非真我給真實化了，亦即視非真實的為真實。屏棄這樣錯誤的知見，就是了悟真我。」

晚間，吟唱吠陀經文後，一位訪客問尊者：「如何控制馳逐的心思？」他在提問前，先說：「我要問尊者一個很困擾我的問題。」尊者笑了後，答說：「這個問題不是特別針對你，每個人總是在問這個問題，所有的聖典也都在討論，像《薄伽梵歌》。心思向外馳逐時，除了把它拉回來，固守在真我之外，還有什麼辦法呢？這正是《薄伽梵歌》教導的。當然，這是不容易做到的，只有在修練之後，才能做到。」

訪客說：「心思在欲望萌動後而走作，無法固守在原先設定的目標。」尊者說：「每個人都在追逐能給他幸福的東西，以為那個幸福來自某物或其他，於是你就去追逐。請細看所有的幸福，包括你認為來自感官的事物，其真實是來自何處，你就會瞭解一切的幸福，只有來自真我，然後你就會常駐在真我裡。」

一九四六年八月二十一日下午

一位來自孟買的訪客問：商羯羅說，我們都是自由而不受拘束的，我們應該回到神，那裡是我們的所來處，正如火花從火而來，那麼為何我們務必要不犯下各種罪行呢？

尊者：我們不受拘束，這是真的，亦即真實的真我，並無拘束。終究你要回到你的源頭，這是真的。但是同時，若你犯罪，就你所言，你必須面對這些罪行的後果，你是無法避開這些後果的。若有人毆打你，難道你能說：「我是自由的，我是不受這些毆打的拘束的，我不覺得有傷害，讓他打」嗎？若你這樣覺得，你就去做你喜歡的事，只不過在嘴巴上說「我是自由的」，又有何用呢？

訪客又問：聖典述及了悟真我的方法，哪一個是最簡易又最佳的？

尊者：所述及的一些方法，是因應一些持行者的心思狀況，這些方法，都是好的，你可以選擇你最喜歡的方法為之。

稍後，拉克希米（桑姆巴希瓦．饒的妹妹）在尊者面前，吟誦一些泰盧固語的詩歌，那是為慶祝尊者五十周年紀念而譜寫的。五十年前，尊者在「葛古拉悉多米」的日子（第八個太陰天，上主克里虛那誕生日）之翌日，也就是那瓦米太陰天（第九個太陰天）的日子，抵達這裡。五十周年紀念日，根據陰曆的算法，就是今天。因此，她認為今天吟唱她的詩歌是很恰當的。可是，她開始吟誦時，音調很低，尊者問她：「妳自己能聽得到嗎？」有人提議，由娜葛瑪代為吟誦，於是娜葛瑪誦聲琅然。

今天上午，蘇瑪桑德倫．皮萊攜來他的妻子的詩頌以及我的詩頌，這些詩頌，他是在康吉維倫印製的，呈交給尊者各一本。尊者看完後，說道：「紙張厚實，印得很好。」我解釋道：「這些本子是要放在尊者這裡，另外也印製了一些本子，使用的紙張較差些。」

一九四六年八月二十三日，我離開道場，前往馬德拉斯，參加我女兒的兒子在本月二十八日的婚禮，於三十日返回。

一九四六年八月三十日

三十日晚間，我返抵道場，道場人潮洶湧，信眾來自各地，要參加九月一日的慶祝紀念活動。一間新的棚屋，搭設在緊鄰尊者廳堂的北邊，已經竣工，有水泥地板。水井的醜陋短牆撤走，原地另築一堵美觀的矮牆。尊者廳堂東邊的走廊，有台階朝向中庭，北邊有一間新的棚屋，已大為修繕而美化。此外，緊鄰在新建的北邊棚屋旁，也搭建了臨時的竹棚，提供座位，以容納參加九月一日慶典的信眾。我看到尊者坐在新棚屋西邊遠端的一塊石板上。C·瑪達瓦拉耶·穆達利爾先生（我的姊夫）和我前去向尊者伏身致敬，尊者問道：「你剛來嗎？你怎麼來的？還有誰呢？」我答說：「我搭火車到卡特帕地，抵達約中午十二時，我從那裡到韋洛爾，搭公車一路前來，剛剛才到這裡。行程沒有耽誤，我跟我的姊夫現在就來了，但科蒂斯華倫跟他的太太明天晚上才會來這裡。」

一九四六年八月三十一日上午

納雷恩·皮夏羅帝（道場居民）寫的致詞，由他自己用瑪拉雅姆語宣讀；然後，烏瑪（蘇瑪桑得倫·皮萊的太太）寫的致詞，由她的丈夫宣讀。

上午大部分的時間，一位眼盲的婆羅門身分女子，名叫賈娜姬·阿摩，來自康吉維倫，彈奏維納琴，供尊者聆賞。

下午

來自海德拉巴的希瓦·莫漢·拉爾用印地語致詞，我們請他譯成英文，好讓不懂印地語的人，也能瞭解，但他即時翻譯，有些困難，我們請他先寫出譯文，待會兒在尊者面前讀出來。然後，羅摩強德拉·饒用康納達語致詞，他開始講話時，手上就拿著講稿，尊者說：「他不只是讀講稿而已，他的講稿在手，但隨其所意，暢所欲言。」他用康納達語譜寫了兩首詩歌。他結束致詞時說，那些詩歌應由強德拉瑪吟唱。

下一位是蘇瑪桑德倫·皮萊讀一位叫安格耶康尼的人，用坦米爾語發來的電報。再下一位是強德拉瑪，唱讀羅摩強德拉·饒的康達納語詩歌。

最後，巴拉羅姆宣讀G·V·蘇巴拉瑪耶發來的泰盧固語電報，文短而美，略云：「拉瑪那結合阿魯那佳拉的日子，祈願五十周年慶(拉瑪那始終灑落其慈悲與恩典)，圓滿成功！」

一九四六年九月一日

今天是尊者抵達蒂魯瓦納瑪萊五十周年紀念慶典的日子，我於上午五時三十分，來到廳堂，希望看到尊者，向他伏身致敬，並供獻水果及兩條浴巾，但我發現今天晨間的吠陀經文吟唱，在上午四時就開始，五時結束，而尊者提早在五時，進去沐浴間了。

尊者用完早餐，散步回來後，一些已婚婦女，由烏瑪(蘇瑪桑德倫·皮萊的太太)帶領，從(阿魯那佳拉史瓦瑞)神廟一路行走過來，合唱著讚歌，攜帶著牛奶壺。烏瑪和她的女兒唱著坦米爾的讚歌，向尊者呈獻牛奶。他取食一湯匙的牛奶，其餘的分發給在場的信眾。然後，我用坦米爾語朗讀柯隆伯．羅摩強德拉的《拉瑪那八頌》，並朗讀我自己寫的五則詩頌，以慶祝周年紀念。然後，烏瑪為這個慶典，誦讀她寫的《穆圖瑪萊》詩頌，有三篇詩文的印本，也分發給信眾。另外，圖里耶南達用坦米爾語寫的頌辭、來自韋洛爾的K．吠德那塔．艾耶的英文詩頌、T．K．桑德雷沙．艾耶的坦米爾詩頌，以及謝夏吉里．艾耶的英文詩頌等，分別朗讀，並分發印本給信眾。一位巴特先生也吟誦了他的康達納語的詩歌。然後，由T．N．克里虛那史瓦米博士引介一位男士，用哥圖維迪姆琴（印度的一種撥弦樂器）演奏音樂。卡萊瑪戈辦公室的切蘭姆．艾耶先生當場朗誦穆魯葛納的詩句，以及他即席譜寫的一則詩頌。

午餐過後，尊者並沒有照常休息，他堅持讓遠近前來的十方信眾都能接近他，所以他午餐後散步完，便即刻回來；各方致詞，用不同的語言宣讀，其中有來自印地．普拉查爾．薩巴（弘揚印地語的教育機構）的致詞，還有希瓦．饒醫生用英語致賀詞，並由T．K．多萊史瓦米．艾耶先生翻譯成坦米爾語。希瓦．莫漢．拉爾昨天讀給尊者的致詞，也把印地語譯成英語，宣讀出來。希瓦．饒醫生的致詞，說道：「我曾盡力以我卑微的努力，治療尊者身體的各種疾病，但我的努力，除了短暫療效外，皆屬徒然。我認為這是由於我的自我，以為能治療尊者。大家都供獻各種不同的東西給尊者，有水果、鮮花、衣服、書籍等，我決定供獻我的自我，把它放在尊者的聖腳下，祈請他能惠予接受。」

下午二時三十分，依照排定的活動行程，由法官庫普史瓦米先生擔任主席，宣布開始。他用英語簡短致詞，然後，T．K．多萊史瓦米宣讀室利．S．拉達克里希那的文章，是要收錄在紀念文集裡，於八月七日從加爾各答寄來，三十日這裡才收到。然後，致詞的人士如下：史瓦米．拉傑史瓦拉南達、馬德拉斯大學的T．M．p．瑪哈德凡用英語致詞、法官強德拉賽卡拉．艾耶用泰盧固語致詞、卡萊瑪戈辦公室的切蘭姆．艾耶、歐曼都爾．拉瑪史瓦米．雷迪爾用坦米爾語致詞、韋維卡南達學院的S．R．范卡達拉瑪．夏斯特里先生用梵語致詞、艾拉瓦坦．艾耶用馬拉雅姆語致詞。致詞完畢後，維斯瓦納特．夏斯特里吟誦一些梵語詩歌、康猶史瓦米吟誦幾首尊者的坦米爾語詩歌，以及一位范卡達拉瑪．艾耶（《拉瑪那五讚頌》的作者）的詩頌。尊者一如往常，在下午四時四十五分起身離席，下午五時回來就座。阿南瑪萊．皮萊先生是本地的國會領袖，代表蒂魯瓦納瑪萊的居民，對尊者在此地宿留五十年，用坦米爾語表達欣慰與感激。然後，穆希利．蘇婆羅瑪尼亞．艾耶演奏極為動人而虔誠的音樂，一直到下午六時四十五分為止。各種致詞及音樂的極佳音響配置，是由本地市政團體主席安排，對聚集在這裡的十方信眾，非常便利。最後，本日的活動以吟唱吠陀經文結束。

一九四六年九月二日

上午較早的時候，年邁的倫加南塔·艾耶先生向尊者說：「昨天晚上，一場雨下得很好，幸好沒有影響到昨天的慶祝活動。只有在活動過後，夜晚時才來這陣雨。」尊者說：「我記得，當我抵達這裡，在一八九六年九月一日的晚上，也有相同的現象。那時，好像很久沒下雨了，但當天晚上，突然傾盆大雨，當時我待在大廟前面的柱廊。那天上午，我首次丟棄我的衣服，僅著纏腰布，因為大雨襲來，冷風吹來，我感到冷不可支，於是跑到附近人家的門口台階避雨。當天子夜過後，屋裡的人出來開門，我就跑到大廟去，此後的幾天，也都下著雨！」

尊者晨間散步回來後，一些有關尊者的報導文章，在廳堂朗讀出來，有兩篇來自《星期日時報》，一篇來自《自由印度報》，一篇來自古吉拉特語的《孟買薩瑪查爾報》。下午，娜葛瑪朗讀她寫的泰盧固語的詩《拉瑪那·史瓦那·烏特沙瓦·吠巴瓦姆》，今天尊者才有時間閱覽慶典當天呈獻給他的紀念文集，這本書冊是以銀色封面裝訂，前後頁面燙金，而精裝版是前扉頁燙金，道場的圖書館收藏一本普及版與一本精裝版。道場的管理人來看書冊後，指示拉賈戈伯，特殊裝訂的文集，以及先前特別裝訂V．夏斯特里的梵語版《薄伽梵之生平》一定要存妥，不可給別人。管理人離去後，尊者問起拉賈戈伯，笑著說：「他告訴你這些書不可以給別人，但我可以看嗎？」拉賈戈伯說：「他的意思是說，除了尊者之外，不可以給別人。」

晚間，德賽伊先生朗讀一篇英譯文，是甘加·班·帕提爾用古吉拉特語撰寫，發表在《孟買薩瑪查爾報》，文中敘述牛隻拉克西米，這時靠近廳堂東邊窗戶的走廊上，拉妮·瑪滋姆達爾也在聆聽，她要我向尊者提出下列問題，獲得尊者答覆。

問題：聽說老婦人姬萊·佩蒂往生後，成為牛隻拉克西米。為何一個人像她這樣有獨厚的幸運，能服侍尊者這麼好而又令人敬愛，會再度出生，若是再生，又怎會生為牛隻呢？

尊者：我從未說過姬萊·佩蒂往生成為一隻牛。

我說：「我已經告訴過拉妮了，但她說：『有人這樣說過，而且有很多書及文章也這樣寫，而尊者也沒否認，所以我認為是真實的。』」我又說：「她的問題是假設牛隻是老婦人的往生，不管尊者說是或不是，她都渴望有個答案。」於是尊者說道：「往生而為人，必然是最上乘的往生，這個說法，並不正確，甚至一隻動物，也能證悟真我。」

順著這個話題下來，尊者說：「一隻幼牛，數日後都會長大，拉克西米被認為如此優異，牠每天來到我面前，頂著牠的頭在我的腳上。有一天，牛棚的屋舍行奠基儀式，牠高興萬分，前來帶我去參與奠基儀行，又在遷入進棚的儀行日子，牠在預定的時刻，直向我來，帶我前去。在很多方面及很多場合，牠的表現如此敏銳，又極有智慧，所以大家無法不認為牠是隻不平凡的牛，而我們對此，又能說什麼呢？」

今天晚上，福萊吉．多拉吉先生在泰勒亞可汗太太熟練的協助下，在餐廳播放坦米爾語的影片《南達那爾》，供尊者觀賞。

一九四六年九月三日

娜葛瑪朗誦那拉辛加．饒祝賀尊者的詩，他來自內洛爾。尊者建議紀念文集的內容，應該讀出來，又說：「我不知內容為何，我迄今還沒讀到文章。」於是，我讀了數頁。晚間，播放馬拉地語的影片《圖卡拉姆》，給尊者欣賞。

一九四六年九月四日

約在上午十時，我繼續讀紀念文集，下午又讀。我唸完後，維斯瓦納特及巴拉羅姆，又相繼讀。

今天晚間，播放另一部印地語的影片《巴特魯哈里》，供尊者觀賞。

一九四六年九月五日

下午，我及維斯瓦納特、巴拉羅姆，繼續讀紀念文集。

尊者整天在尋找巴特魯哈里國王的史實，他參閱了幾本書籍，敘述這位著名國王的生平之各種版本。尊者第一個閱讀的記載，是班基·比哈里對巴特魯哈里的詩的英譯導文。最後，尊者說：「各種版本，記載都不一致，約有四或五個版本，但各版本都認為，國王給了王后可以永生的東西，而王后又給了別人，後來國王捨棄了一切，因為國王突然發現王后對他並不真實。就這一點，昨天的影片，從原著上看來，並無錯誤。」

一九四六年九月六日至九日

繼續讀紀念文集，在最後一天結束。

一九四六年九月十一日

約在中午時分，倫加史瓦米試圖勸說尊者吃橘子，他向尊者說：「這些橘子和水果，都是信徒送來的，只有尊者能食用，為何尊者不吃呢？」尊者答道：「當我用這個嘴巴在吃，為什麼你說只有我在吃，我吃是經由一千個嘴巴在吃。」倫加史瓦米告訴我這件事。

今天，T．P．羅摩強德拉·艾耶先生從馬德拉斯抵達道場，尊者一看到他，就說：「怎麼了，你瘦了很多，看起來是另一個人。」羅摩強德拉說：「我的腳腫脹，醫生無法確實診治，此外我有多處扭傷。」有人批評尊者，說他對人冷淡，又心不在焉，所以不能吸引多數人，我記錄這一段，是在駁斥這種批評。尊者向羅摩強德拉的談話，對他來講，意義深長。有很多人包括我自己，從尊者那邊得到慈愛與關注，都有這樣的明證。這便使我想起數天前，S．杜賴史瓦米．艾耶下午來到這裡，帶了四五位朋友，當S．杜賴史瓦米走進廳堂，尊者馬上說道：「非常出乎預料。」於是，S．杜賴史瓦米解釋道：「今天上午十時，這些朋友突然提議，我們應該來這裡觀視尊者，參訪神廟，然後回去，所以現在我就來了。」

一九四六年九月十二日

我無意間翻閱羅摩強德拉．艾耶的筆記本，看到幾個字語：

虛妄不真（*Mithya*）即世界（*Jagat*）；

梵之冥思（*Brahma bhavam*）即真實（*Satyam*）

我曾記得，尊者有時說，*mithya* 意謂真實，但我不能知其涵義，我就問尊者，他說：「是的，我偶爾會這樣說。你對真實的定義是什麼呢？你說的真實，是指哪個？」我答道：「根據吠檀多理論，那個永恆、無變異而唯一的，便是真實。這當然是真實的定義。」然後，尊者說道：「這些名稱及形相，組構這個世界，經常變異而滅失，因此它們被稱為虛妄不實；設限於真我，而視之為名稱與形相，就是虛妄不實。若將整體當作真我看待，則是真實。不二一元論者說，世界是虛妄不真，但他也說『一切都是至上絕對。』所以，很清楚的，他駁斥的是視世界為真實，而不是駁斥視世界為至上絕對。觀視真我之人，其所觀的世界就只有真我而已。對一位悟者而言，這個世界是否呈現在目，並不重要。不論世界是否呈現，他的關注，總是在真我；這就好像字與紙，而字印在紙上，你都全神專注在字上，而忽視了紙，但悟者認為只有紙是真實的底蘊，而不管字是否呈現在上面。」

一九四六年九月十三日

今天，一位巴衛爾太太（聽說她的丈夫是律師，現在待在阿爾莫拉），由馬德拉斯的女子基督學院院長陪同，參訪道場。巴衛爾太太有莫斯頓太太的介紹，已致函道場，請求安排住宿，道場一時未能為她找到客房，但是今天，馬基佛先生答應可在他的住宅區，找到住宿，所以她計畫前去那裡，一週後再攜帶她的隨身物品回來，而她的朋友也跟她一道前往。她跟她的幾個學生會在這裡度過即將到來的達薩拉假期[61]。這位女士院長似乎跟尊者的信徒相當熟稔，例如格蘭特·都夫。

一九四六年九月十四日

今天上午，納格那里耶先生前來，向尊者伏身致敬，並放置一份文稿及若干水果在尊者座前。尊者問他，何時抵達。他說：「我昨天晚上到的。」尊者閱讀文稿數分鐘後，交還給他。文稿是泰盧固語詩頌《特萊蘇拉普拉·瑪哈瑪耶姆》。

下午

當我步入廳堂時，尊者正在閱讀一篇K·R·R·夏斯特里寫的文章，刊登在坦米爾語報紙《印度斯坦報》，夏斯特里剛從英國及美國歸來。在文章裡，他提到出國旅行前，他參訪拉瑪那道場。尊者說到：「我確信他為五十周年紀念，曾送來一些坦米爾文或英文的詩頌。」我答說我看過詩頌，是英文的，但我不確定是否在紀念文集裡，或者在什麼地方。由於在紀念文集裡找不到，我便查閱簡報的檔案等文件，去翻閱有關紀念文集的卷夾，才一翻開，很奇怪的是，那一頁面赫然有K·R·R·夏斯特里的詩頌印文，黏貼在紙上。我呈示給尊者，他說：「這就是我所說的詩頌。」

娜葛瑪朗讀納格那里耶在《特萊蘇拉普拉·瑪哈瑪耶姆》中的獻詞，說道：「我發現這則獻詞，是周年紀念呈獻給尊者的。」在每一章的開端，納格那里耶也有一節詩句，頌揚尊者，所以我們要求娜葛瑪也朗讀這些詩句。因為獻詞寫得很好，我請G·饒譯成英文，他說他會寫下來。

我的兄長致函給我，寫道克里盧那與南阿瓦爾曾說，神會來到我們面前，不管我們用什麼形相膜拜祂。我回函給他，說道：「悟者乃是神在世上最高的呈現，其次可能是一位神明轉世的化身。」在此議題上，我想釐清悟者與神明化身之間位階的疑惑。尊者對此樂意告訴我，說根據聖典記載，悟者高於神明化身。但當我要據此來修正我在回函上的文字時，尊者說：「何必修正呢？就讓它這樣。」

稍後不久，R·納羅耶那·艾耶前來，尊者問他：「你是搭乘下午三時的火車來的，是嗎？」他說：「是的。」又說：「現在的火車班表，對我很方便。星期六，我可以早一點到這裡。星期天，我可以比舊的班表晚一點離開這裡。」

然後，某人說：「卡耶那拉瑪·艾耶現在也在蒂魯科盧。」我問到他跟已故的耶夏摩確實的關係為何。那人告訴我，他是她兄長的兒子，在此關係上，又說到他的妹妹切拉摩是被耶夏摩撫養帶大的。維斯瓦納特說：「就是為了她，尊者寫了三首坦米爾語有關親近聖者的詩歌。」我說道：「我認為那是尊者為拉賈摩而寫的。」然後，尊者說道：「某一天，我從史堪德道場走出來。當時拉切摩跟拉賈摩等人，在週六週日不上學時，經常來找我，她們是各自來的，不管有無結伴同行。那一天，我看到切拉摩手中好像有期刊或報紙，我就從心底湧現出《瓦西斯塔瑜伽經》裡的一首詩歌，頌揚親近聖者的好處。歌云：『藉由親近聖人，不圓滿將成為圓滿、危險化為幸運、不吉利轉為吉利。能與了悟的靈魂沐浴在友誼的恆河，那麼火供、祭祀、苦行、施捨、浴身聖河，皆非必要。因此，務必要與善人、智者作伴為伍，那是載人渡越生死苦海之舟。』」

尊者說：「當我發現那個女孩對修行如此敏銳，我便譜寫那三首親近聖者的詩歌，是梵語詩歌的翻譯，那個時候，我對這些詩歌，極為熟稔，因為來看我的訪客，常在我面前吟誦這些詩歌。在當時，我不知道那些梵語詩歌已經有人譯成坦米爾語。其後幾年，拉賈摩曾演講『親近聖者』，她引述一則坦米爾語的詩頌，就是從那三首譯成坦米爾語的詩歌之一來的。」然後，我說：「我也記得她的演講，那是在維魯普蘭，他們送了我一份講稿。」

尊者敘述耶夏摩在其喪女之後，如何撫養她兄長的女兒，也就是這位切拉摩，說道：「切拉摩是在校的女學生時，經常來看我。其後也是這樣，她時常想到我。她寫的每封信，在開端與結尾，都提到我，她生下拉瑪南不久便死了，這個男孩現在在孟買。他們曾帶那個男孩來這裡（當時，我們才來這裡不久，在母親墓地旁，僅有一間小竹棚，我就待在那裡。）我一見到男孩，不禁想起他的母親，為她流下淚來。」（經過這麼多年，尊者現在對我談到這件事，也心有戚焉。）

晚間，吟唱吠陀經文後，巴拉羅姆讀一篇英語的文章，刊登在阿拉哈巴的報紙《星期日領袖》，寫有關尊者及其報導。

一九四六年九月十五日

今天下午，娜葛瑪用泰盧固語讀周年紀念活動的報告，我從尊者及T．S．拉賈戈伯的口中得悉，九月一日尚有兩位人士致詞，一位是艾耶．吠斯耶．薩瑪傑姆，另一位是穆魯史瓦米．切提兄弟公司的代表。當天上午十一時，大廟（指阿魯那佳拉史瓦瑞神廟）的僧侶帶來信徒對阿魯那佳拉史瓦瑞主神的供品，呈獻給尊者。稍後，娜葛瑪應納格那里耶的請求，讀了他寫的部分文稿。

一九四六年九月十七日

今天晚間，約在九時十五分，T．S．拉賈戈伯的兒子拉瑪納（Ramana），在他住處靠近水井邊，被某物咬到，幾分鐘後，情況嚴重，嘔吐又大量流汗。他們請鄰居的希瓦．饒醫生診視，他給了解毒劑，可對治各種中毒症狀。經過數分鐘，醫生察覺小孩的脈搏後，便建議他們把小孩帶去尊者那裡。於是他們帶小孩前來，當他們走進道場，小孩呈現癱瘓狀態，身體冰冷，幾乎沒有呼吸。他們步入廳堂，向尊者說明此事。尊者觸摸著小孩，用手隔空滑過小孩的身體，好像在撫慰小孩，說道：「沒什麼，他會好起來。」這時，父母對小孩的存活，有了希望。當他們走出廳堂，遇見我們的羅摩史瓦米．皮萊，他向他們介紹另一位今天下午剛到的訪客，是一位蛇咬解毒的專家，能對中毒的小孩口唸咒語，並宣稱他的咒語能夠驅毒。那個小孩逐漸康復，雙親告訴我，那是尊者的恩典拯救的。另外有件事，也在此一提。小孩自己只要感覺痛苦，便會哭喊著：「我們去尊者那裡，去那裡後，痛苦就能消除。」雖然有某些情況，父母要帶他去尊者那裡，他會拒絕。

晚間約在六時，有一封柯隆伯．羅摩強德拉寫來的信函，呈交給尊者，函附他寫的《八節詩頌》，印有七份。尊者給我一份，一份應柯隆伯．羅摩強德拉在信中要求給蘇瑪桑德倫．皮萊。尊者發現詩頌各節的排序卡在一起，於是我說：「柯隆伯．羅摩強德拉收到我們寄給他的詩頌印文之前，他就已印好了這些單張印文的詩頌，然後附在他的信函寄過來。」

一九四六年九月十八日

今天上午，約在九時三十分，我離開我的房間，要去廳堂時，我很驚訝我竟然能讀出昨晚尊者給我的柯隆伯·羅摩強德拉的《八節詩頌》。當我在尊者面前，伏身致敬時，他手上拿著《八節詩頌》，向T·S·拉賈戈伯說：「詩頌昨晚才送到，我們不應在這裡朗讀出來嗎？」T·S·拉賈戈伯說：「穆達利爾先生（本書作者）也來了。我們請他朗讀。」於是，我就起聲朗讀了，並且告訴尊者：「我有點想到今天會讀這些詩頌，所以我帶了這張詩頌印紙來了。」我以前曾經在尊者面前朗讀《八節詩頌》，雖然那時僅謄寫其中一部分，但是柯隆伯·羅摩強德拉在這裡生病期間，我一口氣就誦完這八節詩頌。在周年慶典的當天，我又誦讀一遍，但奇怪的是，我應該想到今天也會同樣誦此詩頌，而尊者也應該同時想到才對。

一九四六年九月二十日

今天下午，阿南達摩爾帶來一本書，尊者閱悉葛拉納斯如何殺害其師父瑪切德拉的小孩的故事。那是尊者在九月五日前一天晚上觀看《巴特魯哈里》影片後，想要追踪此事。在故事中，據說錢都·納斯要寫信給葛拉克納斯，但不知如何寫書信的敬稱語來表達，是用長輩眷顧的態度，或是晚輩寫給前輩的敬語，最後決定寄一張空白的信紙。對此，尊者說道：「這讓我回想起我童年的一件事，當時我年幼，不懂寫信的稱謂敬語的格式。我寫信給我姑姑的兒子用 *aneka asrivadam* 字語（那是長輩給晚輩的祝福用語），姨媽的兒子來了，就揶揄我對他送上祝福（他比我年長十歲），但當時我不懂是誰應該要對誰祝福。我只知道，我父親寫信給我時，他總是寫『我對拉姆的祝福』，所以我以為信是這樣寫的，至於對某人要用祝福，或對某人要用致意，我當時一無所悉。」

今天下午四時左右，市政長官丹尼爾・湯瑪斯先生拜訪尊者，他在尊者面前待留十五分鐘後離去。他曾在城裡主持本地五十周年紀念活動的事務會議，我在泰米爾納德邦蒂尼維利居住一年半，期間是一九一〇年至一九一二年，當時他也加入律師公會（本書作者也是位律師）。他訪見尊者時，並沒有對尊者提問，市府新聞秘書蒂拉克先生在場，對這位長官拍了照片。

一九四六年九月二十一日

今天上午，有兩封信依照尊者指示，在廳堂讀，其中一封是我收到的，是來自可倫坡的K・羅摩強德拉的信，另一封是烏瑪收到的。信上敘述周年紀念活動在羅摩強德拉先生的住宅慶祝的情形，約有二百五十名信徒，來自不同的種姓階級都一齊參與盛會。每個人都把鮮花放在尊者的聖足前，虔誠禮拜。離去時大家滿懷著尊者當天臨在的情愫。另一封寄給烏瑪的信，引述《蘇婆拉曼亞·布加甘》的詩頌，來描述尊者，十分允當，信上也說羅摩強德拉的《八節詩頌》，其實是尊者譜寫的，因為尊者啟發詩句的行文，否則羅摩強德拉如何解釋小孩在禱告時吟唱《八節詩頌》，就出神忘我了。

下午，娜葛瑪讀她修正後的慶典活動記事文稿，文辭極佳，充滿著虔愛的喜悅，不久文稿會印出來。當羅摩強德拉的信被朗讀出來，以及《蘇婆拉曼亞·布加甘》的詩頌被引述出來時，尊者說，上述作品是K·V·R·艾耶先生（我們的拉瑪那塔·艾耶的已故兄長）首先在這裡發表的，其後別的版本及坦米爾語的譯文，也陸續發表。

來自安得拉邦瑪蘇利帕德姆的一位V·P·沙拉帝先生寄給尊者一本英文的詩集，標題是《祈願》。他在九月一日慶祝尊者的當天，在他家裡將這本詩集呈獻給尊者，最近道場才收到這本詩集。T·P·羅摩強德拉·艾耶在廳堂朗讀這些詩頌，詩寫得好，值得聆賞。

一九四六年九月二十二日

今天下午約於四時，內閣部長盧克蜜妮·拉克希米帕蒂夫人及希瓦相穆甘先生（立法議會議長）參訪道場。他們由本地議會領袖阿南瑪萊·皮萊先生及稅務副局長吠德那塔先生陪同，在廳堂就坐，一陣子後離去。

一九四六年十月二日

昨夜，奧羅賓多道場的迪利浦·庫瑪·羅伊抵達這裡。今天上午，他在尊者面前吟唱幾首詩歌。稍後，尊者閱覽今天的《新時報》，向我們讀兩隻蟒蛇在阿布山的山上互鬪，一隻鬪贏了另一隻，另一隻昏迷了，現場有個男孩遇見，便急救被打敗的那隻蛇，受傷的蛇，逐漸康復，勝利的蛇看到這一切，大為光火，就咬了男孩，被打敗的蛇在男孩的療護下已復元了，便跑到男孩那邊，將男孩身上的毒液吸出，而救了男孩。當尊者向我們讀這段文字時，我說：「看來不可思議。」泰勒亞可汗太太聽到羅摩強德拉·艾耶向她重述這個故事後，說道：「這是個故事嗎？到底是什麼啊？」迪利浦便問尊者，這種事是否是可能的。尊者說：「怎麼不可能呢？這十分可能。」羅伊（即迪利浦）甚至問道：「那隻被打敗的蛇為何會知道，而且又做了這些事呢？」尊者說：「怎麼了？牠看到那個男孩所做的事，也看到另一隻蛇對男孩所做的事，所以牠跑過去，吸出毒液。蛇會觀察，而做這樣的事，許多類似的故事，都說到蛇。」

一九四六年十月二日

今天上午，迪利浦再度在尊者面前，吟唱一些詩歌。

一九四六年十月四日

下午，娜葛瑪要求她致函兄長的信件，拿給現在在這裡的瑪達薇・阿瑪（K・K・南比亞的妹妹）看，這封信是敘述普拉巴瓦蒂王后及其夫婿首次拜訪尊者的情形。尊者隨即問道：「那封信怎麼了？我看過了嗎？」娜葛瑪說：「沒有。」我說：「那麼，何不現在就讀出來呢？我們都在這裡（我的意思指G・V・蘇巴拉瑪耶教授、D・S・薩瑪、K・史瓦米那坦等人），大家都可以聽。」於是，她讀了這封信。稍後，尊者問G・V・蘇巴拉瑪耶是否看過娜葛瑪寫的詩歌，以及秦塔・迪克希杜魯的《祈願》，是在周年慶典時印發的，他說「沒有」。尊者便要T・S・拉賈戈伯拿這兩本冊子給G・V・蘇巴拉瑪耶看。尊者也要拉賈戈伯拿尊者寫的四節詩歌給蘇巴拉瑪耶看，那些詩歌是關於他母親發高燒，由內洛爾的那拉辛格・饒譯成泰盧固語。蘇巴拉瑪耶看了是同一詩歌，說道：「到目前為止，他們尚未譯成泰盧固語。」尊者解釋原先的坦米爾語版本時，告訴我們，在坦米爾語的詩句：

அலையாய் வருபிறவி அக்கினையமாற்ற மலையாய்

當我們分開連接詞（特別指音節與字語的連接）時，可以當作 மாற்ற 或 ஆற்ற 解釋。若當作 மாற்ற 解釋，詩句意謂「阿魯那佳拉在海濤中，躍出成為一座山，俾改變無數的生死之波流。」若當作 ஆற்ற 解釋，詩句就意謂「阿魯那佳拉躍身成為醫藥，俾醫治或療癒無數生靈的疾病。」

晚間，吟唱吠陀經文後，迪利浦詠誦數節加納帕提．夏斯特里的《薄伽梵四十頌》詩歌，約在七時，他停止吟誦。泰勒亞可汗太太向尊者說：「他寫了三首詩歌，是關於尊者的微笑，寫得很好。」並要求迪利浦一併吟唱，但他婉拒道：「這些詩歌都是用孟加拉語寫的。」數分鐘後，我走過去，告訴他：「我們通常在七時至七時半之間，吟唱坦米爾語的吠陀經文，今天我取消那個時段，空檔留給你吟唱，除非你認為不方便，否則請你不妨唱一兩首詩歌。」迪利浦說：「是這樣嗎？」於是吟唱了兩首詩頌，一首是關於女神，另一首是關於濕婆。他告訴尊者，他明天上午離去，又說他在這裡待留的期間，內心極為平靜。

今天晚上，D．S．薩瑪問尊者：「西方神祕主義有三個明確的階段：淨化、耀明、合一，其淨化的階段，是否對應於我們所說的修行。在尊者的生命中，有淨化的階段嗎？」尊者答說：「我不曾修行，我也不知道修行是什麼，只有後來才知道三摩地是什麼，也才知道有許多種三摩地。只有在某物或某事，跟我有所不同時，我才會想到：只有在某個目標要去獲致，我才會修行，俾獲致那個目標。但我沒有要去獲致什麼東西，我現在是端坐著，兩眼是開的，當時我是閉目而坐，就這樣不同而已。那時我甚至不曾修行，當我瞑坐靜坐時，大家說我在三摩地中，當我不說話時，大家說我在行噤語。其實，我一無作為，是某個至上大力掌握了我，我完全在祂手中。」尊者進一步說道：「聖典無疑說到聽聞、反思所聞、心注一處、三摩地、當下了知（直證、直覺感知）。我們始終是當下的，難道還有什麼要去獲致那個當下的運作嗎？我們稱這個世界是當下的或是直接認知的，但其中有所變異的、有所起滅的、並非當下的，我們卻視之為當下。我們始終而無逾乎當下呈現的直覺之知，但我們卻說，要經歷一切的修行之後，才能獲致直證的當下了知，這真是很奇怪。那個真我，並不是藉由任何運作，才能獲致，而是如如其在，存乎我們。」

一九四六年十月五日

今天上午，有位人士來到餐廳，向尊者頂禮致敬，他幾乎要觸及尊者，我正在納悶他是誰，那個人向尊者自稱是瓦蘇，尊者說：「是你嗎？你若不說，我差點認不出你，你瘦很多。」那位訪客回應：「我看我必須說尊者也瘦很多。」尊者對此，說道：「怎麼，我到底怎麼了？可能是你瘦弱了，你的視力也減弱，所以看起我來也瘦弱了！」稍後，在餐廳裡，尊者介紹這位人士給在場的人，說道：「這位是瓦蘇，當年某個炎熱的日子，我去油浴身體，歸返史堪德道場途中，我突然感覺身體不支，幾乎倒地，心臟停止跳動，是他抱住了我。」然後，瓦蘇德瓦・夏斯特里（瓦蘇的全名）說：「我當時很年輕，不知道死亡是什麼，但因為巴拉尼史瓦米開始哭起來，我就認為那是死亡，於是我抱住尊者。我全身顫抖而悲泣。」尊者說：「在那個情況，我仍然清楚感覺到他的顫抖及情緒。」瓦蘇又說，尊者恢復意識後，向瓦蘇及巴拉尼說：「什麼？你們認為我死了，難道你們覺得我要死的時候，不會告訴你們嗎？」

尊者也說：「當年我住在維魯巴沙洞屋時，某個夜晚，有隻老虎走來，就是這位仁兄趕緊跑進屋內，把我們留在外面的門廊上，他關閉屋門，對老虎大叫：『來吧，你又能怎樣！』」瓦蘇說：「有一次，在史堪德道場時，尊者與我環繞聖山而行，約在上午八時三十分，我們抵達伊桑耶靈修院附近，尊者坐在石塊上，雙眼淚睫，說他不願意回去道場，他要隨心所好，住在森林或山洞，遠離人群。但我不願離開他，他也不願回到道場，時間就這樣拖下去，我們到這裡時，是上午八時或八時三十分，直到下午一時，我們還僵在那裡。尊者要我到鎮上吃飯，若我要回來的話，就回到這裡來，但我害怕我走了，尊者也到別的地方去了。

同時，伊桑耶靈修院的師父很少會走這條道路，通常在這個時候，史瓦米是不會來這裡的。但說來奇怪，有位史瓦米走過來了，勸尊者跟他一道去伊桑耶靈修院，我於是離開尊者，跑到鎮上吃飯，很快又回來了，恐怕尊者已經離去，但我看到他還在那裡。我們兩人後來就回到史堪德道場。」

講到這裡，尊者說道：「有一次也是這樣，我想逃離這些信眾，住在一個大家都不知道的地方，隨我自由自在。當時我住在維魯巴沙洞屋，我感覺我在那裡，對賈達史瓦米及一些同伴都帶來不方便及困苦，但當時在那個場合，我的計畫被尤迦南達．史瓦米打斷了。我又設法有第三度要自由的機會，那是我母親逝世後不久，我不要有道場，像史堪德道場那樣，當時是人都來那裡，但結果是有了這個道場（指拉瑪那道場），而信眾全都在這裡，因此，我三度的企圖，都告失敗。」

今天尊者也談到瓦蘇德瓦．夏斯特里另一件相關的事情。G．V．蘇巴拉瑪耶先生讀他用泰盧固語寫的詩頌，以慶祝生日（昨天好像是蘇巴拉瑪耶的生日）。他讀完後，尊者說：「一九一二年，第一次要祝賀我生日的人，就是瓦蘇等人。我十分反對，但瓦蘇向我懇求，說道：『那是為了我們，所以尊者不要反對。』於是在那一年首次慶祝生日。」

下午，南羅耶納史瓦米．艾耶先生抱著桑德雷沙．艾耶的孫子（年約一個月大）來到廳堂見尊者，桑德雷沙．艾耶的女兒跟隨在後面，他把小孩交給尊者，尊者抱在手上，說道：「我正好奇你帶了娃娃玩偶，他正看著我，又笑著。」

尊者抱完後，正要把小孩交還給N．艾耶時，桑德雷沙．艾耶的女兒跑來尊者這邊，指著小孩肚子上的一個紅斑，說：「小孩身上有個紅斑，他出生時，另外還有個天生的節瘤。」尊者看了那個胎記，然後把小孩抱還給N．艾耶。那個女孩又說：「我不知道這紅斑跟那個節瘤是不是好的，媽媽要我來問尊者，它們是好的嗎？」尊者和悅地說：「全都是好的。」我認為這些人都很幸運，也相信這些人和小孩的一生都會很好。小孩被抱回，坐在爺爺的腿上之後，尊者說道：「獲致這個像嬰兒的境地，就有所有瑜伽修行所要致力的。這個嬰兒，現在有什麼念頭呢，甚至都不眨眼。」然後，小孩的母親，開始吟唱M．V．羅摩史瓦米．艾耶的詩歌〈臣服〉。尊者轉向G．V．蘇巴拉瑪耶，說道：「你知道這位女士的事嗎？她住在北方邦坎普爾一間屋子的二樓或三樓，雖然家裡有水龍頭，但水打不上來，她打開水龍頭，唱著這首歌，水就汩汩地流下來。這是個神力，她的父親到她那裡，她說：『我向你顯示奇蹟。』於是在他面前，重複這樣的吟唱。」

當大家談到那個胎記時，尊者說：「我也有個紅色的胎記，在我的腳底，不過小孩在肚子上的那個胎記比較大。」T．S．拉賈戈伯說：「羅摩史瓦米．艾耶曾吟唱尊者的腳變成紅色的，是因為信徒的熱淚滴落在尊者的腳上。有個作家曾描繪那個紅色胎記，說是舞神足踝的印記。」

瓦蘇德瓦·夏斯特里談到他所看到的另一件事，如下：

「有一天，我們住在史堪德道場時，我看到一隻蠍子爬到尊者的身上，又從背部爬下來，我都嚇呆了。我很害怕，想要採取行動，但尊者很淡定，若無其事。也曾經有兩隻蠍，爬過他的身體，好像在越過一道牆，最後離開了。牠們走了後，尊者向我們解釋：『牠們爬過你的身體，就跟爬過地板、牆壁或樹林沒兩樣，牠們爬過這些地方時，在爬行中會咬這些嗎？只有在你嚇到了牠們，或對牠怎麼樣時，牠們畏懼你，所以會採取行動來反應。』」

一九四六年十月六日

今天下午，尊者向道場辦公室提醒要回函給一位倫格佳里的親戚時，說到他當年在帕加阿曼神廟（在聖山東北山坡上的神廟）的日子（倫格佳里在當時每天來訪尊者，這使得尊者回想起當年瘟疫流行且物資匱乏之時，移居在帕加阿曼神廟的情景）。尊者說：「由於瘟疫猖獗，全鎮居民撤離，長達六個月。約有兩百名的衛生人員，每天挨家挨戶進行消毒，他們駐紮在兩個營區，有一個營區，約有一百五十個人，在切提·柯蘭神廟附近，另一個營區的人員，約有五十名，在另一個城鎮。我和兩三個同伴宿留在帕加阿曼神廟，消毒的衛生人員經常來看我，他們說他們結束在此駐紮之前，會辦聖歌詠唱會，而我應該參與其會。我沒說我不參加，心想這個詠唱會可能不會辦成。但是，某天晚上，突然有一組三四十人的團體，持著火把，朝我們這裡走來，當時我們已經就寢，就醒來了。我問道：『怎麼回事？』他們說聖歌詠唱會已經一切就緒了，而我應該跟他們一同去會場。當這麼多人來，就像今天這樣，我不能說『不』，於是就跟他們去了。他們把會場佈置得很精緻，有好多的燈飾、好多的食物、花環，以及從各地而來的知名樂師。他們安排一個座位給我，還有一個平台，他們可以在上面詠唱聖歌。他們向我獻上花環，全鎮的居民都搬了板凳、椅子，齊聚在此。一些人聚在一起喝酒，他們顯然興高采烈，我跟他們待在一起一陣子才離開。有幾個人拿著火把，陪著我走，我回到帕加阿曼神廟後，他們才又回去。」

T·S·拉賈戈伯問道：「尊者好像有一次夢見許多仙人聚集在面前，他們看起來跟他酷似，而他坐在講臺上，以手勢教示。」尊者答道：「只有這件事嗎？我看過很多這類的異象，我能說什麼呢？」尊者接著又說：「有一次，我無意間發現山裡有一泓泉水，便走過去看，接近時泉水愈廣，兩旁有樹林，而泉水愈加開闊，那裡光照明媚，有一道支流引流到一個大水池，在水池的中央，有座神廟。」我說：「這不是個夢嗎？」尊者說：「不管是個夢或在醒境，隨你怎麼說。」尊者又細述著，他來到這裡之後，大約在六年左右之內，他看到寬闊的大街，兩邊有屋舍，朝向道場，查德威克等人跟隨著他，尊者問查德威克：「有人能說這些都是夢嗎？」查德威克答說：「有哪個傻瓜會說這些都是夢？」就在此際，他醒來了。當尊者很明確地稱此境為夢，而對於前面的經驗，他留給別人去指稱為夢或醒，我便因此而相信水池及神廟的異象是發生在醒境或者別的境地，而不是在夢裡。

T．V．克里虛那史瓦米．艾耶先生問尊者：「尊者的兄弟或別人是否覺察到尊者頓入三摩地時，渾然不知有外物？」尊者說：「是的，他們一定覺察到。雖然我主動表現出我好像在顧及外物，但並不全然如願。我會坐下來，跟別人一樣，打開書本，假裝在看書，翻開書頁，像這樣看了一陣子，我又拿起別本書，但大家都知道，我的態度已經變了。他們常揶揄我的恍神，我並不覺得被冒犯，因為我完全無視於他們的嘲笑，這又鼓勵了他們對我的揶揄嘲弄，我若在意的話，我就會一拳把他們揍得啞口無言，但我就是毫不在意。自從我經歷了『死亡』之後，我就住在另一個世界，這又如何使我注意到書本呢？在此之前，我起碼會跟其他孩童一樣，天天上學，但從此之後，我再也無法這樣了。在學校時，我的心思完全不在功課上，我常常觀想並盼望神突然從天而降，出現在我面前。」

有人問尊者，他是否刻意去研讀《佩里爾往世書》尊者說：「不，不，那只是個偶然。

有位史瓦米住在我家附近，他給了我的一位親戚，也是我的叔父這本書，要他閱讀。這本書就放在我們的家裡，我無意間看到。起初，我出於好奇而閱讀，後來感到興趣，讀完全書，這本書使我印象深刻。在此之前，神廟裡六十三位那耶納爾聖者的神像只是想像而已，但此後我對他們有了嶄新的意念。我常去廟宇，在這些神像及舞神面前啜泣，祈求神賜我恩典，就像賜給這些聖者一樣。這些都是在『死亡』經驗以後的事。在此之前，我對六十三位聖者的虔愛之心，一直是沉寂的。」蘇瑪桑德倫．皮萊先生問尊者：「是什麼感觸讓尊者在那些神像面前啜泣？是尊者祈求不要有來世或是什麼？」尊者答說：「什麼感觸？我只是要所顯現在那些聖者身上的同樣恩典而已，至於解脫生死或困縛，我一無所知。」

一九四六年十月八日

今天下午，一位訪客問尊者：尊者的行法，無疑是直接的，但很困難持行，我們不知如何著手開始。若我們一直問「我是誰」，那麼「我是誰」像是個咒語，但用「我是誰」而持咒，又會成為呆滯的。別的行法，有其預備性而積極的教示，使人得以逐步持行，但尊者教導的行法，不像這樣，而是要人當下尋找真我，雖然直接了當，但很困難。

尊者：你也承認這是直接的行法。它是直接而簡易的行法，如果找尋外在的事物很簡單，那麼找尋自己的真我又會難到哪裡去呢？這裡並沒有開始與結束。你自己本身，就是開始與結束。若你在這裡，而真我在某處，那麼你必須抵達到那個真我，你就可以說如何開始、如何進行、如何抵達。假設你現在身在拉瑪那道場，問道：「我要去拉瑪那道場，我如何開始、如何抵達？」那個人究竟在說什麼呢？人尋找其真我，就像這樣，他始終是真我，此外無他。

你說「我是誰」成為一個咒語，它不是意味著你要一直問「我是誰」，這樣的質問，思維不容易滅息。所有的持咒，都是刻意以一個咒語的思維而驅除別的思維，這樣，持咒終究會有效應；除了咒語的思維之外，別的思維會逐漸滅息，最後那個咒語的思維滅盡。我們生命的真我，是持咒的本質，持咒總是在那裡進行，若我們屏除一切的思維，我們將發現持咒在那裡行之，而我們這邊無須費力了。

在直接的行法上，正如你說的，是自問「我是誰」，你就要專注於你自己內在的那個「我」之思維（一切思維之根）萌生於何處，因為那個真我存在於你的內在，而非你的外在，於是告訴你要深入你的內在而不是外在，那麼還有什麼比走向你自己更簡易的呢？不過，這個行法對某些人似乎困難又不吸引人，這是事實。這就是有許多不同的行法在教導人的道理。每種行法，都會吸引某些人，使他們認為是最好又最簡易的，這就取決於他們的合適性了。然而，對某些人而言，除了探究的行法之外，沒有別的東西能吸引他們。他們問道：「你要我去知道或觀看這個那個，但那個知道者或觀看者，到底是誰？」不管你採行哪一種行法，一定都有個執行者，那個是無法逃避的，那個執行者是誰，必須找出來。在找到之前，修行不可能結束。所以，一切的行法終究要來到找出「我是誰」。

你抱怨沒有什麼預備性或積極的教示讓你著手，但你有那個「我」可以開始。你知道你始終是存在的，但這副身體並非總是存在的，例如在睡眠的時候。睡眠透露了你的存在不需要有這副身體。我們認同這副身體是「我」，而把真我認為是這副身體，於是有了設限，我們的問題及困擾就是這樣而來的。最重要的，是屏棄認同這副身體、形相及設限來當作我們的真我，那麼，我們就會以那個真我知曉我們自己，而如如其在。

那位訪客進一步問道：就修行的技術方法而言，除了你的書本上經常寫到的東西之外，我能認為現在再也沒有什麼東西要去知道的嗎？這個質問，是起於一個事實，那就是在所有的修行系統中，證悟的上師，對門徒施與點化時，都揭示一些冥想的祕法。

尊者：你在書上所看到的東西之外，別無其他還要去知道的了，這裡並無祕法。在這個系統裡，都是公開的秘密。

客問：假若人在證悟神之後，仍必須注意到其身體需求，例如：飢餓、睡眠、休息、冷熱等，那麼了悟真我又有何用？若是這樣，那麼這個境地僅是部分，尚不能說是完整的。

尊者：了悟真我的境地是什麼呢？為何你現在擔心呢？獲致了悟真我，然後再來看待你自己。但是為何你要前去了悟真我的境地呢？甚至現在，你沒有真我嗎？難道這些吃喝等情事，可以沒有真我或自外於真我嗎？

一九四六年十月九日

今天上午，娜葛瑪讀她用泰盧固語撰寫的周年慶典活動記錄文，是刊載於《那沃達耶》期刊上。昨天晚上，一位歐洲女士及男士抵達這裡，由D．S．夏斯特里先生介紹給尊者，今天下午約在二時三十分，這位女士來到廳堂，跟別的女士一起坐在地板上，她伸直著雙腿，正面對著尊者，T．S．拉賈戈伯走到她的身邊，輕聲告訴她，在尊者面前，這樣的坐姿不雅，她就合起了雙腿。尊者對此大為不悅，便責備拉賈戈伯，說道：「多麼傷人啊！對他們來講，要像我們這樣盤腿坐在地板上很困難。難道你要設限，添增困難嗎？」說完後，尊者又說：「現在，我的良心鞭策我要在大家面前伸直雙腿。」說著，尊者伸腿交叉，就這樣的姿勢一直到下午四時四十五分，照例按時起身為止。

一九四六年十月十日

今天上午，尊者慣常的晨間散步回來後，來到廳堂，時約七時三十五分，坐在長椅上，伸直雙腿，但立刻又把腿收回來，盤腿而坐，說道：「我忘了。」又講到昨天的事，最後說：「我的良心鞭策我不可以在大家面前伸直雙腿。」於是，他就保持盤腿。今天下午，他也沒忘記這樣，又在力圖維持這個新的意志，但在傍晚前，他略微放鬆，因為我們都向他懇請不要這樣。

今天下午，舒巴·饒先生說，在尊者的生平中，有一些事情迄今尚未記載在書裡。他說，例如沒有人知道尊者有時赤身裸體。他是看到尊者的星座命盤，才發現尊者一定是赤身裸體有一段時間了，在泰盧固語的傳記[62]裡，可以看到尊者這項事實的載述。這段話遂引起尊者說道：「這是事實，我早期有一段時間，赤身裸體。那時我坐在阿魯那佳拉史瓦瑞神廟區內的印度牛油樹下。這不是因為我無所執著，所以不穿衣服，而是我所穿著的纏腰布碰觸到皮膚時就會痛，當痛到很厲害時，我就扔掉那件纏腰布，事情就是這樣。當時，有位年邁的靈修師父，最先定時從他家裡送食物給我，或是從廟裡送拜神後的牛奶供品給我。我赤身裸體，約有一個月後，有一天，這位年邁的靈修師父告訴我：『孩子，坦米爾的燈節快到了，那時二十四個地區的民眾都會蜂擁而來，各區的警察也會來這裡，假使你像這樣裸體，警察會抓你關起來，所以，你務必要穿上纏腰布。』說著，他就拿了一條新的纏腰布，叫四個人把我抬起來，在我的腰際綁上纏腰布。」

今天尊者也講到他抵達蒂魯瓦納瑪萊後的第一頓飯。他抵達的第一天，顯然沒吃東西，他說：「隔天，我在廟宇前有十六根柱子的柱廊間走來走去，那時有位叫毛尼史瓦米的人，從這裡的廟區要前往他昔日經常待留的康巴圖·伊拉耶那神廟。另一位是巴拉尼·史瓦米，他身體硬朗，留著長髮，經常在廟區做志工，打掃清潔，有一些出家人協助他，他從城裡來到十六根柱子的柱廊間。那位毛尼看到我這個陌生人在這裡，面有飢色，便向巴拉尼喊叫，要給我一些食物，於是巴拉尼去拿了一些冷的米飯，盛在黑色的錫碗裡，米飯上撒了點鹽巴，這就是阿魯那佳拉神明給我的第一頓飯！」

一九四六年十月十一日

今天下午，我請娜葛瑪在廳堂向我們讀她的筆錄文字，那是十月四日尊者對D·S·薩瑪教授提問的答覆。薩瑪先生也送來一份他跟尊者談話的記錄，我們也一併讀出來。兩文比較下，我發現我在這裡的頁面上某些記載，必須略加修改。娜葛瑪記錄當時在這裡的所有事情，包括薩瑪之外，還有別人的提問，以及尊者對他們的答覆。在此情景下，尊者回憶起他回答薩瑪時，所引述的一句話：「自然之境地被知解為修行中冥思神明。」（《拉瑪那之歌》）尊者一再重複他對薩瑪所言，並說道：「那個昭明而自證、對我們最直接的真我，我們說我們不能看到；在另一方面，我們說我們用眼睛看到的，是一目了然、直接認知，那就是說在能夠觀看任何事物之前，必定先有個觀看者，而你就是觀看的眼睛本身，但你卻說你不知道那個觀看的眼睛，只知道所觀看之物。那麼對真我而言，那個無垠之眼，在《真理詩頌四十則》所載述的，又能觀看到什麼呢？你要的是直覺了知，而你現在卻在運作這些事物，亦即把這些事物給真實起來、將這些事物視為是真實的、使不真實的成為真實的。若能在你直覺了知那個不真實時，屏棄這種運作，那麼那個真實的或當下的將如其在焉。」

今天晚上，波蘭女士烏瑪．黛薇偕同二十五名波蘭人士抵達道場，其中成員多是婦女，來自可拉浦王國（古王國，在今馬哈拉施特拉邦內），當地約有五千名波蘭人住在難民營。

一九四六年十月十二日

今天下午，這個波蘭團體，唱民俗歌謠、跳民俗舞蹈，呈獻給尊者欣賞。

一九四六年十月十四日

今天上午，我向尊者說：「昨天晚上，我應烏瑪的要求，帶領一些波蘭團體的人去環山繞行。在路上我向他們解釋這座聖山的傳統歷史，以及我們宗教上的各種神。他們說：『有多少個神呢？怎麼會有這麼多神？』雖然我告訴他們，同樣的神在各種不同的場合祭拜等，他們說他們完全無法理解。」於是，尊者建議他們閱讀英譯本的《一切就是一》。他要我去找出來，若現在有英譯本，就可以拿給他們看。我從毛尼那邊拿了三本。尊者拿了一本給烏瑪，一本給團體中的一位女子，另一本在他手上。此時，桑德雷沙・艾耶來這裡，要拿第三本，尊者便把手上的一本交給他。烏瑪說，她已完成《薄伽梵歌》的波蘭文翻譯，在送到印刷廠之前，只剩下她的導言及雷達克里虛南的前言部分要寫。

一九四六年十月十五日

今天上午，波蘭團體離去。晚間，B・K・羅伊博士參訪道場，他在羅瑪納・納格那裡待了約一個多月。他向尊者說，他如願讀了齊默的書，發現書上的部分內容，道場已經有很好的翻譯了，他無法改得更好，別的部分都是出自道場的譯文，並沒有齊默原本的東西。(這位羅伊教授似乎是孟加拉作家，通曉英語等語文。他是哲學博士，長期旅居德國、瑞士等地。)

一九四六年十月十六日

今天晚上，前述的羅伊博士向尊者辭行，說他明天上午將離去。泰勒亞克汗太太也向尊者說，一位瑞士女士，波曼小姐也將在明天離去，她在道場待留了三天。這位女士，在尊者面前伏身行禮，然後離開。（這位波曼小姐似乎在印度住了八年，擔任巴羅達宮廷的傭僕主管，她似乎不信神，但篤信社會服務。去年夏天，巴格達的城邦大君在泰米爾納德邦烏塔卡蒙德時，她從泰勒亞可汗太太那邊耳聞尊者，來到道場之前，她致函泰勒亞可汗太太，寫道：「我來看妳的神，希望也能成為我的神。」這樣的字語。）

今天晚上，另一位羅伊博士，是個眼盲的紳士，從奧羅賓多道場來這裡，可能是迪利浦·庫瑪·羅伊建議他來這裡的。他在七歲時，就眼盲了，但仍然自行教育良好，最近成為加爾各答大學的講師，現在是孟買塔塔社會學院的講師。他娶美國女子為妻，很善意地拿照片給我們看，他的妻子是位美麗的女子，而他是位卓越人士。他現在從孟買，一路上獨自旅行，但這不算什麼，他已獨自遊歷美國、日本等地。當我們讚美他這些成就時，他說比起海倫·凱勒，他算不了什麼，海倫·凱勒女士出生後十八個月就失明，憑一己之力，卓有成就。

今天下午八時，他跟尊者私下會談，他說到他的眼睛的不方便，並祈請尊者慈悲福佑。

一九四六年十月十七日

今天上午，羅伊博士向尊者展示他如何寫字、閱讀、看手錶等動作。我知悉他是加爾各答大學的碩士、學士，後來在一所美國大學獲得博士學位。下午三時，我步入廳堂，羅伊博士問尊者：「有人無法長時間持行冥想的情況下，若從事於行善，這樣是否就足夠了？」尊者答說：「是的，這樣是可以的。他們的內心有善良的意念，那就夠了。善良、神、愛都是相同的東西。人若能不斷地想到別人的這些東西，就足夠了。所有的冥想，其目的不外是驅除別的思維意念。」尊者停頓一下，又說：「當人了悟到那個真理，知道沒有觀者，也沒被觀者，只有真我超越二者，那個獨在的真我，是銀幕或底蘊，其上是投影，亦即自我及所觀之一切，這二者來來去去。那麼，他對於自己沒有視力，喪失了觀看萬物的感覺，將消失無感。一位了悟之人，雖有其正常的視力，但一無所觀。」（他僅見真我，除卻真我皆不是。）

與羅伊博士進一步討論後，尊者又說道：「觀看任何事物、這副身體或世界，這樣並無不對，謬誤是在認為你就是這副身體，但認為身體是在你裡面就無妨。這副身體、世界及萬物，一定都在真我裡，否則離卻真我，無物可存在，這如同若無投影其上的銀幕，則沒有圖像可看見。」

尊者回應達到目標的最佳方法為何時，說道：「沒有什麼目標要去達成，沒有什麼東西要去獲致。你就是真我，你始終存在，除了存在之外，無物可宣稱其為真我。看見神或真我，僅是存在於真我或你自己。見即是在。你，本身就是真我，卻想要知道如何獲致真我，就好像有個人身在拉瑪那道場，卻在問有什麼路可以抵達拉瑪那道場，而哪一條路對他是最佳的。你所要做的是屏棄你是這副身體的思維，以及棄絕外在事物或非真我的雜念，時時要防止心思向外逐物，固守在真我或『我』，那就是你這邊所須要致力的一切了。不同的思想家，雖然敘述的行法有別，但都同意這一點。不二一元論、一元論、限定不二一元論等學派及其他流派都同意，必須屏棄心思逐物，而將心思守在真我，或他們稱呼的神，這叫做冥想；那麼冥想是你生命本質的狀態，當你了悟到那個真我，你將會發現先前的手段，現在成為目標，先前你曾有所致力於獲致，現在縱使你想要脫離，也無法離卻真我。」

一九四六年十月十八日

今天下午，一位訪客來自卡那塔卡邦希莫加，問尊者：如何平息心思走作？

尊者：是誰在問這個問題？是那個心思在問，還是你在問？

客答：是那個心思在問。

尊者：若你看到心思是什麼，它就平息了。

客問：如何看到心思是什麼？

尊者：你對心思的觀念是什麼？

客問：我的觀念是，心思是思維。

尊者：心思是一團思維，而思維的根源是「我」之思維。若你能找出這個「我」，心思就會消失不見。一旦你思及外物，心思就存在。若你從外物上，把它拉回來，使它思及心思或「我」，換句話說是內攝之，它就不存在了。

一九四六年十月二十五日

這兩三天了，舒巴·饒先生在餐廳朗讀他用泰盧固語寫的《薄伽梵的生平》。他在這本書中添加了一些新的內容。其中之一是，當尊者住在山上時，有隻獴前來尊者這裡，那隻獴是金色的。舒巴·饒又說，納耶那（指慕尼）告訴他，那隻獴就是阿魯那佳拉神，來看尊者。舒巴這本書，尚有一件事，我沒有記載，就是納耶那說狗如果接觸尊者這種生命之結已斷裂之人，就不會存活很久，所以他一直在驅逐狗群。尊者對此，說道：「是的，他一直在驅逐狗，但有隻狗是例外，我們常叫牠妮拉，牠不時跑來，坐在我的大腿上，不允許別的狗在史堪德道場的門口外行走，包括牠的母親、妹妹、兄弟也都一樣。納耶那說：『因為犯錯而降生為狗。』」

舒巴·饒也載述，凡是納耶那所說的，往往是真實的。他引述了自己生平的一樁事件，以資證明。

一九四六年十月二十六日

上午的郵件，送來一封署名「卡南」的信函，尊者看了後，不知道是誰寫的。下午，他叫人把信拿來，從各方面研判，確定寫信的人是馬杜賴學院的克里虛那穆提先生，他是倫加南塔·艾耶的兒子。尊者便向維斯瓦納特建議，加寫一封信放在今天要寄給倫加南塔·艾耶的信函裡面，並說道：「信上署名為卡南的克里虛那穆提先生，今天上午他逃過郵件的檢視，但今晚他被發現了，並公諸於眾。」

卡南的信函，於翌日由羅摩強德拉·艾耶先生與我譯成英文如下：

喔，至上帝王，拉瑪那，在宇宙主權的罩蓬下，統治這個世界，坐在本心的御座上！那一天，您慈悲地說：「喔，孩子，我們心愛的兒子，我賜您王位，承擔這個主權，您要快樂！」

我坐在觀眾的廳堂裡，這裡聚集了首相，亦即心思；助理大臣，亦即五感覺器官（五知根）[63]；行政機關主管，亦即五行動器官（五作根）[64]。在我的面前，他們縱情喧嘩，膽敢違逆我的權威，經常使觀眾廳堂，突然黑天暗地。若我說：『夠了！讓我一個人在這裡，您們全都離開。』他們就執意阻撓，並說他們不會離開，而我為之困擾不已。我受夠了，這個王位，毫無權力，我已經將這個王位，交出給拉瑪那的蓮花聖足，他是吾父吾師。

尊者應該拯救我，賜與慈悲的護佑或者其他，教導我有關主權的秘密，並賦與我必要的權力。

喔，國王，庇護、庇護，我渴望庇護！

卡南敬上

您賜我庇護，說道：「孩子，當外馳的鈴聲響起，會議將召集，在觀眾廳堂裡，要揚起探究的芳香，心思那個首長，是個醉漢，思維中毒，全身困惑，他也在使會議困惑。這探究的芳香，滌淨思維的毒害，使會議得以順利運作。探究的芳香，愈增多時，那些與會者將會離去。當『駐在』的鈴聲響起，心思最後會消失。探究的芳香轉化為那個明光，而你將以你自身，獨然駐在吉祥幸福裡。」

「因此，你片刻都不應離開這個『我是誰』的探究真我。隨著探究的進展，醒與夢兩境都將融入於俱生無分別三摩地（無餘依涅槃），凡有睡眠，將成為獨存的無分別三摩地（有餘依涅槃），而探究將消融於真我。」

禱詞

拉瑪那，吾母吾父，您給了我真知之劍，其名曰探究，賜與這個卑微的我，在您的聖足下尋求庇護，務須無欲而謙卑，當『思維』這個惡魔萌生時，要以決心，毫無憐憫或情感，加以殲滅。

上主，我把自己交付給祢。

塔格拉加・艾耶先生是馬德拉斯的法院官方清算人，在廳堂問尊者：「出於作家心中奇想的東西，只是想像物，或者是真實的？」尊者答：「我們一無所悉，又能說什麼呢？」然後，尊者要我讀一篇文章，標題是〈拉瑪那的恩典〉，此文並未收在紀念文集的第一版，但已收入第二版，昨天送到這裡來。於是，我讀了這篇文章。文中作者述及拉瑪那的恩典如何使他在尊者的廳堂裡直接了知並體驗到真我或「我」的覺知。該文的敘述，極生動而詳盡。我唸完這篇文章後，尊者答覆T・艾耶，說道：「現在，我對這個又怎麼說呢？這全都是真實的，抑或想像的呢？」

晚間，吟唱吠陀經文後，阿樂美露·阿摩起身向尊者稟報，今天上午在謝夏德里·史瓦米的墳地那裡發生了一件事。她說：「有一個來自哥印拜陀的團體，其中一位男子說，謝夏德里·史瓦米透過他講話，話語寫在一塊靈乩板上。他們來到墳地，看到這裡的門鎖著，他們就繞行墳地的廟宇三次，那時有位蒂魯范加甘·皮萊是退休警察，管理這間廟，前來開門。這個哥印拜陀的團體就說，謝夏德里·史瓦米把話寫在靈乩板上，這塊板子也帶來了，板子上出現一些書寫的字語，但是T·皮萊問道：『現在請告訴我，有一天謝夏德里·史瓦米剃頭後，坐在靈修師父住家門口的台階上，向我說話，他說了什麼？』這個團體的人，回答了一些話，T·皮萊先生又問另一個問題，也得到回答。最後，T·皮萊斷言，兩個回答，全都錯了，不需要再問下去，而他也不相信S·史瓦米透過他們傳話，這個團體，於是陷入混亂。」

尊者及道場接獲通知，來自哥印拜陀的團體要來參訪。其實，這個團體是要我們的道場當作他們的總部，從這個中心帶動他們的活動，但道場拒絕同意這種事情。當初尊者耳聞謝夏德里·史瓦米透過他們傳話時，尊者幽默地說：「這好像是謝夏德里·史瓦米在向他們講話，他跟我們很熟稔，也跟我們住的很近，很可惜，他沒有來向我們說。」

一九四六年十月二十九日

今天上午，尊者接到一封信，是諾伊太太、貝蒂及K．K．南比亞先生寄來的，信上諾伊太太對道場的建議，使得她與貝蒂能夠見到南比亞先生一事，表達愉悅及感激。函中敘述她如何感覺尊者示現在她面前。

約在下午二時三十分，當我走進廳堂時，羅摩強德拉．艾耶站在門口外面，向我說尊者右臂疼痛，現在正施以熱敷，不准進入，所以我跟別人在那裡等到二時五十五分才入內。尊者認為，隨侍阻止訪客入內讓人很不方便，便說道：「這些人在外面等了約半小時了。」尊者的患處偶爾會發作，今天顯然較為嚴重，但他處之泰然，不許別人對他的疼痛做什麼處理。尊者有時在自己右臂上塗抹軟膏。我看到這樣的情況，便告訴一些朋友最好離開，使廳堂清空，好讓尊者想躺臥時能躺下來。稍後，阿南達那羅延那．饒醫生進入廳堂，要幫忙按摩尊者患處，以紓解疼痛，但尊者不願意，幽默以道：「這件事傳到你耳裡就夠了，不勞你的手了，我現在感覺好多了。」（這句話反映出我們共同的想法，若我們有任何的麻煩，只要傳到尊者耳裡就夠了。）這段時間，尊者一直在疼痛，我們約在下午七時三十分離去。

阿樂美露．阿摩向尊者說，哥印拜陀團體的人告訴她，各界人士包括尊者在內，都曾透過靈乩板向他們傳話。靈乩板曾說馬德拉斯的柯南戴．史瓦米辭世前，也寫了一首有關於尊者的歌。阿樂美露將歌詞抄寫下來，尊者看了後，交給T．S．拉賈戈伯，向他說：「你是這些歌的保管人，隨你怎麼處理都可以。」

尊者對此說道：「這些通靈的人，不會來我們這裡，也沒有史瓦米前來告訴我們。」當阿樂美露．阿摩說到這個團體曾宣稱尊者透過他們的靈乩板傳話時，尊者說：「喔，這樣嗎？」

尊者拿一張坦米爾報紙的剪報，交給穆魯葛納，上面記載，本擬於一九四六年九月一日在蒂魯吉拉帕科的大金石舉辦的五十周年慶祝活動，由於南印度鐵路罷工，改期在十月一日舉行。

一九四六年十月三十日

今天上午，S．饒醫生、阿南達佳里及巴拉羅姆等人，從馬德拉斯及蒂魯丘立之旅歸返。饒醫生帶來豆沙煎餅的供品，是在馬德拉斯附近的阿拉格爾神廟拜神後拿的。尊者曾數次向我們講到這種豆沙煎餅（用米及黑豆做的薄餅），這就是饒醫生特別要帶來的緣故。尊者取了些許品嚐著，談及他昔日常吃這種東西。尊者也殷切垂詢到卡爾波拉．巴塔爾，欣喜得悉他的妻子有孕，在旅途中一切安好，在巴拉羅姆要離開蒂魯丘立的前一天，她生下小孩。

巴拉羅姆說，分娩順利，是個女嬰，她的母親及時趕到，協助產後事宜。上午送來的郵件，有一封信是維多利亞．多伊寄來的，說到她在倫敦遇見史瓦米．悉達斯瓦拉南達，正巧的是，同一批郵件中，也有悉達斯瓦拉南達的信函，說他已來到印度，在他的家鄉地。

一九四六年十一月一日

泰勒亞可汗太太費了許多心力，安排一部坦米爾語的影片《哈莉湘德拉》，預備今晚在餐廳放映給尊者觀賞。影片在晚上九時三十分，才能播映，所以尊者必須到十二時三十分才能就寢。這段期間，尊者一直清醒坐著，而我相信他十分欣賞這部影片。

一九四六年十一月二日

尊者閱讀坦米爾文版的哈莉湘德拉故事，說道：「他們刪減很多故事的內容寫成一篇。內容並沒有說明哈莉湘德拉如何涉嫌殺害國王的兒子，而被處死，因為被殺害的，也是她的兒子。」下午，尊者閱讀《虔誠者傳》，書中敘及有關龐達里克的生平。今晚，播放坦米爾語的影片《巴克塔．龐達里克》給尊者觀賞。書中記述的故事和影片放映的情節，有多處不同。

一九四六年十一月三日

今天上午，我讀一封來自K．K．南比亞先生的信，信上除了描述他搭乘的飛機，飛得很高，航行過飛機底下白雪覆蓋的群山峻嶺之外，也提到他如何遇見諾伊太太及她的妹妹，而諾伊太太十分感動，能夠見到南比亞；又提到他們如何觀想尊者，約有一段時程，諾伊太太熱淚盈眶，她表示設法盡其可能，再度參訪這裡。

今天晚上，尊者觀賞印地語影片《卡爾納》[64]。

一九四六年十一月四日

今天收到E．諾伊太太寄來的信，信上說到K．K．南比亞先生拜訪她及她的妹妹，而她們感覺這正是尊者的示現，與她們同在。

一九四六年十一月五日

今天晚上，尊者觀賞影片《蜜拉白》。

一九四六年十一月六日

今天晚上，因為要放映影片《希瓦卡維》，尊者閱讀《普拉瓦爾往世書》（敘述諸多詩人的故事），並對我們讀一些詩頌。當他唸到一段詩句，是那位詩人在上主蘇巴拉曼耶的聖足下，痛悔地訴說：「我一點都不關心祢，但祢的恩典，出於祢的願力，卻一直呈現在我面前，使我端正，把我納入祢的恩典裡，對於祢的無量慈悲，我要如何表達我的感激呢？」尊者幾乎無法控制眼淚，情緒激動，哽咽無語。我經常看到他是這樣的深受感動。

尊者感冒嚴重，有人說：「可能昨天晚上影片太長，看到太晚，影響了尊者的健康。」尊者說：「不，不，我坐在那裡，跟坐在這裡一樣。我在那裡，部分時間是睡著的。此外，他們有許多次是中場休息的，沒有放映影片時，我就閉目，這樣就有充分的休息。甚至像那樣整晚坐著，對我也沒有差別。」

一九四六年十一月七日至十三日

尊者重感冒，輕微咳嗽，又有發燒症狀，這樣約有兩三天。

一九四六年十一月十八日

下列記載，是G·V·舒巴·饒提供給我的。一位訪客，是T·S·拉賈戈伯介紹的，問尊者：「我們每年祭拜祖先，是否能給與祖先福報？」尊者答說：「是的，取決於你的信念。」

上述的問與答，蘇瑪桑德倫·皮萊另有記述，載錄於下：

問：若後代子孫，每年這樣的祭拜儀行能消除祖先的業障，似乎衝擊到業的根本理論。因為這樣一來，經由兒子的祭儀，人就能避開其惡行惡報。

尊者：這樣的祭儀，僅能稍微幫助亡者。就像消災解厄的祭儀以及善行，能減輕人的惡行惡報，都是基於同一原理。

訪客離開後，我問尊者：「直到三年前，我都認為每年祭拜祖先，能給祖先福報，只要他們是不再投胎轉世的話。」尊者打斷我的話，說道：「他們會接到福報的，雖然他們轉世了幾次。有個中介傳遞者在處理此事。當然，真知法門完全不講這種事。」稍後，我說道：「尊者常說，若人相信這個世界是存在的，他也會相信另一個世界也是存在的。」尊者說是這樣的。我問道：「悟者超越所有的層次，他不受任何儀行（儀軌或戒律）的約束，未悟者應遵行經文的法則，直到他獲得真知。但是當他在致力於抵達真知時，他是否要對未能遵守儀行的後果負責，或者他被認為已完成了所有這些儀行，這正如同有人在高階班就讀，便被認為他完成了低階班課程。」尊者又說：「這取決於你所持行法門的高階性為何，除非（在今世或前世)已完成了其他法門的修持,否則他不會致力於真知法門。他無須對他未遵行經文描述的各種儀規而自生煩惱,但他也不應故意違犯經文諭示的禁制事項。」

一九四六年十一月十九日

今天上午十時三十分,一位訪客問尊者:證悟之人,沒有未來的業報,他不受制於他的業報。那麼,為何他還保有他這副身體?

尊者:是誰在問這個問題?是悟者或是未悟者?為何你要煩惱悟者在做什麼,或為什麼要做那個呢?你照顧你自己吧。

你總認為你是這副身體,所以你就認為悟者也是有個身體,但悟者有說他有這副身體嗎?你看他似乎是有個身體,與人處事,跟他人無異。燒燬的繩索,外觀似繩,但無法作為綑綁物品的繩索。一旦將自己認同為身體,這些道裡便難以理解。所以,在答覆這類問題時,有時要說,「悟者的身體存續到其今世業力自行竭盡為止。其今世業報耗竭後,身體將脫落下來。」對此有個實例,得以說明:一支箭既已射出,將續行前進,直到擊中目標。不過,悟者已超越所有的業報,包括今世業報,這是真理,他不受身體及業報所困縛。

客問：當一個人了悟到真我，他會看見什麼？

尊者：一無所見，見只是「在」。了悟到真我的境地，我們這樣說，其實並不是要去獲得某個新的東西，或達到某個遠方的目標，只是存在於你生命本然的在，其為如如而在。最重要的，是屏棄你將非真實視為真實的認知。我們都在真實化它，亦即把那個不真實的，看成真實的。在我們這一邊，我們只要屏棄這個作為即可，然後我們以真我而了知那個真我；換言之，是「在那個真我」，到了那個階段，人會笑自己，他曾力圖尋找那個如此自身顯明的真我。所以，對於這個問題，我們又能說什麼呢？那個階段，超越觀者及被觀者，並沒有觀者在觀看任何物，那個觀看萬物的觀者，現在已然不存，而唯真我其在。

一九四六年十一月二十三日

今天晚上，來自孟買的切娜伊太太（閱讀完《我是誰》）問尊者，她自問「我是誰」，這是否妥適，又告訴自己，她不是身體，而是個靈，是神性火焰的火花。尊者起初說：「是的，你可這樣，或做你喜歡的，到最後都會是好的。」但過了一會兒，尊者告訴她：「在開始時，有個階段，當你仍有身體的意識時，你認同身體是你。在那個階段，你感覺你跟真實或神是分隔的，那個時候，你認為你是神的信徒或僕人或珍愛者，這是第一階段。第二階段是，你認為你是神性之火的火花，或者來自神性太陽的光，這時仍有分別感及身體意識，當這樣的分別感及身體意識不復存在，來到第三階段，你就了悟到那個真我，獨然在焉。這裡有個來來去去的『我』，另外有個始終存焉，而如如其在的『我』。一旦有第一個『我』存在，那麼身體意識及分離感就會存續；而只有在『我』死亡，真實才會呈露，例如在睡覺時，第一個『我』是不在的，那時你並無意識到有個身體及這個世界。只有在你從睡眠中醒來，那個『我』再度萌生，你才意識到身體及世界；然而，你在睡覺時，你是獨然而存在的，因為當你醒來後，你能夠說『我睡得很好。』那個醒來而這樣說話的你，跟睡覺時的你，是同一個。你不會說深睡時的『我』，是不同於醒境中的『我』，那個『我』總是持續而存在，而非來來去去，乃是真實，而另一個在睡覺時消失的『我』，則非真實。人應在醒時了知每個人在睡覺時無意識而擁有的那個境地，那是小『我』不在，而真『我』獨在。」此時，切娜伊太太說道：「這又如何做到？」尊者答說：「去探究這個小『我』是來自何處，是如何萌生的，一切分離感的根，就是這個『我』，它是一切思維之根。若你探究它從何處萌生，它就匿跡無蹤。」

然後，切諾伊太太問道：「那時我不是說（只回答我自問的「我是誰」）我並非這副身體，而是個靈嗎？」尊者說道：「不，探究『我是誰』，是指在吾內探究，去問吾身之內這個『我』

之思維是從何處萌生。若專注在這樣的探究，一切思維之根的『我』之思維，以及所有思維，都將為之殲滅，然後真我或那個大『我』就獨然存焉，如如其在。你不是獲得什麼新的東西，或達到你以前從未到的地方。當遮蔽真我的一切思維全數掃盡之後，那個真我，便自身輝照。」

切諾伊太太引述《我是誰》書中的某段落寫道：「甚至你一直說『我—我』，它將會帶你到真我或真實。」她問這樣的做法，是否適當？我解釋說：「書上是在說，你所必須設法而遵行的探究行法，是在將思維轉向內在，找出一切思維之根的那個『我』之萌生處。若在此無能為力，他得以僅持誦『我—我』，就像咒語『克里虛那』、『羅摩』一樣，大家用來持咒。這個觀念旨在專注於單一思維、排除其他一切思維，而最後那個單一思維也告泯滅。」對此，切諾伊太太問我，「若僅是機械性的複誦『我—我』，有什麼用處呢？」我答道：「當用『我』或其他字語，像『克里虛那』而持誦，他的內心便確定有『我』或他物為名的神之某個觀念。若某人一直持誦『羅摩』或『克里虛那』，他就不可能想到樹木的意涵。」講完這些後，尊者說道：「現在你認為你在費力口誦『我—我』或別的咒語而冥想，但當你來到最後的階段時，冥想將自然行之，而你這邊無須費力。你無法脫離或停止它，因為冥想、持咒，或者不管你稱呼它什麼，乃是我們生命真實的本質狀態。」

一九四六年十一月二十七日

下午，當我步入廳堂時，娜葛瑪剛唸完一篇泰盧固語的文章，標題是〈歸順〉，是范卡達查蘭先生（蘇麗的父親）寫的，刊登在泰盧固語的期刊《安德拉．希爾皮》。

我請蘇巴拉瑪耶先生翻譯，文章大意是抱怨尊者使他有了初體驗之後，就對他漠不關心，並且完全忽略不理他。文章的口吻就像一個可愛的小孩向敬愛的父親或師父撒嬌。在某段文上，寫道：「你認為我不知道你有多麼需要我嗎？若我沒有你，我還有這個世界及娛樂聊以慰藉，但你沒有了信徒的愛，你又能如何呢？因為你唯一仰仗這樣的愛的奉獻。」一些人包括娜葛瑪，都不喜歡這樣的寫法，例如切諾伊太太便說：「對這封愚蠢的信，你們怎麼搞得這麼麻煩。」我向她說，別人可能不認為這封信是愚蠢的；就我的研判，尊者不會這麼在意。別的信徒，早在范卡達查蘭之前，有時也似乎在跟神鬥嘴，認為神對他的急切哀求，完全漠視，竟而對神加以謾罵。這是信徒生命的過程階段，很快在下一個片刻，他就感到懊悔，並對神給他的種種幸運，感激不盡。尊者說道：「范卡達查蘭好像也用這樣的語調寫了另一篇文章，娜葛瑪也看過了那篇，但她沒有拿給我看。」娜葛瑪回答：「我不知道那篇文章在哪裡，我把它扔掉了。」她又說，她把那篇文章，拿給毛尼看，毛尼也不以為然。看起來是娜葛瑪和毛尼看過那篇文章後，都認為不適宜拿到廳堂來給尊者看，而我的研判是，尊者想看那篇文章。

一九四六年十一月二十八日

晚間，在吟唱吠陀經文之前，一位操泰盧固語的男子寫了幾個問題，呈交給尊者，尊者答覆他。這些問題是：據說存身在世的解脫者經常有至上絕對形相的意念，這些心念在他們睡覺時，也存在嗎？若是存在，那麼他們睡覺時，那些意念是誰的？

尊者：當然，存身在世的解脫者，總是有至上絕對的意念，甚至在睡眠中仍存有。對於最後一個質問及整個問題的真正答案是，悟者既無醒、夢，也無睡的狀態，而只有第四境。悟者在睡覺，但他是睡而不寐，或眠之明覺。

一九四六年十二月八日

一位法國官員，從朋迪切里來這裡，已有兩天。他告訴尊者，他有意放棄他的工作，在靈性道上從事修行。對此問題，尊者通常都回答說，不須放棄工作或棄絕這個世界，或到森林裡等去修行。不管他在哪裡，或他的職責是掌理職場或家庭，他都可以修行。

（上面的對話，是奧斯本太太告訴我的，當時我不在現場。）

一九四六年十二月二十五日

我從本月十三日起都在馬德拉斯，昨晚才返回道場。今天晚上約六時三十分，我們的福萊吉之兄長的兒子，待在這裡約有一個月，偕同妻兒及一組人，來向尊者辭行，明天上午，他們將前往孟買。小孩及母親在尊者旁邊站立著，T．S．拉賈戈伯向尊者說，這組人是來辭行。那個小孩，年約三歲，走向尊者這裡，靠得很近，挨著護欄的格柵[65]。尊者很慈祥握著小孩的右臂，搖晃後，就讓他走開。小孩回到母親的身邊，他們正要向尊者伏身行禮時，小孩用古吉拉特語向母親說了些話，尊者問說了什麼，那位母親說：「他說尊者沒有把手放在他的頭頂上祝福他。」尊者對小孩的話，十分驚訝。母親就乘勢叫小孩走近尊者，尊者說：「我已經觸摸他的手臂，這就可以了。」但小孩逕自前去，把頭穿過護欄的格柵，尊者便摸著他的頭，說道：「我以為我已經撫摸過他，他就滿意了，但他執意要這樣。」

一九四六年十二月二十六日

今天下午，柯隆伯．羅摩強德拉將一篇用英語寫的文章，遞交給我。那篇文章，他寫了兩三天，是在我們毛尼的建議下，回應英語報紙《印度管風琴報》及坦米爾報紙《印度薩達南報》的助理編輯的要求提供文章而撰寫。他要我拿給尊者看，請求認可，於是我呈交給尊者，但我發現尊者似乎無意閱讀長篇文章，我就向尊者示意，我可以唸給他聽，他十分同意，說道：「是的，這樣別人也能聽到。」於是，我就讀出來。我又應羅摩強德拉的要求，也將助理編輯給他的信函，拿給尊者看。信上有些私人的事情，顯然要讓尊者注意到，以便能祈求尊者的祝福。我也告訴尊者，上面那篇文章會送去《印度管風琴報》，而烏瑪在今年九月五十周年慶典時，用坦米爾文寫的關於尊者的文章，也已由羅摩強德拉送去《印度薩達報》，但迄今尚未刊登。烏瑪為慶祝一月七日尊者的誕辰，已撰寫了一首新詩，也將會送到《印度薩達報南》。

一九四六年十二月二十七日

今天晚上，有位人士從坦米爾語的著作中，引述幾節詩頌，這些著作包括《神性榮光》、塔俞馬那瓦、曼尼卡瓦伽喀等作品。他說他的老師解釋這些詩頌時，說解脫是看到身體從生命中脫落，並未死亡，而是逐漸稀微，最後融入至上。他想要知道這樣解脫的法門是否正確。這位人士在提問之前，先承認他是無眼睛的，亦即不瞭解（像無眼睛的公牛，四處流蕩），並祈求釋明。

尊者問他：「你沒有眼睛嗎？」他回答：「我要的眼睛，是能使我看到身體是什麼，以及靈體是什麼。」

尊者：你說到這個。你有一個身體，而你說「我的身體」等，你是怎麼看這些的？

客問：用肉眼看，我過著我自己（egoism）的生活。

尊者：確是這樣，所以要去看那個「我的感知」是從哪裡萌生的，然後回溯到它的源頭，就是唯一的路。你要法門，這是唯一的法門，你從哪一條路來，就從同一條路回去。你說到「那個偉大的古老法門」，而他們都只用這個路徑。因為你問「哪一條路？」我就回答：「你來的那一條路。」

那位訪客一直說，在他所述及的經文裡，他的老師教導他，正確的瑜伽是看到身體並無死亡。

尊者：人總是根據自己喜愛的理論，對同一經文作各種不同的解釋。例如你述及曼尼卡瓦伽喀，而說你的老師支持他所使用的法門，那個法門是靈魂經由第十個門（而不是九個門），脫離身體。你能在聖者的著述中指出是哪個句子有講到這個（指第十個門）嗎？你說偉人都用這樣的合一，但分離是從哪裡來的呢？是誰有那個分離而又要獲致合一呢？這個必須先瞭解。

訪客在長談中也問道：生命個體如何能連結濕婆？個體阿特曼又如何與至上阿特曼合一呢？

尊者：我們都不知道任何有關濕婆或至上阿特曼的事，但我們知曉生命個體，或者毋寧是我們知道我們是存在的，甚至對我們而言，當時身體是不存在的，例如我們在睡覺時，但是「我在」乃是唯一而始終駐在的狀態。讓我們掌握這個，然後去看你所指出的「我的感知」，是從何處而萌生。

客問：要我用來的那條路回去，然後會有什麼事發生呢？

尊者：你走去，你就走開了，就是這樣，沒有別的。你不想回去，因為你問「哪一條路？」而我說「你來的那條路。」那麼到底你是誰？現在你在哪裡，而你要去哪裡？有人能指出那條路嗎？你必須先回答這些問題，所以，最重要的是找出你是誰，然後其他一切的問題將迎刃而解。

T．S．拉賈戈伯先生發現訪客手上有一本書，是他的師父蒂魯那加林伽．史瓦米寫的。他翻閱了幾分鐘後，便上呈給尊者，尊者瀏覽後又還給他。尊者說：「有個學派，就像這本書所說的，人死後，若遺留身體，就不是證悟之人或完人，但說這些話的人，在其逝後，全都遺留身體。」但那位訪客仍說：「在字義上，我寧願相信像聖人桑德拉穆提所說的話，他並沒有留下身體，而是騎著天界派下來的白象，帶他前往那裡。」

上面所記載的內容大意，僅是我對訪客與尊者的冗長對話，略盡卑微之力。

今天晚上，有另一位訪客，是個年輕而看起來耀眼的男士，他叫吉利希·加那帕爾，對尊者朗讀他用英文譜寫的長篇禱詞，內有二十節詩頌，讀完後，將禱詞呈交給尊者。尊者始終微笑而聆聽，聽完後一貫慈祥地接下禱詞。

我摘自其中五節詩頌如下：

我四處尋求真理；
一無所獲，困惑不已，
懷著希冀的眼睛，我來到的這裡，
期待明光，掃空疑惑。

我前來坐在你的聖足下，
平和與寧靜攫住了我，
在無可目睹的氛圍，喔，上主，
你用奇妙的靜默協助了我。

充滿希望的明光，使我喜悅，
我看到我夢想成真，

喔，用凝止之劍看著
斬斷黑暗的遮幕。
但是，上主，我有罪的靈魂，
尚不能免除於陳舊的習性。
因此，需要你的幫助，上師。
我以渴望的雙目祈求。
所以，你不幫助我嗎？喔，上主。
我這幼稚的禱告能來到
你的耳朵嗎？喔，慈悲的拉瑪那！
而我的遮幕能神奇地落下，
經由你的一抹寧靜嗎？

那位年輕人，拿了一份柯隆伯·羅摩強德拉的詩頌文（詳閱一九四六年十二月二十六日），說他將會譯成古吉拉特文，並在古吉拉特語的報紙發表。

一九四六年十二月三十一日

客問：生命的正確概念是什麼？

尊者：若你能知道是誰要釐清這個，是誰在提出這個問題，就能解決所有的問題。生命的意義是什麼？正確概念是什麼？而你又是誰？

客問：我是人，我要知道生命的正確概念，然後據此而生活。

尊者：人的生命，即是如其所是。「那個」，就是了。所有的困擾，都起於有「那個」的概念。心思一進來，就有了概念，而一切的困擾，也隨之而來。若你一如你所是，了無心思及其各種事物的概念，你將一切安好。若你找到心思的源頭，一切問題將會消解。

另一位訪客又問：正確的行為不是能確保拯救嗎？

尊者：拯救誰？誰要拯救？正確的行為是什麼？行為是什麼？什麼是正確的？是誰在判定什麼是對的，什麼是錯的？每個人都從他前世的心識印記而認為某事或某人是對的；其實，只有在了知真實之後，才能知曉什麼是對的。最好的辦法是找出是誰要這個拯救，並且追踪這個「誰」或自我，一直追到它的源頭，這就是囊括了一切正確的行為。

訪客不滿意，又問：每天拜神行禮與行善事，難道不會帶來拯救嗎？這是經書上說的。

尊者：經書上是這樣說，誰能否認善行是好的，最終會引領你來到目標呢？善行淨化心思意念，給你純淨的心思，而純淨的心思，能獲致真知，這就是拯救的意涵。所以最終必須來到真知，亦即必須追踪那個自我，直到它的源頭；不過對於那些不喜歡這個行法的人，我們就說善行導至純淨心思，而純淨心思導至真知，於是轉為拯救。

第三章 一九四七年

一九四七年一月一日

一位婆羅門身分的老寡婦，在廳堂裡向尊者訴說一些往事。當時尊者住在維魯巴沙洞屋及史堪德道場時，她的家庭跟尊者有所關聯。於是我問T．S．拉賈戈伯，這位女士是誰。他說她是住在馬杜賴的一位范卡特拉米爾先生的遺孀。范卡特拉米爾先生跟尊者在一起很久，很仰慕尊者。因此，尊者問我：「你沒見過他嗎？他的照片一定在《生活》畫刊上的團體照裡面。」我說：「沒有。」於是尊者要拉賈戈伯去拿一本B．V．納雷辛荷寫的《了悟真我》第一版的書，翻到一頁有團體照（攝於尊者第二次慶祝生日），給我們看團體照中的范卡特拉米爾先生。

那位女士開始吟唱一些坦米爾的歌，其中有《拉瑪那五讚頌》。T．S．拉賈戈伯問尊者，這些詩歌的作者曾經拜訪尊者幾次，他現在何處。尊者說：「我住在維魯巴沙洞屋時，他僅來過一次，寫了前四節，每天寫一節，第五節〈真實上師〉是他回去之後，從他那裡送過來的，此後他再也沒來這裡。我們對他一無所悉。有一天，他譜寫民俗舞蹈的『庫米』歌曲，M．V．羅摩史瓦米，或者可能是羅摩那塔．迪克悉塔爾跟其他人，這群瘋狂的傢伙湊在一起，在晚上引吭高唱這些歌，並且跳起庫米舞蹈。」

後來，那位女士唱起一些取自巴拉蒂的《卡南》頌歌。她剛起唱時，尊者即刻問她：「你認識阿樂美露（尊者的妹妹）嗎？她常唱這首歌。」那位女士說：「是的，我認識，我就是因為她才知道這首歌。」說完，她繼續唱她的歌。

我在閱讀一本道場最近收到的有關阿南瑪依．瑪[1]的書，書中第一百二十七至一百二十九頁，述及有個提問，當她用這個世界的一般講話方式，問門徒何時來的、吃過了沒，或他們的家庭如何時，她是否在大家所認為的全知超意識境界裡？她的答覆是，在超意識境界裡，事實上是沒有對話或二元性的，而她的講話，與常人無異，並非全知。但她又說：「有另一個境界，無論我講到任何特定人時，都是真實的。」我問尊者，這個境界是什麼？尊者說：「我不知道他們的意涵為何，有些人能看到被時間或空間隱藏的東西，但那些都是通靈者這樣宣稱的，跟真知或真人的解脫無關。」

一九四七年一月四日

今天下午，T．S．拉賈戈伯在一九四七年道場的檔案夾裡，黏貼烏瑪的詩歌影印，詩歌是為即將到來的尊者誕辰日而印製的，柯隆伯．K．羅摩強德拉的詩歌也放在上面。娜葛瑪問尊者，「詩歌都已印好了嗎？是印在單張紙上，或做成摺頁？」尊者說：「印成摺頁，最上面的是羅摩強德拉的詩歌。」於是要拉賈戈伯拿來給娜葛瑪看。尊者對此向拉賈戈伯說：「K．羅摩強德拉尚未在詩歌上簽名，但署名為『信徒』，你最好註記『K．羅摩強德拉』，表示是這位作者，以利日後參照。」

稍後，尊者向我說：「K．羅摩強德拉的文章已經在《星期日時報》刊登出來了。」尊者要我讀出來給大家聽。文章裡，羅摩強德拉稱，神通是「低下的力量」，而我承尊者的許可，更正為「高等的力量」。

附錄一　拉瑪那尊者生平事略

拉瑪那尊者（Sri Ramana Maharshi，1879-1950），幼名維克達拉瑪·艾耶（Venkataram Iyer），一八七九年十二月三十日誕生在印度南方泰米爾·納德邦（Tamil Nadu），蒂魯丘立（Tiruchuli）小鎮。十五歲時，有位親戚長者來訪，告以來自聖山阿魯那佳拉（Arunachala），位於蒂魯瓦納瑪萊（Tiruvannamalai）城鎮，從此聖山之名，便在維克達拉瑪的內心深處，啟發靈動，縈懷不去。翌年，一八九六年，維克達拉瑪在馬杜賴（Madurai）的叔父家裡，身歷瀕死經驗，引發對生命真我的探究與開悟。

同年八月廿九日，他隻身離家前往聖山所在地的蒂魯瓦納瑪萊。一九〇一年，他與若干同伴信徒，居留於阿魯那佳拉山腰處的維魯巴沙洞屋（Virupaksha Cave），此期間，有慕道者加納帕提·慕尼（Ganapati Muni）問道於他，拉瑪那（開悟後，改稱「拉瑪那」）打破長期噤語，金口開示，其弘深精奧的教導，乃源源而來，慕尼盛讚之餘，公開宣稱：「讓舉世皆知，他是薄伽梵·拉瑪那·大悟者（馬哈希）」（Bhagavan Sri Ramana Maharshi），從此以後，拉瑪那被尊稱為「薄伽梵」、「馬哈希」，阿魯那佳拉的聖者（Sage of Arunachala）之名，乃遠播於印度，確立為靈性上師的地位。

一九一六年，拉瑪那遷居於維魯巴沙洞屋上坡處的史堪德道場（Skandashram），一九二二年，拉瑪那的母親仙逝，葬於阿魯那佳拉南邊的山腳下，信徒前來祭拜者眾，寖然形成聚落，乃建立拉瑪那道場（Sri Ramansramam）。拉瑪那在道場的舊廳（Old Hall），朝夕趺坐在廳內角落的長椅沙發上，凝定於淵默之中，平坦和易、靜默無語，或隨機應答，信徒及訪客翕然宗之；其教誨，勉人自勘「我是誰」，俾了悟真我，拔人生苦厄。一九四九年，拉瑪那左手肘突生一粒癤腫，鑒於惡性腫瘤，施以四次手術，終告不治，於一九五〇年四月十四日晚間，平靜謝世。拉瑪那在世七十一年的歲月，居留在阿魯那佳拉五十四年期間，有廿八年坐鎮在聖山南麓的拉瑪那道場，啟引世人，教澤綿延，迄未衰替。

——本文摘自蔡神鑫《真我與我》〈生平篇〉（台北市：紅桌文化，2014）22-80頁

附錄二　推薦必讀書目

Talk with Sri Ramana Maharshi

編者 Munagala Venkataramiah

一九三五年至一九三九年期間，拉瑪那正值壯年，靈氣充沛，在道場舊廳，海內外訪客及信徒，紛來參訪，於靜默傳心之餘，對答精闢，議題不一，內容豐富，經信徒筆錄成書，是瞭解拉瑪那教誨必讀的經典性書籍，被廣大信徒及學者公認為是拉瑪那教誨書籍的「聖經」。中譯文書名：《對話真我》，台北市紅桌文化出版。

Letters from Sri Ramanasramam

編者 Suri Nagamma

本書是女信徒娜葛瑪致其兄長的信函，計二百七十三函，期間自一九四五年至一九五〇年，記載拉瑪那在道場的談話、起居活動及與訪客信徒的互動情形，內容多元而豐富，拉瑪那的音容笑貌，躍然紙上。本書與《對話真我》、《日處真我》兩書，共列為拉瑪那談話教誨的三本必讀經典之作。

Words of Grace

作者 拉瑪那尊者

收錄拉瑪那早期撰寫的三篇專文，是其教誨的核心論述：〈我是誰〉（*Who am I?*）、《探究真我》（*Self-Enquiry*）、《靈性教導》（*Spiritual Instruction*）。中譯本《真我三論》，台北市紅桌文化出版。

Maharshi's Gospel

編者 信徒

拉瑪那與信徒、訪客的零星談話甚多，信徒隨手筆錄，後來經摩里斯·佛里曼（Maurie Frydman）譯成英文，內容分上下兩卷，採問答體例，議題兼具理論闡述與實務修行，在道場傳閱甚廣，普獲訪客及信徒喜愛，是一本不可多得的教誨書籍。

Guru Vachaka Kovai

作者 Sri Muruganar
譯者 Dr. T. V. Venkatasubramanian, Robert Bulter, David Godman
編者暨註釋者 David Godman

本書是知名信徒穆魯葛納以坦米爾文記述，經拉瑪那審定，完整囊括拉瑪那的全體教義。全書頌文計一千二百五十四則，另含拉瑪那親撰的廿八則頌文，內容豐富，議題廣泛，哲理精湛，是有關拉瑪那教義的權威鉅著。作者是拉瑪那晚期重量級的信徒，廣受尊崇，本書的評價甚高，與《對話真我》一書齊名，被譽為拉瑪那教誨書籍的兩本聖經。

作者晚年，又將畢生手稿囑咐知名信徒沙度·翁姆（Sadhu Om）整理後付梓，書名為*Sri Ramana Jnana Bodham*，共九大冊。其中第九冊的主題是Padamalai，知名學者David Godman擷取其中一千七百五十則頌文，譯成英文，加以註釋，書名為*Padamalai*，也是研究拉瑪那教義的另一佳作。

附錄三　延伸閱讀書目

Arunachala, Sadhu, *A Sadhu's Reminiscences of Ramana Maharshi*, Tiruvanamalai: Sri Ramanasramam（以下簡寫SRA）, 1994.

Brunton, Paul, *The Maharshi and His Message*. SRA, 2010.

Brunton, Paul and Venkataramiah, Munagala, comp,. *Conscious Immortality: Conversations with Sri Ramana Maharshi*. SRA, 1996.

Cohen, S. S., *Guru Ramana*. SRA, 1998.

Devotees, *Supassing Love and Grace*. SRA, 2001.

Godman, David, *Be As You Are: The Teachings of Sri Ramana Maharshi*, New York: Penguin, Arkana, 1985.

Godman, David, *Living by the Words of Bhagavan*. Tiruvanamalai: Annamalai Swami Ashram Trust, 2011.

Godman, David, *The Power of the Presence*, 3 Vols. Boulder: Avadhuta Foundation, 2005.

Greenbalt, Joan and Greenblat, Mathew, *Bhagavan Sri Ramana - A Pictorial Biography*, SRA, 1981.

Humphreys, F. H., *Glimpses of the Life and Teaching of Bhagavan Sri Ramana Maharshi*. SRA, 1996.

Iyer, T. K. Sundaresa, *At the Feet of Bhagavan*. SRA, 2007.

Mudaliar, A. Devaraja, *My Recollections of Bhagavan Sri Ramana*. SRA, 1992.

Narain, Laxmi. comp., *Face to Face with Sri Ramana Maharshi*. SRA, 2011.

Natarajan, A. R., ed. *Ramana's Miracles - The Happen Everyday*. Bangalore: Ramana Maharshi Centre for Learning（以下簡寫RMCL）, 1995.

Natarajan, A. R., *Bhagavan Ramana and Mother*. RMCL, 1997.

Natarajan, A. R., ed. *Unforgettable Years*. RMLC, 1997.

Natarajan, A. R., *Timeless in Time: Sri Ramana Maharshi*. Bloomington: World Wisdom, 2006.

Natanananda, Sadhu, *Sri Ramana Darsanam*. SRA, 2002.

Om, Sadhu, *The Path of Sri Ramana*. part 1, 2. Tiruvanamalai: Sri Ramana Kshetra, 2008.

Osborne, Arthur, *Ramana Maharshi and the Path of Self-Knowledge*. SRA, 1970.

Rajan, N. N., *More Talks with Ramana Maharshi*. RMCL, 1993.

Shankaranarayan, *Bhagavan and Nayana*. SRA, 1997.

Swami, Kunju, *Reminiscences*. SRA, 1992.

Swami, Viswanatha, *The Last Day and Mahanirvana of Sri Ramana*. SRA, 1991.

譯註

譯序

1 斯瓦密韋達・帕若堤（Swami Veda Bharati）著，石宏譯《心靈瑜伽》（新北市：親哲文化，2012），80頁。又，根據專研拉瑪那的知名學者大衛・戈德曼（David Godman）的說法，拉瑪那是印度近六百年來不世出的聖者。

2 Munagala Venkataramiah comp., *Talks with Sri Ramana Maharshi*（Tiruvanamalai: Sri Ramanasramam, 2010）p. 354, Talk 373（28th Feb. 1937）

3 A. Devaraja Mudaliar comp., *Day by Day with Bhagavan*（Tiruvanamalai: Sri Ramanasramam, 2002）p.136（1946/2/3），p. 138（1946/2/4），p. 340（1946/11/6）

4 Ibid., p. 338（1946/10/29）

5 Ibid., pp. 38-139（1946/2/4），pp.156-157（1946/2/24）

6 Ramana Maharshi, *The Spiritual Teachings of Ramana Maharshi*. Foreword by C. G. Jung（Boston: Shambhala, 2004）p. ix.

7《對話真我》一書已由紅桌文化出版，分上下兩冊。

第一章　一九四五年

1 吠檀多（Vendanta），印度中世紀最具影響力的哲學，以《奧義書》、《薄伽梵歌》、《梵經》為教義基礎，探討梵與自我的關係。商羯羅（Shankasra，約 788-820）集其大成，其哲學體系，稱為不二一元論吠檀多（Advaita Vendanta）。參閱 Cybelle Shattuck 著，楊枚寧譯，《印度教的世界》（台北市：貓頭鷹出版，1999），73 頁。

2 《真理詩頌四十則》（Reality in Forty Verses），是拉瑪那尊者在著名信徒穆魯葛納敦促下撰寫的詩頌，內含拉瑪那的基本哲思與教義。拉瑪那完成四十則頌文後，又續寫四十則，標題為《補篇》（Supplement），前後共計八十則。本詩頌有若干不同的名稱：*Ulladu Narpadu*、*Sad-Vidya*、*Sat Darshanam*、*Truth Revealed*。參閱 Arthur Osborne, ed., *The Collected Works of Ramana Maharshi,*（Boston: Weiser Books, 1997）p.71.

3 杜勒西・達斯（Tulasi Das, 1497/1532-1623），印度詩聖，用通俗的語言撰寫宗教經典《羅摩衍那》（Ramayana），使神的奧義，傳播於印度民間。

4 哈里（Hari），是印度教信仰的至上絕對存在，通常指毗濕奴或那羅衍那神（Narayana）。

5 《我是誰》（Nan Yar），拉瑪那親撰的短論專文，公認為拉瑪那教誨的核心論述。此文收錄於拉瑪那道場出版的 *Sri Ramana Maharshi's Words of Grace*，中文版書名《真我三論》，台北市紅桌文化出版。

6 蘇婆拉曼亞神（Subramanya），又有 Kartikeya、Murugan、Skanda、Kumara 等異名，印度神祇，主掌戰事。

7 伊濕瓦若神（Iswara），印度對上帝人格化的神明之稱謂，掌理萬物之造化。

8 奧羅賓多道場（Aurobindo Ashram），是近世印度知名靈性大師奧羅賓多（Sri Aurobindo Ghose，1872-1950）創設的靈修道院，位於朋迪切里。

9 朋迪切里，又名本地治理，是印度一個聯邦屬地，曾為法國殖民地，位於印度東南沿海，其領域為泰米爾納德邦環繞。

10《拉瑪那之歌》，是知名信徒慕尼於一九一七年，帶領其門徒，以廣泛的靈修議題，密集諮詢拉瑪那，而編錄的書籍，計十八章，三百則偈頌，是拉瑪那在史堪德道場最重要的作品。

11 羅摩克里虛那天鵝尊者（Sri Ramanakrishna Paramahamsa，1836-1886），「帕拉瑪哈姆薩」又稱「天鵝尊者」，在印度加爾各答近郊，供奉黑天女卡莉的神廟中任祭司，潛修冥想，出神入定時，看見女神示現，其法門屬虔愛拜神，其言論載於 *The Gospel of Sri Ramanakrish* 一書，是印度靈修的經典作品；其著名弟子史瓦米·韋維卡南達（Swami Vivekananda）推廣印度教，卓有成就，於一八九七年設「羅摩克里虛那傳道會」，其重要成員曾造訪拉瑪那道場，參問拉瑪那尊者。

12《（阿魯那佳拉）十一頌》（*Padhikam*），全名是 *Arunachala Padhikam*，英譯為 *Eleven Verses on Arunachala*，拉瑪那寫於一九一四年，當時住在維魯巴沙洞屋。

13《阿魯那佳拉五讚頌》（*Five Hyms on Arunachala*），指拉瑪那於一九一四年其間，住在維魯巴沙洞屋時，譜寫五篇（首）對阿魯那佳拉的讚美詩頌，這五篇詩頌是：*Akshara Mana Malai*（*The Marital Garland of Letters*，計一百零八則頌文）、*The Necklet of Nine Gems*（計九則頌文）、*Arunachala Padhikam*（*Eleven Verses on Sri Arunachala*，計十一則頌文）、*Sri Arunachala Ashtakam*（阿魯那佳拉八頌，計八則頌文）、*Sri Arunachala Pancharatna*（*Five stanzas to Sri Arunachala*，計五則頌文）全文詳閱 Arthur Osborne, ed., op. cit.,

PP.48-70.

14 達塔垂亞（Dattatreya），古印度聖者、仙人，載諸於《往世書》，相傳為梵天、毗濕奴、濕婆等三神的化身，故圖像有三個人頭，六隻手臂。

15 桑德拉，曼迪拉姆（Sundra Mandiram），拉瑪那在世時，其出生地蒂魯丘立的家宅，於一八九五年售出。其後，道場信徒認為拉瑪那出生地的房子極為神聖，乃於一九四四年購回，起初擬命名為 Ramana Mandiram，後來在拉瑪那指示下，命名為 Sundra Mandiram，故此宅第似可視之為「拉瑪那故居」。詳閱 Sri Krishna Bhikshu, *Ramana Leela*, ed. and trans., Pingali Surya Sundaram Tiruvanamalai: Sri Ramanasraman, 2006）p.316.

16 加納帕提．夏斯特（Ganapati Sastri，又名加納帕提，慕尼〔Ganapati Muni〕，拉瑪那暱稱其名為納耶那〔Nayana〕）是拉瑪那極重要的知名信徒。他使拉瑪那在一九〇七年打破噤語，金口開示，他數度訪見拉瑪那後，確認拉瑪那不凡的神性，乃公開宣稱：「讓舉世皆知他是薄伽梵。拉瑪那．馬哈希（Bhagavan Sri Ramana Maharshi）」從此，印度人尊稱拉瑪那為「薄伽梵」（Bhagavan，對神的尊稱），或「馬哈希」（Maharshi，偉大的悟者聖者）。他於一九三六年逝世，年五十八歲，拉瑪那聞訊涕泣。

17 韋維卡南達（Vivekananda, 1963-1902），即羅摩克里虛那（Sri Ramankrish）最著名的弟子，原名是納倫達納．達塔（Narendranath Datta），於一八九三年前往美國，在芝加哥舉行的世界宗教會議發表重要演說，撼動西方，在美國一舉成名，他於一八九五年在紐約創立吠檀多協會（Vedanta Society），經其努力，使印度教成為世界五大宗教之一。參閱 Cybelle Shattuck 著，楊枚寧譯，前揭書，115-116頁。

18 《培里耶往世書》（*Periya Puranam*），又名 *Tiruttontarpuranam*），其義為偉大往世書，是坦米爾語的詩頌，

敘述六十三位濕婆虔愛派詩聖的生平。

19《摩訶瑜伽》（*Maha Yoga*）是拉瑪那信徒拉希瑪那·薩瑪（Lakshmana Sarma）撰寫的書，闡述拉瑪那哲理的精義，極受推崇。作者在本書署名為‘who’。

20《瞥見賽巴巴》（*Glimpses of Sri Sai Baba*），賽巴巴是指舍地·賽巴巴（Shirdi Sai Baba, 1835-1918），印度教上師，也是伊斯蘭教的聖者，其教誨包含印度教及伊斯蘭教。

21 本經文是取自《史堪德往世書》（*Skanda Purana*）。

22「起初有名，名與神同在，名即是神。」原文是“In the beining was the word, and the word was with God, and the word was God.”（《聖經·約翰福音》第一章第一節）中文版合和本譯為「太初有道，道與神同在，道就是神。」

23 南德奧，全名為巴賈特·南德奧（Bhagat Namdev），又譯「名天」，生卒年約在一二七〇年至一三五〇年，印度教聖者、詩人，主張有婚姻的在家居士，也能開悟。

24 七泉（Seven Springs），在阿魯那佳拉山上，位於史堪德道場的上坡遠處，號稱有七處洞窟及泉水，但根據研究拉瑪那的專家大衛·戈德曼（David Godman）說，至多不超過五處。詳閱網站 richardarunachala.wordpress.com/2008/10/07 secrets-of-arunachala-seven-springs.

25 帝浦，指帝浦·蘇丹（Tippu Sultam，1750-1799），邁索爾（Mysore）王國的統治者，有「邁索爾之虎」的稱呼。

26 大神廟，指阿魯那佳拉史瓦瑞神廟（Arunachaleswara Temple）區內的高大塔樓。

27 蓋農（Guenon），是指法國哲學家勒內·蓋農（Rene Guenon, 1886-1951）。

28 耶夏摩，拉瑪那知名的女信徒，身陷喪失亡子之痛，悲苦萬分，聞拉瑪那在維魯巴沙洞屋修行，便登山往見，靜坐在拉瑪那身旁，約一小時後起身，渾身的痛苦，迅即消解，心轉恬靜，便立誓終身為拉瑪那提供食物，直到身亡，時間長達三十八年。詳閱蔡神鑫，《真我與我》（台北市：紅桌文化，2014），42-43頁。

29 《史堪德的直接體驗》（*Kandar Anubhuti*），是中世紀印度詩聖阿魯那吉里那薩（Arunagirinathar）所撰，有五十二則詩頌，內容表達他對神的尋找及體驗。

30 哈里卡撒的說唱（*harikatha*），指印度的說書講唱，單人說唱往世書的故事，兼有音樂伴奏。講述者的說唱兼作，一般都在公開場合演出。

31 卡拉雪班的說唱（*kalakshepam*），指講唱的說書人，是有修行的阿闍黎，對其門徒在不公開的場合講唱。

第二章　一九四六年

1 近世印度第一個宗教改革運動，是拉姆·莫漢·羅伊（Ram Mohan Roy, 1772-1883）於一八二八年創立的梵社（*Brahmo Samaj*），倡導寬容、理性、道德，力主《奧義書》、《梵經》是人類最高智慧。梵社的儀式是參照基督教的禮拜儀式，聚會包括研讀《奧義書》，講道唱讚歌等，其成員多數來自接受西方教育的印度上層社會階層。第二個宗教改革運動，是達耶南達·薩拉史瓦提（Dayananda Sarasvati, 1824-1883）於一八七五年創立的雅利安社（*Arya-Samaj*），主張《吠陀經》是世上最高知識的源頭，倡導尊奉印度教古老傳統，反對基督教及伊斯蘭教的傳教，在全國普設學校，教導梵文及印地語。雅利安社在北印度推行極為成功，也吸引了印度的商人階級。參閱 Cybelle Shattuck 著，楊枚寧譯，《印度教的世界》，（台北市：貓頭鷹出版社，1999），112-114 頁。

2 穆罕默德．加茲尼（Muhammad Ghazni），指加茲尼的穆罕默德（Mahmud of Ghazni, 971-1030），是加茲尼帝國（Ghazni，或譯伽色尼）的締造者，帝國版圖包括印度西北部、巴基斯坦、伊朗、阿富汗等地。

3 羅摩奴闍（Ramanuja, 1017-1137），印度著名的哲學家、宗教家，倡導限定不二一元論（Visista-advaita），其思想體系與商羯羅的不二一元論，分庭抗禮。詳閱木村泰賢著，釋依觀譯，《梵我思辨》（新北市：台灣商務印書館，2016），357-368 頁。

4 德羅那（Drona），史詩《摩訶婆羅多》（*Mahabharata*）中的人物，精於弓箭。

5 克里希那穆提（J. Krishnamurti，1895-1986），二十世紀具影響力的印度靈性導師，力主每個人應從自身覺察中，脫離恐懼、權威、教條，找到真理。

6 大寶森節（Thai Poosam），印度泰米爾人每年在「泰月」（西曆一月或二月）慶祝的節日，紀念濕婆和雪山女神的幼子穆魯甘的誕辰。在這一天，穆魯甘得到雪山女神贈送的一支長矛，最後消滅了惡魔。

7 南阿瓦爾（Nammalvar）是南印度坦米爾地區十二位毗濕奴派阿爾瓦詩聖之一。

8 阿爾瓦詩聖（Alwar），指南印度坦米爾地區十二位詩聖的通稱，在六世紀至九世紀間，頌揚毗濕奴及其化身諸神的事蹟。

9 摩陀婆（Madhva, 1199-1278），二元論（dvaita）哲理之倡導者，其學說被稱為二元論吠檀多派（Dvaita-Vedanta），盛行於十二世紀。此學說與八世紀商羯羅為首的不二一元論及十一、十二世紀羅摩奴闍為代表的限定不二一元論，皆有顯著區別。

10 桑德拉穆提（Sundaramurti），八世紀的詩聖，是印度坦米爾六十三位奉祀濕婆的那耶納詩聖（Nayanars）成員之一。

11 商羯羅師父（Sankaracharya）。印度第八世紀不二一元論的開創大師是商羯羅阿闍黎（Sankaracharya）其後之傳衍，在全國分設若干教區，每一區域道院，各有一名領袖或教主，此一領袖的頭銜，也稱為「商羯羅阿闍黎」。茲為與開山祖師的名稱有所分別，本文在此譯為「商羯羅師父」。

12 乳海（kshira sagara），是指乳海攪拌（Samudra manthan）的一則神話故事，載諸《薄伽梵往世書》、《毗濕奴往世書》、《摩訶婆羅多》等典籍，相傳天神與阿修羅住在須彌山，為生老病死問題，爭論不休，梵天出面調停，說須彌山四周之外的乳海，藏有不死的甘露，只要攪動乳海，便能得到甘露等。詳閱貓頭鷹編輯室編《圖解 100 個印度史詩神話故事》，（台北市：貓頭鷹出版社，2012）90-91 頁。

13 帕代韋陀（Padaiveedu），應是指史瓦米瑪萊·穆魯甘神廟（Swamimalai Murugan Temple）所在地，位於坦米爾納德邦內的庫姆巴科納姆（Kumbankonam）西方約五公里處。

14 Padai veedus 是指上主穆魯甘（Sri Murugan）與惡魔作戰時，駐紮的六個軍營，現在皆在其處建神廟奉祀。這六座神廟，都在坦米爾納德邦內，分別是：Palani Murugan Temple，Swamimalai Murugan Temple，Thiruchendur Murugan Temple，Thiruthani Murugan Temple，Pazhamudircholai Murugan Temple。

15《五讚頌》，指拉瑪那親撰的《阿魯那佳拉五（篇）讚頌》，詳閱本書第一章譯註 13。

16 納迪（Nadi）占星命盤，是指在坦米爾納德邦、喀拉拉邦等地流行的一種納迪葉（棕櫚葉）的占卜解讀算命。詳閱《印度納迪葉》，作者 keshin，古魯·納塔吉（顧問），商周出版，2014。

17 瑪切德拉·納斯（Maschendra Nath）十世紀的印度聖者、瑜伽行者，相傳為哈達瑜伽（hatha yoga）創始人。

18 普蘭煎餅（pooran polies），又名 holige，南印度各地普遍食用的煎餅。

19 史瑪塔·羅摩達斯（Smartha Rama Das，1606-1681），十七世紀聖者、馬哈拉施特拉地區的詩聖，其著作《對門徒的忠告》（Dashodh），是不二一元論吠檀多學理的經典書籍，奉祀哈奴曼（Hanuman）及羅摩諸神。

20 希瓦吉（Shivaji，全名 Shivaji Bhonsle，1630-1680），十七世紀印度民族英雄，馬拉塔帝國締造者，有「印度海軍之父」的美譽。

21 《莎肯塔拉》（*Sakuntala*），是敘述美麗少女莎肯塔拉與國王達希安塔（Dushyanta）相愛及誤會而分開的故事，取自《摩訶婆羅多》史詩。

22 參閱本書第一章譯註 22。

23 Yuga 有紀元、永世、億萬年等義。印度教將歷史分為四個紀元：Satya Yuga、Treta Yuga、Dvapara Yuga、Kali Yuga。每一個紀元，都比前一個紀元的時間短而黑暗，文中的卡利紀元（Kali Yuga）是最後的第四個紀元。

24 那濟凱塔斯的故事，取自《卡塔奧義書》（*Katha Upanishad*），旨在說明誠心的祭祀能獲神的恩典，而無誠心的祭祀，則無意義。那濟凱塔斯的父親為求升天而行祭祀，按規定須奉獻家產，但他父親不肯，只願捐出老母牛，那濟凱塔斯見狀，知道父親的祭祀沒有意義，但他對神深具信心，便向父親表示願意把自己供獻給神。父親生氣地說，把你獻給死神，那濟凱塔斯便前去死神那裡，最後他終於學到了超越死亡的真理。詳閱摩訶提瓦著，林煌洲譯，《印度教導論》，（台北市：東大圖書，2002），49頁。

25「拉瑪那故居」（Ramana Mandiram），參閱本書第一章譯註15。

26《羅摩衍那》（*Ramayana*，馬拉地語版本），全名稱是 *Bhavartha Ramayana*，是用馬拉地語撰述的版本，作者艾克那斯是馬拉地傑出的聖者、詩人。

27 參閱本書第一章譯註11。

28 查科拉鳥（chakora bird），即鷓鴣鳥，在印度神學作品中，描述為棲息於月亮的光線上。

29 參閱前註12。

30 僧伽羅語（Sinhalese），是斯里蘭卡的官方語言之一。

31 布林達旺（Brindavan），指上主克里虛那幼年時居住的森林地，約在今印度北方邦的布吉區（Braj region）。

32 天城體的文字（Nagari），是指印度和尼泊爾使用的一種特殊文字，用來寫印地語、梵語等語言，最早出現在十三世紀。

33 本書記錄者補述五月五日尊者在廳堂的談話，故日期重複。

34 雅利安社的人士（Arya Samajist），詳見前譯註1。

35 奇特賴（Chittrai）是坦米爾年曆的第一個月分，西曆約在四月至五月，是坦米爾地區的新年。

36《解脫之精粹》（*Kaivalya Navaneeta, The Cream of Emancipation*），原始版本是坦米爾文，從不二一元論的觀點，闡述生命解脫之道。

37 金胎（*hiranyagarbha*），在印度神話中，金胎是世界最原始的雛形，為梵天所創造，又稱梵卵，後來梵天以意念從金胎中破殼而出，胎殼分為兩半，形成天與地。參閱貓頭鷹編輯室編，前揭書，26頁。又，《生主讚歌》（*Prajapatya-sukta*）第一頌有云：「金胎顯現，方其出生，即成萬有獨存之主宰。彼安立天與地，誰是吾等應奉予供物與祭拜之神？」詳閱高楠順次郎、木村泰賢著，釋依觀譯，《印度哲學宗教史》，（新北市：台灣商務印書館，2017），103頁。

38 拉金卓・普拉薩德（Rajendra Prasad, 1884-1963），印度政治領袖，一九二〇年參與甘地不合作運動，一九五〇年被選為印度共和國第一任總統，一九五七年再度連任總統。

39 巴賈吉（Bajaj），全名詹姆那爾・巴賈吉（Jamnalal Bajaj，1889-1942），印度企業鉅子、慈善家，為印度獨立而奉獻，是甘地親密的伙伴及跟隨者，創辦巴賈集團，擁有二十家企業公司。

40 薩耶穆提（Satyamurti），全名 Sundra Sastri Satyamurti（1887-1943），印度知名政治家，獨立運動者，印度國大黨領袖。

41 室利尼瓦沙・夏斯特里（Srinivasa Sastri, 1869-1946），印度知名政治家、教育家、演說家、獨立運動者、印度自由黨創立人之一，終身反對印度領土分割。

42 尊者早期待過的地方，詳閱蔡神鑫，《真我與我》（台北市：紅桌文化，2014），28-32頁。

43 那耶拿（Nayanar），是指烏當迪・那耶拿（Uddandi Nayanar），尊者甫至阿魯那佳拉史瓦瑞神廟區時，第一位決意保護尊者的信徒。詳閱蔡神鑫，前揭書，30頁。

44 史瓦米・瑪達瓦・蒂爾塔（Swami Madhava Theertha, 1895-1960），著述甚豐的作家，廣研吠檀多哲學，曾喜奧羅賓多的教導，後來不甚滿意，一九四四年參訪拉瑪那道場。詳閱 Laxmi Narain, ed., Face to Face with Sri Ramana Maharshi。（Hyderabad: Sri Raman Kendram, 2011）pp.146-150.

45 丁尼生，全名阿佛烈·丁尼生（Alfred Tennyson, 1809-1892），英國桂冠詩人，作品有：《尤里西斯》、《伊諾克·阿登》、《過沙洲》、《悼念集》。

46 五篇阿魯那佳拉詩頌讚歌（Five Hymns），參閱第一章譯註13。

47 莧菜（*Keeraithandu*），南印度普遍食用的菜餚。

48 米餅（*Uppuma*），又名Upma、uppumavu、uppittu，南印度傳統早餐。

49 《聖口的字語》（*Tiruvoimozhi*），是南阿瓦爾（Nammalvar，見前註7）從四千則詩頌的"*Nalayira Prabandam*"中擷取一千一百則頌文，編輯而成。

50 《四千則詩頌之神性合輯》（*Nalayira Prabandam*）是十二位阿爾瓦詩聖集體合著，頌揚毗濕奴，完成於第九至第十世紀。

51 阿爾瓦詩聖（Alwars, Alvars）是南印度坦米爾地區詩聖諸人的通稱，行虔愛奉獻，奉祀毗濕奴。

52 《蒂魯瓦查肯》（*Tiruvachagam*），南印度濕婆派詩聖（通稱「那耶納爾〔Nayanar〕」譜寫的詩頌集。

53 第十個人的故事，敘述十個人渡河後，在岸上數算人頭，每人都只算別人，失算自己，以為遺失了一人，直到路過的旅者，敲每個人的頭，十個人才知沒有人遺失。

54 五身層，指肉身層（物質）、氣身層（能量元氣）、意身層（心思意念）、識身層（知識體驗）、樂身層（幸福、無識無知）；是謂生命個體由五個層次不同性質之能量、包覆而環套著阿特曼（真我），形成五層身套。或譯「五藏」，指食物所成身、生氣所成身、意所成身、識所成身、妙樂所成身，參閱木村泰賢著，釋依觀譯，《梵我思辨》（新北市：台灣商務印書館，2016），75，310頁。

55 馬拉亞利人（Malayali），指印度南部喀拉拉邦等地區的達羅毗茶族原住民，操馬拉雅姆語。

56 維斯（viss）是緬甸的重量單位，一維斯等於 1.63293 公克，或 3.6 英鎊。

57 弗隆（furlong），英國長度單位，一弗隆等於 201.168 公尺，或 220 碼。

58 瓦朗拉希米（Varalakshmi），是指女神拉克希米（Lakshmi）。

59 智納斯瓦（Jnaneswar, 1275-1296）印度虔愛奉獻派的倡導者，曾提倡以靜默對抗傳統宗教。

60 《吠檀多之獅》（Vedanta Kesari）是羅摩克里盧那道院（Ramakrishna Math）發行的英語期刊，於一八九五年首次刊行。

61 達薩拉（dasara）假期，指祭祀宇宙母神的十天節日。

62 泰盧固語的傳記，是指 Krishna Bhiksh 用泰盧固文撰寫的《神的遊戲》（*Sri Ramana Leela*）。

63 五感覺器官（五知根），指眼、耳、鼻、舌、身。五行動器官（五作根），指舌、手、足、排泄器官、生殖器官。

64 卡爾納（Karna），《摩訶婆羅多》史詩中的悲劇人物。

65 道場為防止信徒或訪客過度接近尊者，在其長椅前面置一柵欄防護。事見本書日誌一九四六年四月十一日記載。

第三章　一九四七年

1 阿南瑪依·瑪（Ma Ananda Mayi，1896-1982），孟加拉的印度女聖者，有預知及靈療等神通。其人其事，詳閱 Joseph A. Fitzgerald, ed., *The Essential Sri Anandamayi Ma: Life and Teachings of a 20th Century Indian Saint.*

Bloomington, Indiana: World Wisdom, 2007。

《真理詩頌四十則》Ulladu Narpadu
烏瑪·黛薇 Uma Devi
可拉浦王國 Kolhapur State
《一切就是一》All is One
B·K·羅伊博士 Dr. B. K. Roy
羅瑪納·納格 Ramana Nagar
齊默 Zimmer
巴羅達 Barada
屋塔，全稱為烏塔卡蒙德 Ooty, 即 Udagamandalam
孟買塔塔社會學院 Tata Sociological Institute
希莫加 Shimoga
克里虛那穆提先生 Mr. Krishnamurti
塔格拉加·艾耶先生 Mr. Thiagaraja Iyer
阿樂美露·阿摩 Alamelu Ammal
謝夏德里·史瓦米 Seshadri Swami
哥印拜陀 Coimbatore
蒂魯范加甘·皮萊 Thiruvangadam Pillai
諾伊太太 Mrs. Noye
貝蒂 Bettie
柯南戴·史瓦米 Kolandai Swami
卡爾波拉·巴塔爾 Karpoora Bhattar
維多利亞·多伊 Victoria Doe
史瓦米·悉達斯瓦拉南達 Swami Siddheswarananda
《哈莉湘德拉》Harischandra
龐達里克 Pundarika
《卡爾納》Karna
《蜜拉白》Mira Bai
《希瓦卡維》Sivakavi
《普拉瓦爾往世書》Pulavar Puranam
切娜伊太太 Mrs. Chenoy
〈歸順〉Vinnappalu
《安德拉·希爾皮》Andhra Silpi
《印度管風琴報》Hindu Organ
《印度薩達南姆》Indu Sadhanam
蒂魯那加林伽·史瓦米 Tirunagalinga Swami
吉利希·加那帕爾 Girish Ganapar
范卡特拉米爾先生 Mr. Venkatramier

第三章　一九四七年

〈真實上師〉Sadguru
M·V·羅摩史瓦米 M. V. Ramaswami
《卡南》Kannan

Panchakam
阿南瑪萊·皮萊先生 Mr. Annamalai Pillai
穆希利·蘇婆羅瑪尼亞·艾耶 Musiri Subramania Iyer
《孟買薩瑪查爾報》Bombay Samachar
《拉瑪那·史瓦那·烏特沙瓦·吠巴瓦姆》 Ramana Swarna Utsava Vaibhavan
《薄伽梵之生平》Life of Bhagavan
甘加·班·帕提爾Ganga Ben Patel
拉妮·瑪滋姆達爾Rani Mazumdar
福萊吉·多拉吉先生Mr. Framji Dorabji
那拉辛加·饒Narasinga Rao
《圖卡拉姆》Tukaram
《巴特魯哈里》Bhartruhari
班基·比哈里Banky Bihari
阿爾莫拉 Almora
巴衛爾太太Mrs. Barwell
莫斯頓太太Mrs. Merston
納格那里耶先生Mr. Naganariya
《特萊蘇拉普拉·瑪哈瑪耶姆》 Trisulapura Mahatmyam
卡耶那拉瑪·艾耶 Kalyanarama Aiyer
切拉摩 Chellammal
拉賈摩 Rajammal
維魯普蘭 Villupuram
拉瑪南 Namanan
《星期日領袖》Sunday Leader
艾耶·吠斯耶·薩瑪傑姆 Arya Vaisya Samajam
穆魯史瓦米·切提兄弟 Messrs. Munuswami Chetti & Brothers
阿南達摩爾 Anandamal
錢都·納斯 Chandu Nath
丹尼爾·湯瑪斯先生Mr. Daniel Thomas
蒂尼維利 Tinnevelly，又名Tirunelveli
蒂拉克先生Mr. Tilak
《蘇婆拉曼亞·布加甘》Subramanya Bhujangam
拉瑪那塔·艾耶 Ramanatha Iyer
瑪蘇利帕德姆 Masulipatnam
V·P·沙拉帝先生 V. P. Sarathi
《祈願》Nivedana
盧克蜜妮·拉克希米帕蒂夫人 Mrs. Rukmini Lakshmipati
希瓦相穆甘先生 Mr. Sivashanmugam
吠德那塔先生 Mr. Vaidyanatha
迪利浦·庫瑪·羅伊 Dilip Kuma Roy
阿布山 Mount. Abu
《薄伽梵四十頌》 Forty Verses on Bhagavan
瓦蘇德瓦·夏斯特里 Vasudeva Sastris, 即瓦蘇 Vasu
舞神 Nataraja
《佩里爾往世書》Periapuranam
倫格佳里 Rangachari
切提·柯蘭神廟 Chetti Kolam Koil
《那沃達耶》Navodaya
康巴圖·伊拉耶那 Kambathu Ilaiyanar
冥思神明 upasana
自然 sahaja

羅摩林伽 Ramalingan
波塔那 Pothana
室利那塔 Srinatha
V·S·室利尼瓦沙·夏斯特里伯爵 Rt. Hon. V. S. Srinivasa Sastris
瑪奴·舒伯達爾 Manu Subedar
《智納斯瓦解說薄伽梵歌》Gita Explained（Jnaneswar）
坦賈武爾 Tanjore
那塔拉賈 Natarajan，另名沙度·翁姆 Sadhu Om
《維凱》Vetkai
阿南塔那羅延那·饒博士 Dr. Anantanarayana Rao
拉圖·馬哈拉吉Latu Maharaj，亦即阿德布塔南達 Adbhutananda
瑪德薇·阿瑪 Madhavi Ama
瑪德凡 Madhavan
庫伊羅杜·科羅 Kuyilodu Kooral
《讚歌》Stotra
史瓦米那坦教授 Prof. Swaminathan
珊塔王后Shanta
倫加南塔·艾耶Ranganatha Iyer
穆希里Musiri
桑姆巴希瓦·饒 Sambasiva Rao
C·瑪達瓦拉耶·穆達利爾先生 Mr. C. Madhavaraya Mudaliar
卡特帕地 Katpadi
科蒂斯華倫 Kotiswaran
納雷恩·皮夏羅帝 Narain Pisharoti
希瓦·莫漢·拉爾Siva Mohan Lal
強德拉瑪 Chandramma
安格耶康尼 Angayakkanni
巴拉羅姆 Balaram
《拉瑪那八頌》Ramanashtakam
《穆圖瑪萊》Muthumalai
圖里耶南達 Turiyananda
K·吠德那塔·艾耶 K·Vaidyanantha Aiyar
謝夏吉里·艾耶 Seshagiri Aiyar
巴特先生 Mr. Bhatt
哥圖維迪姆琴 gottuvadyam
卡萊瑪戈 Kalaimagal
切蘭姆·艾耶先生 Mr. Chellam Iyer
印地·普拉查爾·薩巴 Hindi Prachar Sabha
庫普史瓦米先生 Mr. Justice Kuppuswamy
室利·S·拉達克里希那 Sri S. Radhakrishna
史瓦米·拉傑史瓦拉南達 Swami Rajeswarananda
強德拉賽卡拉·艾耶 Chandrasekara Iyer
歐曼都爾·拉瑪史瓦米·雷迪爾 Omandur Ramaswami Reddiar
韋維卡南達學院 Vivekananda College
S·R·范卡達拉瑪·夏斯特里先生 Mr. S. R. Venkatarama Sastri
艾拉瓦坦·艾耶 Airavatam Aiyer
范卡達拉瑪·艾耶 Venkatarama Iyer
《拉瑪那五詩頌》Ramana Stuti

《四千則詩頌之神性合輯》Nalayira Prabandam
薩馬薩南姆 samasanam
薩瑪·阿斯拉耶姆 sama asrayam
羅摩奴闍北派 vadakalai
瓦崑達 Vaikunta
拉賈斯瓦拉南達 Rajaswarananda
范克特拉邁耶 Venkatramaiyar
室利·米爾查 Sri Mirza
瑪德瓦·史瓦米 Madhave Swami
伯爾尼 Palni
帕拉克卡德 Palghat, Palakkad
蒂魯瑪拉·切提 Tirumala Chetty
L·薩瑪 L. Sarma
凱拉加爾 Khairagarh
拉尼Rani
卡瑪克希 Kamakshi
蘇達南達·巴拉蒂Suddhananda Bharati
〈隱藏〉Guhan
潘德先生 Mr. Pande
S·P·泰雅 S. P. Tayal
巴爾格瓦先生 Mr. Bhargava
吠德那坦 Vaidyanathan
拉瑪穆提 Ramamurti
拉格維爾 Raghaviah
卡米斯瓦若·薩瑪 Kameswara Sarma
哥文達南達 Govindananda
齋普爾 Jaipur
琴格拉帕Chingleput
武尤魯Vuyyur
札明德里尼Zamindarini
阿帕羅Apparao
阿納卡帕萊Anakapalle
那羅延那·艾耶先生 Mr. Narayana Iyer
拉傑姆·艾耶 Rajam Iyer
斯里維利普圖爾Srivilliputtur
拉瑪·瑪塔姆 Rama Matam
布林達旺 Brindavan
羅摩·瑪塔姆 Rama Matam
卡帕利·夏斯特里 Kapali Sastri
友吉·拉邁爾 Yogi Ramiah
《印度斯坦報》Hindusthan
阿迪穆南 Adimulam
琴格阿姆 Chengam
庫帕南先生Mr. Kuppana
賈娜姬·阿摩 Janaki Ammal
道爾太太 Mrs. Dowe
K·薩瑪 K. Sarma
瑪那塔·波達爾 Ramanatha Poddar
《原人讚歌》Purusha Sukta
賈加迪薩·夏斯特里 Jagadisa Sastri
《阿巴亞阿悉多肯》Abhayashtakam
《新時報》New Times
蒂魯摩爾·饒先生 Mr. Tirumal Rao
索瑪桑德拉·史瓦米 Somasundara Swami
V·P·夏斯特里先生 Mr. V. P. Sastri
那拉辛門 Narasimham
《史瓦德薩米特南報》Swadesamitran
R·雷格瓦·艾晏伽 R. Raghava Aiyangar
羅摩那德 Ramnad, Ramanathapuram
那瑪科爾 Namakkal

蘇婆拉曼亞神 Subrahmanya
《靈性的羅摩衍那》 Adhyatma Ramayanam
福萊吉 Framji
普恩賈先生 Mr. Poonja
阿魯那佳拉·夏斯特里 Arunachala Sastri
倫伽·艾耶太太 Mrs. Ranga Aiyar
《拉瑪那五讚頌》 Ramana Stuthi Panchakam
《拉瑪那姆利坦》Ramanamritam
皮修瑪尼·艾耶Pichumani Aiyar
瑪那馬杜萊 Manamadura
秦南·古魯科爾Chinna Gurukal
菲利普斯先生Mr. Pillips
謝夏·艾耶Sesha Aiyar
皮利爾帕·謝夏耶Periappa Seshaiyar
H·C·肯納先生Mr. H. C. Khanna
蘇婆拉曼尼亞·巴拉堤 Subramania Bharati
庫垂拉姆 Kutralam
拉金德拉·普拉薩德Rajendra Prasad
K·S·謝夏吉里·艾耶 K. S. Seshagiri Aiyar
薩耶穆提Satyamurti
室利尼瓦沙·夏斯特里Srinivasa Sastri
羅摩南達沙 Ramanandasa
凱提爾維魯 Kathirvelu
帕塔拉林伽神廟 Pathalalingam Temple
瓦哈那·曼塔 Vahana Mantap
維斯瓦穆提Viswamoorthi
卡納拉語Kannada
哈里達斯博士 Dr. Haridas
史瓦米·瑪達瓦·蒂爾塔 Swami Madhava Theertha
瓦利Valli
戴維耶奈 Daivayanai
巴拉尼·安達瓦爾 Palani Andavar
羅摩施巴·艾耶 Ramasubba Aiyar
烏當迪·那耶拿 Udhandi Nayanar
S·瑪尼醫生 Dr. S. Mani
利·古那吉 Sri Gunaji
貝爾加姆 Belgaum
B·P·布拉德 B. P. Blood
艾耶薩米·皮萊 Aiyasami Pillar
金德拉·梅塔 Gajendra Mehta
巴羅達 Baroda
阿姆達巴 Ahmedabad
室利·克里希尼亞·邱都里 Sri Krishniah Chowduhri
《庇佑·萬歲》Sarama Pallandu
《拉瑪那臨在之姿》Ramana Sannidhi Murai
薩瑪爺爺Sama Thatha
拉維米ravai
維康塔·瓦薩Vaikunta Vasar
卡南 Khanna
查瓦那普拉希保健膏Chavanaprash
《蘇卡瓦里》Sukavari
《曼德拉辛》Mandalathin
T·V·K·艾耶 T. V. K. Aiyar

普杜科泰 Pudukottai
貢土爾 Guntur
桑德雷沙·艾耶 Sundaresa Aiyar
坎普爾 Cawnpore, Kanpur
〈臣服〉 Saranagati
瓦康塔·瓦桑 Vaikuntha Vasan
室利·拉瑪·那瓦米 Sri Rama Navami
齊默 Zimmer
烏娜瑪萊·阿摩 Unnamalai Ammal
露卡曼妮 Rukmani
可穆蒂 Komutti
庫拉塞克拉·阿爾瓦 Kulasekhara Alwar
羅波那 Ravana
愣伽 Lanka
拉克希曼那 Lakshmana
卡拉 Khara
杜夏那 Dushana
夏斯特里爾 Sastriar
蒂魯·阿魯爾·摩茲 Tiru Arul Mozhi
濕婆千聖名 Siva Sahasranama
拉瓦娜瑪 Ravanamma
《普拉巴達·巴拉塔》Prabuddha Bharata
虛瓦南達 Shivananda
杜卡拉姆 Kukaram
帕達南達 Padananda
蒂魯塔尼·強葛羅耶·皮萊 Tiruttani Chengalroya Pillai
魯摩拉爾 Tirumoolar
阿魯那吉里那薩 Arunagirinathar
《在真實中，你是誰，拉瑪那薄伽梵？》Asal, Neevn Evaru, Ramana Bhagaran?
悉多拉瑪先生 Mr. Sitarama
蘇瑪桑德倫·皮萊 Somasundaram Pillai
不奈婆修 Punarvasu
納格那里耶 Naganariya
《斯堪達拉瑪·桑塔莎南姆》Skandasrama Santarsanam
《古海聖者》Ghooha jnani
拉賈戈帕拉·薩瑪先生Mr. Rajagopala Sarma
普杜科泰Pudukottah
南羅耶納史瓦米·艾耶 Mr. Narayanaswami Iyer
古南拉特南Gunaratna
特努什戈迪Dhanushkodi
維達浦里Vadapuri
瓦達沃爾 Vadavoor
佩倫杜賴 Perundurai
阿烏達亞科爾 Avudayarkoil
迪里浦·庫瑪·羅伊 Dilip Kumar Roy
德瓦卡爾 Dwaraka
直覺感知，直證 sakshatkana
納拿瓦提先生 Nr. Nanavati
羅摩舒巴·艾耶先生 Mr. Ramasubba Iyer
《那努爾》Nannool
卡瓦雅肯特 Kavyakantha
同步分身行事 satavadhana

Sivananda Saraswati
《奧義書的對話錄》 Dialogues from the Upanishads
那濟凱塔斯 Nachiketas
象山 Anai Malai
維達倫耶姆 Vedaranyam
蒂魯那伍克勒色 Tirunavukkarasar
《可拉魯·帕迪肯姆》 Kolaru Padhikam
希耶來 Shiyali
包斯先生 Mr. Bose
拉曼夫人 Lady C. V. Raman
史瓦米·桑姆布塔南達 Swami Sambuddhananda
帕里 Pari
阿維艾 Avvai
查拉 Chera
喬拉 Chola
潘迪亞 Pandya
《卡達卡奧義書》Kathopanishad
那希科塔火 Nachiketa fire
克里虛那·普雷姆 Krishna Prem
《蒂魯坦德甘》Tiruttandagam
占西Jhansi
悉多瑪 Sitamma
庫米kummi
納拿瓦提先生Mr. Nanavati
甜美的知識 madhu vidyas
《無間無息地駐在真我裡》Ozhivil Odukkam
希瓦·達斯Siva Das
《阿魯那佳拉聖地往世書》Arunachala Sthalapuranam
《阿魯那佳拉百首詩集》Arunachala Satakam
皮倫瑪萊Piranmalai
阿哈莉兒Ahalya
拉格哈瓦·艾晏伽Raghava Iyengar
《蒂魯科瓦魯爾往世書》Tirukovalur Purana
《斯堪達往世書》Skanda Puranam
羅摩強德拉·艾耶 Ramachandra Aiyar
《拉瑪那·馬哈希的生平與教導》 The Life and Teachings of Ramana Maharshi
舒羅夫太太 Mrs. Shroff
南羅耶納史瓦米·艾耶先生 Mr. Narayanaswamy Aiyar
馬基佛先生Mr. McIver
卡斯圖里·切提先生Mr. Kasturi Chetti
史瓦米·悉達斯瓦拉南達 Swami Siddheswarananda
T·M·P·馬哈德凡博士 Dr. T. M. P. Mahadevan
克西米·那羅延那·夏斯特里Lakshmi Narayana Sastri
《烏瑪千詩頌》 Uma Saharam
《臣服於真我》 Atma Nivedanam
克里虛那·伊瓦拉傑尼 Krishna Jivrajani
拉傑 Raja
信格公司 Singer & Co.
拉瑪娜·桑黛莉 Ramana Sundari

瑪切德拉·納斯 Maschendra Nath
葛拉納斯 Goraknath
瓦蘇迪瓦·薩拉史瓦提 Vasudeva Saraswati
巴瓦尼 Bhavani
希瓦吉 Shivaji
佛里達佳拉·古魯卡爾 Vriddhachala Gurukkal
安比卡女神 Ambika
拉猶·夏斯特里 Raju Sastri
《帕蘇帕帝之心》 Pasupati Hridayam
烏塔拉·哥卡南姆 Uttara Gokarnam，
丹達帕尼·史瓦米 Dandapani Swami
凱西阿瑪 Kasiamma
蘇婆羅曼耶·夏斯特里道場 Subrahmanya Sastri's Asramam
麥地瓦里帕南姆 Mettivaripalem
P·D·舒羅夫先生 Mr. P. D. Shroff
《蒂魯丘立地方往世書》 Tiruchuzhi Sthala Puranam
沈小姐 Miss Sen
威林登夫人 Lady Willingdon
聖德蕾莎 St. Theresa
〈真我之知〉 Atma Vidya
南達那爾 Nandanar
波那姆巴拉姆 Ponnambalam
摩泰派揚 Mottapaiyan
秦塔·迪克希杜魯 Chinta Dikshitulu
《馬德拉斯郵報》 Madras Mail
特里奇Trichy, 全名是蒂魯吉拉帕利 Tiruchirappalli，或 Trichinopoly
阿德娜里絲瓦若 Ardhanariswara
達克希那穆提 Dakshinamurti
科代卡納爾 Kodaikanal
維卡圖 Venkattoo
伊魯古爾 Erukoor
皮休·艾耶 Pichu Aiyar
肯瓦·馬哈希 Kanva Maharshi
瑪沙拉瓦拉醫生 Dr. Masalavala
博帕爾 Bhopal
德利爾Dhulia Dhulia
商卡拉·德奧先生 Mr. Sankara Dev
阿南塔·毛尼 Ananta Mauni
曼尼克肯先生 Mr. Manickam
《向女神啟示超越之真知》 Devikalottaram
《了悟真我》 Atmasakshatkaram
普那 Pona
V·K·阿傑安可 V. K. Ajgaonkar
智納斯瓦·馬哈拉吉 Jnaneswar Maharaj
《伊莎奧義書》 Isavasyopnishad
一心不貳的虔愛 avyabhicharini bhakti
全心祈求的虔愛 ananya bhakti
心注一處的虔愛 ekagrata bhakti
艾克那斯 Ekanath
《郵報》 The Mail
南姜達·饒醫生 Dr. Nanjunda Rao
查卡萊·阿摩 Chakkarai Ammal
葛哈里·拉爾先生 Mr. Girdhari Lal
維拉巴德拉耶先生 Mr. Virabhadraya
史瓦米·希瓦南達·薩拉史瓦第 Swami

《卡萊耶爾科爾往世書》Kalaiyarkoil Puranam
拉傑拉特那·穆達利爾 Rajaratna Mudaliar
古達羅爾 Cuddalore，在泰米爾納德邦
瓦達那塔·史塔帕帝 Sri Vaidyanatha Sthapathi
阿南瑪萊·史瓦米 Anamalai Swami
卡麥斯 Kamath
施瓦雅 Sivayya
帕查·皮萊 Pachai Pillai
倫格史瓦米·艾晏伽 Rangaswami Aiyangar
謝夏·艾耶 Sesha Iyer
納里爾巴·艾耶 Nalliappa Iyer
T·K·多萊史瓦米·艾耶先生 Mr. T. K· Doraiswamy Iyer
雷達克里盧南 Sri Radhakrishnan
伊文茨先生 Mr. Evans Wents
《真我了悟》Self Realization
納拉史瓦米·皮萊 Nallaswami Pillai
《濕婆真知教導》Sivajanabhodam
瓦拉拉·馬哈拉吉 Vallala Maharaja
《維里達》Vriddha
《庫瑪拉》Kumara
《巴拉·帕達拉姆》Bala Padalam
坦加維魯·那達爾 Thangavelu Nadar
《拉瑪那帕克耶南姆》Ramanopakhyanam
廷迪瓦納姆 Tindivanam
迪瓦克倫 Divakaran
瑪達維·阿瑪 Madhavi Amma
P·C·那姆爾博士 Dr. P. C. Nambiar
普蕾巴瓦蒂 Prabhavati
迪瓦斯 Devas
潘達萊博士 Dr. Pandalai
賽克倫先生 Mr. Sekharan
《蒂魯丘立·泰拉·瑪希瑪》Tiruchuzhi Tala Mahimai
科肯納達Cocanada，又名卡基納達悉多Kakinadasita
薩奇德南達道場 Satchidananda Asramam
羅摩·拉西嘛瑪 Rama Lakshmamma
濕婆讚歌 Siva Stotra
濕婆·瑪希瑪讚歌 Siva Mahima Stotra
葛加南 Gajanan
戴瓦拉特 Daivarata
瑪哈迪凡 Mahadevan
動物之神帕蘇帕帝 Pasupati
賈達加迪斯瓦拉南達 Jadadiswarananda
烏賈因 Ujjain
《靈性》Spirituality
《人類的重建》Reconstruction of Man
生主 Prajapatis
羅摩史瓦米·艾晏伽先生 Ramanwami Iyengar
凱米絲瓦拉瑪 Kameswaramma
范卡史瓦米·饒 Venkaswami Rao
永生者 chiranjivas
戈卡爾納 Gokarnam

Temple
達克希那穆提神廟 Dakshinamurti Temple
皮萊·帕魯摩·艾晏伽 Pillai Perumal Aiyangar
帕第那撒爾 Pattinathar
〈蒂魯普佳茲〉 Thiruppugazh
〈烏達克特魯維南姆〉 Udarkkotruvannam
〈帕拉尼維谷普〉 Palani Vaguppu
拉賈吉 Rajaji
《迪那瑪尼》 Dinamani
佩魯爾Perur
桑德拉穆提 Sundaramurti
《地方往世書》 Sthlapuranam
P·B·雷先生 Mr. P. B. Ray
《阿姆盧特》 Amrut
傑格迪修南達·史瓦米 Jagadishananda Swami
阿布·夏斯特里先生Mr. Appu Sastri
哈里戴爾·馬哈拉吉 Haridyal Maharaj
柯隆伯·羅摩強德拉 Colombo Ramachandra
阿南馬萊 Annamalai
阿南達·史瓦米 Ananda Swami
《印度報》 The Hindu
摩里斯·佛里曼 Maurice Frydman
凱萊卡爾·阿瑪耶爾 Karaikkal Ammaiyar
羅摩史瓦米·皮萊先生 Mr. Ramaswami Pillar
《拉瑪那·迪瓦·瑪萊》 Ramana Deva Malai
河流帕普哈拉南迪 Papaharanadi
阿潘·賽姆伯蘭 Appan Thambiran
凡卡他·克里盧那亞 Venkata Krishnayya
特凡科爾城邦 Travancore
普杜科泰城邦 Pudukottah
烏邁揚 Oomaiyan
庫瑪里拉·巴塔 Kumarila Bhattar
桑班達智者 Jnana Sambandhar
阿曼特南達·史瓦米 Atmananda Swami
羅摩那塔·迪克悉多爾 Ramanatha Dikshitar
奇達姆巴拉姆·蘇婆羅曼耶·夏斯特里Chidambaram Subrahmanya Sastri
上師虔愛 Guru Bhakti
蘇梅爾鳩魯 Somayajulu
阿布山鎮 Mount Abu
維克特撒·夏斯特里 Venkatesa Sastri
阿拉格爾神廟 Alagar temple
金吉市 Ginjee
漢姆皮 Hampi
吠德亞楞耶 Vidyaranya
卡萊耶爾 Kalaiyar
坎那普爾 Kanaperur
蒂魯普奈瓦薩爾 Tirupunaivasal
維斯瓦納特 Viswanath
阿拉耶尼·那魯神廟 Araiyani Nallur temple

此身在世的解脫 jivanmukti
此身命終的解脫 videhamukti
《薄伽梵往世書》 Bhagavata
范卡特薩·夏斯特里高先生 Mr. Venkatesa Sastrigal
莎拉摩 Salamal
阿迪耶那瑪萊 Adiyannamalai
維卡特拉瑪·艾耶先生 Mr. Venkatrama Aiyar
《讚頌明論》 Sama Veda
O·P·羅摩史瓦米·雷德爾先生 Mr. O. P. Ramaswami Reddiar
羅摩林伽·史瓦米 Ramalinga Swami
普利圖 Prithu
維斯瓦納特·艾耶先生 Mr. Viswanatha Aiyar
《巴拉塔女神》雜誌 Bharata Devi
伯納·杜法爾 Bernard Duval
查德威克少校 Major A. W. Chadwick
巴艾·D·巴特先生 Mr. Gokul Bhai D. Bhatt
哥明達拉麥耶 Govindaramaiya
契托爾縣 Chittor
安吉拉撒 Angirasa
蘇婆羅曼尼亞·夏斯特里 Subramania Sastri
《古魯帕達卡》 Gurupadaka
康吉維倫 Conjeevaram, Kanchipuram
安巴杜爾 Ambattur
羅摩史瓦米·艾晏伽 Ramaswami Iyengar
康姆巴科納姆 Kumbankonam
《悉多、羅摩、安傑尼亞對話》 Sita Rama Anjaneya Samvadam
康猶史瓦米 Kunjuswami
《聖口的字語》 Tiruvoimozhi
塞勒姆 Salem
蒂魯帕蒂 Tirupati
佩耶茲瓦 Peyazhvar
《蒂魯瓦卡肯》 Tiruvachakam
耶克撒精靈 Yaksha
《蒂魯維利雅達爾往世書》 Tiruvilaiyadal Puranam
蘇婆羅曼尼亞·皮萊 Subramaniam Pillai
特拉可撒曼加神廟 Uttarakosamangai
曼尼卡瓦伽喀 Manikkavachagar
維斯瓦納特·艾耶 Viswanatha Iyer
穆萊帕爾水池 Mulaipal Thirtham
B·N·克里虛那穆提·薩瑪 B. N. Krishnamurti Sarma
蒂魯瓦伊耶 Tiruvaiyar
《史維德薩米特蘭報》 Swadesamitran
卡納卡瑪 Kanakamma
拉克西米·巴伊 Lakshmi Bai
蘇布·拉希米·阿摩 Subbu Lakshmi Ammal
姬萊·佩蒂 Keerai Patti
阿拉瑪羅蘇·古海 Alamarathu Guhai
古海·那瑪斯瓦雅神廟 Guhai Namasivayar Temple
蘇婆拉曼亞神廟 Subrahmanyar

朋迪切里 Pondicherry
巴拉羅姆·雷迪 Balaram Reddi
奧斯本先生 Mr. Osborne
蘇婆曼尼亞·艾耶先生 Mr. Subramania Iyer
T·N·克里盧那史瓦米博士 Dr. T. N. Krishnaswami
維斯瓦納特·婆羅門佳里 Viswanatha Brahmachari
S·杜賴史瓦米先生 Mr. S. Doraiswamy
N·皮夏羅帝先生 Mr. N. Pisharoti
秦塔·迪克希杜魯先生 Mr. Chinta Dikshitulu
《牧者拉瑪那》 Ramana Gopala
范卡達查蘭先生 Mr. Venkatachalam
黛西·拉賈姆巴爾 Dasi Rajambal
米娜克希·阿摩 Meenakshi Ammal
卡馬拉 Kammala
拉特娜瑪 Ratnamma
桑塔瑪 Santhamma

第二章　一九四六年

喬希先生 Mr. Joshi
拉姆·蒂爾塔 Ram Tirtha
達瑪瓦雅達 Dharmavyedha
甘拉爾·友吉 Chaganlal Yogi
P·C·戴汪吉先生 Mr. P. C. Dewanji
特里凡得琅 Trivandrum
桑德雷沙·艾耶先生 Mr. Sundaresa Iyer
山姆加·桑德拉姆 Shanmuga Sundaram
《孟買紀事報》 The Bombay Chronicle
馬唐格 Matunga
拉瑪那存在意識幸福僧團 Ramana Satchitananda Sangh
馬納爾古迪 Mannargudi
斐伽耶拉格瓦·巴格瓦塔 Vijayaraghava Bhagavatar
范卡達克里盧尼亞 Venkatakrishniah
《傑門·賴特》報 Zamin Ryot
邁索爾·羅摩強德拉·饒 Mysore Ramachandra Rao
D·C·德賽伊先生 Mr. D. C. Desai
保羅·布倫頓 Paul Brunton
穆罕默德·加茲尼 Muhammad Ghazni
羅摩奴闍 Ramanuja
蘭加那撒神 Ranganatha
斯里蘭加姆城 Sriangam
圖瑞亞，第四境 turiya
洛可瑪 Lokamma
阿優黛·阿摩 Avudai Ammal
拉克希瑪那·薩瑪 Lakshmana Sarma
《吠檀多精義》 Vedanta Saram
卡瑪斯瓦倫 Kameswaran
《不二一元智燈論》 Advaita Bodha Deepika
《薄伽梵歌精義》 Gita Saram
巴勒拉姆·雷迪先生 Mr. Balaram Reddi
P·班納吉先生 Mr. P. Bannerji

智納斯瓦 Jnaneswar
戈拉·昆巴 Gora Kumbhar
〈了悟真我的聖者〉 Sthita Prajna
《教導精義》 Upadesa Saram
《印度斯坦報》 Industam
蒂拉克·夏斯特里 Tilak Sastri
教授吠陀典籍的學校 Pathasala
康汀小姐，即馬基佛太太 Miss Kamdin, Mrs. McIver
K·A·馬哈塔尼先生 Mr. K·A. Mahatani
古吉拉特 Gujarat
瑪塔吉·曼尼本·桑瑪蒂華勒 Mataji Maniben Samadhiwallah
R·G·拉瓦爾 R. G. Raval
娜葛瑪 Nagamma
《了悟真我》 Self-Realization
帕魯摩史瓦米 Perumalswami
巴拉尼史瓦米 Palaniswami
西瓦普雷克薩姆·皮萊 Sivaprakasam Pillai
納格帕·切提 Nagappa Chetti
艾耶史瓦米 Ayyaswami
秦南史瓦米 Chinnaswami
M·范卡達拉瑪先生 Mr. M. Venkatarama
羅摩強德拉·雷迪先生 Mr. Ramachadra Reddi
比甘佩特 Begampet
南羅耶納·艾耶 Narayana Iyer
羅摩那坦 Ramanathan
泰勒亞可汗太太 Mrs. Taleyarkhan
蘇娜·杜拉吉小姐 Miss Soona Dorabji
格蘭特·都夫先生 Mr. Grant Duff
維卡圖，即 T·N·維克達拉瑪 Venkatoo, 即 T. N. Venkataraman
傑迪爾 Jayadevlal
卡皮亞爾 Kuppaiyar
倫伽·艾耶 Ranga Aiyar
《阿魯那佳拉往世書》 Arunachala Puranam
高莉 Gauri
阿魯那佳拉姆 Arunachalam
喬答摩的道場 Gautamas Asraman
《德瓦羅》 Thevaram
阿夏·維瑟斯八神 Asha Vasus
八方位守護神 Ashta Dikpalakas
帕瓦拉崑德魯 Pavalakunru
杜爾伽 Durga
帕加阿曼神廟 Pachaiamman Koil
帝浦 Tippu
帝浦·蘇坦 Tippu Sultan
尤迦南達 Yogananda
修克拉 Shukla
諾伊太太 Mrs. Noye
《星期日時報》 The Sunday Times
V·F·古納雷那 V. F. Gunaratna
《星期日先驅報》 Sunday Herald
《自由印度報》 Free India
舒普古蒂 Subbukutti
詩瑞凱詩 Rishikesh
史瓦米·希瓦南達 Swami Sivananda
喬治·勒伯先生 Mons. Georges Le Bot

Swami
希達斯瓦倫南達史瓦米 Swani Siddheswarananda
斐伽耶南達·史瓦米 Vijayananda Swami
吉瑞莉絲太太 Mrs. Guirellis
瑪蜜塔 Mamita
康納達人 Canarese
塔凡拉耶 Tattvaraya
坦米爾文讚美詩 bharani
史瓦魯帕南達 Swarupananda
希瓦·莫漢·拉爾 Siva Mohan Lal
穆魯葛納 Muruganar
《拉瑪那靈體花環》 Ramana Devamalai
塔俞馬那瓦 Thayumanavar
《蛙氏奧義書》 Mandukya Upanishad
拉賈斯瓦拉南達 Rajeswarananda
克里虛那史瓦米 Krishnaswam
瓦蘇德瓦·夏斯特里Vasudeva Sastri
蒂魯科盧 Tirukoilur
培里耶爾水壩 Periyar dam
《培里耶往世書》 Periya Puranam
《廣森林奧義書》 Birhadaranyaka Upanishad
堪德史瓦米 Kandaswami
帕塔水池 Pada Thirtham
環山繞行 giripradakshina
T·K·多萊史瓦米·艾耶 T. K· Doraiswami Aiyar
薩塔卡帕·納杜先生 Mr. Satakopa Naidu
瑟蘿吉妮·哈斯·辛小姐 Miss Sarojini Hathee Singh
哈斯·辛先生 Mr. Hathee Singh
尼赫魯 Jawaharlal Nehru
K·K·南比亞先生 K. K. Nambiar
茵都玫蒂小姐 Miss Indumati
安巴拉·薩拉拜 Ambalal Sarabhai
韋洛爾城 Vellore
洛布先生 Mr. Lobo
諾曼·斯特寧爵士 Sir Norman Strathie
拉梅斯瓦拉姆 Rameswaram
丁迪古爾 Dindigul
史瓦米那特·艾耶 Swaminatha Aiyar
B·V·納雷辛荷·艾耶 B. V. Narasimha Aiyar
施羅夫先生 Mr. Shroff
庫普史瓦米·艾耶 Kuppuswami Aiyar
賽耶德博士 Dr. Syed
道爾傑·拉尼 Dowager Rani
維濟亞納格勒姆 Vizianagaram
《美妙印度》 Wonderful India
毛納·史瓦米,即希瓦耶 Mauna Swami,即Sivaya
庫特拉姆 Courtallam
《拜見拉瑪那》 Ramana Vijayam
《阿魯那佳拉的崇偉》 Sri Arunachala Mahatmyam
史瓦米·倫德斯 Swami Ramdas
毗瑟巴,又稱毗鐸 Vithoba, Vitthal
維修帕克沙 Vishopakesar

羅摩克里虛那天鵝尊者 Sri Ramakrishna Paramahamsa
吉伯特·亨利·格里奇 Gilbert Henry Gedge
《思維科學評論》 Science of Thought Review
G·V·蘇巴拉瑪耶先生 Mr. G. V. Subbaramayya
《達克希那穆提讚頌》 Dakshinamurti Stotra
P·C·德賽伊先生 Mr. P. C. Desai
娜葛瑪女士 Smt. Nagamma
生命個體 jiva
阿克夏拉吉那 Aksharajna
《拉瑪那：阿魯那吉里的聖者》 Sri Ramana, the Sage of Arunagiri
《解脫之精粹》 Kaivalyam
室利尼瓦沙·饒醫生 Dr. Srinivasa Rao
納里爾巴·艾耶 Nelliappa Aiyar
伊桑耶靈修院 Easanya Mutt
《寶鬘辨》 Vivekachudamani
《阿魯那佳拉十一頌》 Eleven Verses on Arunachala
艾耶史瓦米 Aiyaswami
《阿魯那佳拉八頌》 Arunachala Ashtakam
《永結真我的婚姻花環》 The Marital Garland of Letters
南羅耶納·雷迪 Narayana Reddi
《阿魯那佳拉五讚頌》 Five Hymns on Arunachala
迪里浦·庫瑪·羅伊 Dilip Kumar Roy
《摩訶瑜伽》 Maha Yoga
達塔垂亞 Dattatraya
切拉·巴塔 Chella Battar，又名 Daivasikamani Battar
蒂魯丘立 Tiruchuzhi
豐收節 Pongal
卡普拉桑德拉姆 Karpurasundaram
普迦祭儀 puja
加納帕提·夏斯特里 Ganapati Sastri
格蘭特·都夫 Grant Duff
柯隆伯·羅摩強德拉 Colombo Ramachandra
韋維卡南達 Vivekananda
齊科夫斯基 Zikovsky
保羅 布倫頓 P. Brunton
《拜見羅摩克里虛那》 Ramakrishna Vijayam
真知之母 jnana mata
賈夫納 Jaffna
泰姆比·索雷 Thambi Thorai
無相無念的心思 arupa manas
純粹的心思 suddha manas
瑪哈·維爾·普拉薩德 Maha Vir Prasad
睡夢瑜伽 Yoga nidra
《大師餐桌上的遺珠》 Crumbs from Table
維康達·瓦薩爾 Vaikunta Vasar
羅摩克里虛那傳道會 Ramakrishna Mission
里希克斯南達·史瓦米 Rishikesananda

譯名對照

依照首次出現順序排列

第一章　一九四五年

《虔誠者傳》Bhakta Vijayam
克里虛尼爾 Sri Krishniah
彼得帕拉亞姆 Peddapalayam
達努德莎 Dhanurdasa
人上之人 purushottama
蘇維哈爾 Sivaghar
《景象》期刊 Vision
南德奧 Nam Dev, 或作Nama Dev
《八曲身聖者之歌》或《王者啟明之歌》 Ashtavakra Gita
心識印記 samskaras
H·查圖帕亞耶，簡稱查圖 Harindranath Chattopadhyaya
G·V·蘇巴拉瑪耶 G. V. Subbaramayya
T·P·羅摩強德拉·艾耶 T. P. Ramachandra Aiyar
奧羅賓多道場 Aurobindo Ashram
維魯巴沙洞屋 Virupaksha Cave
T·S·拉賈戈伯 T. S. Rajagopal
蘇麗女士 Miss Souris
《辯才天女》雜誌 Bharati
毛尼 Mauni
康坦拉爾·馬哈塔尼先生 Mr. Kundanlal Mahatani
克拉嗤 Karachi
貝茲華達 Bezwada
舒巴·饒先生 Mr. Subba Rao
P·C·德賽伊先生 Mr. Desai
中脈的靈道 sushumna nadi
拙火，又譯亢達里尼 kundalini
阿特曼 atman
至上大力 sakti
呼吸控制 pranayama
身印 mudras
蓋亞曲咒語 gayatri
《瓦斯西塔瑜伽經》 Yoga Vasishta
龐雅 Punya
帕瓦那 Pavana
倫加史瓦米 Rangaswami
伊濕瓦若·史瓦米 Iswara Swami
古海·那瑪斯瓦雅洞窟 Guha Namasivaya's Cave
班加羅爾 Bangalore
薩塔科帕·納伊杜 Satakopa Naidu
賈達史瓦米 Jadaswami
《普拉布林伽的遊戲》 Prabhulinga Lila
瑪魯拉·商卡拉 Marula Sankara
阿拉瑪·普拉布 Allma Prabhu
賈娜姬 Janaki
A·蘇巴拉耶杜先生 Mr. A. Subbarayadu
摩里斯·佛里曼 Maurice Frydmen
K·馬哈塔尼先生 Mr. K. Mahatani
波南姆巴拉·史瓦米 Ponnambala Swami